영어 읽기 독립 **로드맵**

봄날의몽실(이설희)

수학을 사랑했다. 한 시간을 궁리해 어려운 문제를 풀어내면 뿌듯했던 아이. 하지만 국어와 영어는 싫어했다. 그렇게 공대를 갔고 엄마가 되었다. 건강하게 자라는 두 아이를 보며 엄마처럼 영어 때문에 고생하지 않았으면 하고 바랐다.

우리말은 문법과 단어를 공부하지 않아도 자유자재로 구사할 수 있다. 같은 원리라는 생각에 영어도 모국어처럼 환경을 만들어주었고, 10여 년이 지난 지금 쌍둥이는 재미로 영어책과 영상을 읽고 보며, 영어로 대화하고 노는 아이들로 자랐다. 아이들 뛰어노는 시간에 모국어 수준으로 영어 읽기 독립을 이끌어준 영어책과 영상을 그간의 경험과 함께 블로그에 기록하고 있다.

저서로 〈TV는 영어로 책은 전자펜으로 쉬엄쉬엄 엄마표 영어〉가 있다.

블로그 blog.naver.com/sschwane

영어 읽기 독립 로드맵

초판 1쇄 인쇄 2022년 7월 26일
초판 1쇄 발행 2022년 8월 8일

지은이 이설희
발행인 박효상
편집장 김현
기획·편집 장경희
디자인 임정현
마케팅 이태호 이전희
관리 김태옥
교정·교열 진행 최주연

종이 월드페이퍼 **인쇄·제본** 예림인쇄·바인딩 | **출판등록** 제10-1835호
펴낸 곳 사람in | **주소** 04034 서울시 마포구 양화로11길 14-10(서교동) 3F
전화 02) 338-3555(代) **팩스** 02) 338-3545 | **E-mail** saramin@netsgo.com
Website www.saramin.com

ISBN 978-89-6049-962-1 13370

우아한 지적만보, 기민한 실사구시 사람in

6~7세에 시작
초등에 완성

한글책 읽듯 영어책을 읽어요

영어
읽기
독립
로드맵

이설희 지음

일러두기

이 책에서 사용한 용어와 기호에 관하여 아래와 같이 밝혀 둡니다.

· 영어 떼기 영어 단어 읽는 법을 배우는 것('한글 떼기'와 같음).
· 읽기 독립 아이의 나이 수준에 맞는 영어책을 스스로 편안하게 읽을 수 있는 상태.
· 이 책에 나오는 영어책의 종류

　그림책(Picture Book) : 어린아이도 쉽게 읽을 수 있도록 그림을 넣어 만든 책.

　리더스북(Reader's Book) : 아이 스스로 영어책을 읽을 수 있도록 읽기를 연습하는 책.

　얼리 챕터북(Early Chapter Book) : 컬러풀한 그림이 많으면서도, 글의 양이 리더스북보다는
　많고 챕터북보다는 적은 책.

　챕터북(Chapter Book) : 보통 여러 개의 챕터(chapter)로 구성되어 있는 이야기책. 그림보다
　글씨가 훨씬 더 많고 주로 흑백이지만 탄탄한 이야기로 아이들의 흥미를 이끄는 책.

　그래픽 노블(Graphic Novel) : 그림과 소설이 합쳐져 만화와 소설의 중간 형식을 취하는 책.

　소설(Novel) : 사실 또는 작가의 상상력에 바탕을 두고 허구적으로 이야기를 꾸며 나간 책.

· 오디오 CD, 음원 파일 원서의 내용을 원어민이 읽은 소리를 녹음하여 담은 CD나 파일.
· 리딩 레벨 읽기 수준

　※ 이 책에서 리딩 레벨(AR)은 ATOS Book Level을 의미함.

· 이 책에 나오는 영어책 목록 권수 및 음원 유무는 변동될 수 있음. 작가가 여러 명일 경우
한 명만 표기함.
· 《 》 책 제목. 원서의 번역서 제목은 첨자 표기함(여러 종일 경우 표기 생략).
· 〔 〕 영상 제목. 한국어 영상 제목은 첨자 표기함.

스스로 즐겁게 영어책을 읽는 아이들의 '읽기 독립'은 다릅니다!

공교육에서는 초등학교 3학년부터 정식으로 영어를 배우지만, 대부분의 가정에서는 일찌감치 엄마표 영어를 진행하거나 늦어도 초등학교 입학 전후가 되면 영어 학원에 보내기 시작합니다. 장소와 방법은 다르지만 학원에 다니는 아이들에게도, 엄마표 영어를 진행하는 아이들에게도 어느새 '영어책 읽기'는 필수가 되어 버렸습니다. 영어 습득에 효과가 좋다는 것이 많이 알려진 덕분입니다.

엄마들은 '내 아이가 영어 원서를 술술 읽을 수 있다면 얼마나 좋을까' 하는 바람으로 아이에게 영어책 읽히기를 시도합니다. 하지만 막상 시작하면 엄마들은 알파벳과 파닉스부터 진땀을 빼고, 아이들은 아이들대로 힘들어합니다. 왜일까요?

영어는 '학습'이 아닌 '습득'이 먼저 이루어져야 하는 언어라는 사실을 놓쳐 버렸기 때문입니다. 아이들은 대부분 공부를 싫어하지요.

영어를 공부로 접근하는 순간, 아이들은 영어로부터 도망치기 바빠집니다. 그토록 싫어하는 영어책과 영어 영상을 보여주기 위해서는 아이가 혹할 만한 달콤한 보상을 주어야만 합니다(평소에는 절대 허락하지 않는 것이라도요).

저는 쌍둥이 자매의 엄마입니다. 저희 아이들은 재미로 영어책을 읽고, 영어 영상을 봅니다. 둘이서 놀 때면 영어로 대화를 하고, 학교 영어 시험은 공부 한 번 제대로 하지 않고도 좋은 점수를 받아오고 있어요. 영어가 너무 재미있다고 말하며 웃는 아이들! 여기까지 오면서 그 어떤 사교육의 도움도 받지 않았고, 영어를 익히기 위해 해외에 나간 적도 없습니다. 무엇보다 중요한 건 아이들도 저도 영어 때문에 마음 상한 적이 없다는 겁니다.

이제 열두 살이 된 쌍둥이 자매의 영어와 관련해서 제가 챙기는 일은 딱 한 가지, 아이들이 재미나게 읽을 수 있는 영어책을 찾는 것뿐이에요. 취향에 맞는 영어책만 준비해두면, 영어책을 꺼내어 스스로 읽기 때문입니다. 영어 영상은 알아서 찾아 보기 때문에 챙길 필요가 없어요(볼 수 있는 영상의 큰 범위는 정해두었어요). 쌍둥이에게 자막 없는 영어 영상을 보는 것은 다른 아이들이 한국어 영상을 보는 것과 같은 일이거든요. 정해진 한 시간이 끝나면, 한 편만 더 보여달라고 조르기 일쑤입니다.

10여 년 동안 엄마표 영어를 진행하면서, 아이들이 영어를 싫어하지 않게 하려고 무던히 노력했습니다. 공부를 먼저 경험한 인생 선배로서, 하기 싫은 공부를 하는 일이 얼마나 고역인지 잘 알고 있으니까요. 중·고등학교 때 싫어했던 국어와 영어는 누가 무슨 말을 해도 열심히 하지 않았지만, 좋아했던 수학과 화학은 시키지 않아도 열심히 공부했던 경험이 큰 도움이 되었습니다.

아이가 싫증 내지 않고 '영어 읽기 독립'을 완성하려면 우선 방향부터 점검해야 합니다. 잘못된 길로 열심히 뛰어봐야 결국 제자리로 돌아오게 될 뿐이니까요. 스스로 영어책을 즐겁게 읽는 아이들의 '읽기 독립'은 다릅니다. 모국어처럼 자연스럽게 영어를 습득한 후에, 효과적인 방법으로 '영어 떼기'와 '읽기 독립'을 완성해야 합니다. 그래야 아이도 엄마도 지치지 않고 성공할 수 있습니다.

'영어책 읽기'가 재미있으려면, 영어를 떼고 '읽기 독립'하는 과정도 재미있어야 합니다. 너무 힘들게 아이를 몰아붙이면 당장은 효과가 좋은 것 같지만, 그러다 아이가 영어 자체를 싫어하게 될 수도 있어요. 아이들은 재미있는 일은 누가 시키지 않아도 스스로 알아서 하는 신비로운 존재입니다. 신나게 뛰어노는 아이들을 관찰해보세요. 얼마나 집중했는지 해가 지는 줄도 모르고 놀지요. 아이들이 갖고 있는 이 엄청난 능력을 활용해야 합니다. 내 아이가 재미있어하고 좋아하는 영어책과 영상을 재료로 삼아 이미 아이가 갖고 있는 언어 습득 능력을 효과적으로 이끌어내는 것이 핵심입니다.

이 책은 어떻게 하면 아이가 영어를 모국어처럼 자연스럽게 습득할 수 있을까, 어떻게 하면 아이가 영어책을 스스로 즐겁게 읽을 수 있을까를 10년 넘게 고민하며 성공과 실패를 무수히 반복했던 평범한 엄마의 진솔한 기록입니다. 이제는 영어가 쉽고 재미있다고 말하는 쌍둥이가 걸어온 생생한 발자취이기도 하지요. 어디로 가야 할지 길을 찾지 못해 막막하게 헤매던 지난날을 돌아보며, 쌍둥이의 '읽기 독립' 과정과 스스로 즐겁게 영어책 읽는 환경을 만들기 위해 썼던 방법 중 효과가 좋았던 부분을 선별하여 정리했습니다. 영어를 지독히도 싫어하고 못했던 공대 출신 엄마가 시도한 방법이기에 누구나 실천할 수 있을 겁니다.

PART 1에서는 영어책 독서가 필요한 이유와 '영어 읽기 독립' 성공을 위해 꼭 알아야 할 사항을 살펴봅니다. PART 2에서는 모국어처럼 자연스럽게 영어를 습득하고, '영어 떼기'와 '읽기 독립'을 즐겁게 진행할 수 있는 구체적인 방법을 4단계로 정리해 자세히 소개합니다. 마지막으로 PART 3에는 '영어 읽기 독립'의 성공을 앞당길 수 있는 비법까지 꾹꾹 눌러 담았습니다.

그동안 엄마표 영어를 꾸준히 진행했다면 바로 2단계(물밑 작업)부터 들어가면 되고, 엄마표 영어를 지지부진하게 진행했거나 처음으로 영어 교육을 시작한다면 아이의 나이와 상관없이 1단계(충분히 듣기)부터 시작하면 됩니다. 빨리 영어를 떼고 아이 스스로 영어책을 읽기를 바라게 되지만, 영어를 자연스럽게 습득하고 문자를 인지하기 위해서는 어느 정도 절대적인 시간이 필요합니다. 어차피 보내야 할 시간이니, 마음 편히 즐겁게 기다리셨으면 합니다.

요즘 아이들, 정말 바쁩니다. 학교가 끝나면 각종 학원들을 순례

해야 하고, 공부의 양도 점점 많아지지요. 초등생 엄마가 된 후, 우리 나라 초등 아이들의 현실이 얼마나 팍팍한지 직접 보고 있자니 안타 깝습니다. 효율적인 방법으로 '영어 읽기 독립'에 성공해, 아이들이 뛰어놀 수 있는 시간이 늘어나면 좋겠습니다.

초등시절은 아이에게 영어책 읽는 재미를 알려줄 수 있는 마지막 시기입니다. 중학교, 고등학교에 가면 공부의 양이 더 늘어나기 때문 에 영어에 많은 시간을 투자할 수 없거든요. 그래도 아직은 시간이 넉넉한 초등시절을 활용해 아이를 영어 고민으로부터 자유롭게, 그 래서 영어 과목 하나는 만만하게 만들어주었으면 합니다.

'영어책 읽기'와 '영상 보기'를 꾸준히 하면 단어, 문법, 독해력까 지 모두 잡을 수 있습니다. 처음에는 엄마가 이끌어가야 하지만, 이 미 영어책의 재미를 맛본 아이들은 읽지 말라고 해도 스스로 알아 서 읽게 됩니다. 중·고등학교에 간 아이가 수학, 과학, 국사 등의 교 과목을 공부하다가 쉬고 싶을 때 영어소설을 꺼내서 읽고 자막 없이 영화를 신나게 웃으며 보면서 스트레스를 날려버린다면 어떨까요? 생각만 해도 흐뭇하네요. 지금부터 천천히, 조금씩, 꾸준히 걸어가면 우리가 바라는 바로 그 목적지에 도착할 수 있습니다.

미루지 마세요.

단 한 가지라도 꾸준히 실천하는 것이 성공의 비밀입니다.

그럼, 오늘부터 저와 함께 한 걸음씩 쉬엄쉬엄, 꾸준히 걸어가 볼 까요?

차례

PART 2
'영어 읽기 독립' 4단계 로드맵

1단계
충분히 듣기

**2단계
물밑 작업**

PART 3
'영어 읽기 독립' 성공을 앞당기는 핵심 비법

PART 1

엄마표 영어의
가장 큰 난관,
'읽기 독립'

모든 아이는
언어 습득 천재로
태어납니다

수많은 영어 영상을 마음만 먹으면 무료로 볼 수 있는 세상입니다. 영어 그림책과 영어 원서는 가격이 저렴해지고, 점점 더 많은 도서관에 비치되고 있습니다. 여기에 성공 공식을 친절하게 알려주는 수많은 책과 정보까지, 정말이지 엄마표 영어 안 하면 손해인 시대가 되었습니다. 아이에게 영어 교육을 한 번도 시도하지 않은 엄마를 찾기가 어려울 지경입니다.

하지만 적지 않은 시간과 체력, 돈까지 쏟아부었는데도 성공하는 아이들은 소수입니다. 영어를 학습으로 접근했다가 엄마는 지치고 아이는 영어를 싫어하게 되기도 합니다. 결국, 포기하고 아이를 학원으로 보낸 엄마들은 이렇게 말합니다.

"약은 약사에게, 공부는 교사에게! 영어 교육도 그냥 전문가에게 맡기기로 했어요."

"운전을 가족에게 배우면 안 되듯, 아이 학습도 마찬가지예요."

엄마표 영어, 도대체 어떻게 하면 성공할 수 있을까요? 성공한 엄마와 아이들의 비결은 무엇일까요?

성공의 비밀은 바로 모국어 습득 원리에 있습니다. 모든 아이는 이미 언어 습득 천재로 태어났습니다. 한국에서 태어난 아이는 한국어를, 미국에서 태어난 아이는 영어를, 스페인에서 태어난 아이는 스페인어를 자연스럽게 구사합니다. 특별한 경우를 제외하고 모든 아이는 모국어를 자연스럽게 구사할 수 있다는 것이 그 증거입니다. 모국어 습득 원리를 알고, 이를 영어에 적용하면 영어도 모국어처럼 구사할 수 있습니다.

아이의 언어 천재성이
발휘되기 위한 조건

아이의 이런 언어적 천재성이 외국어인 영어를 배울 때도 발휘되기 위해서는 필요조건이 있습니다. 영어도 모국어를 습득했던 그 순서 그대로 습득해야 한다는 것입니다. 처음 태어난 아기가 어떤 방법으로 모국어를 습득했는지 생각해 볼까요?

엄마와 아빠는 이제 막 태어난 아기에게 하루에도 몇 번씩 말을 겁니다. "○○야 사랑해", "엄마야", "아빠야", "우리 아기 잘 잤니?" 하면서 말을 걸어준 덕분에 아기는 우리말 소리를 충분히 듣게 됩니다. 충분히 들은 아이는 빠르면 돌 전후에, 늦어도 세 돌 정도가 되면 말을 하기 시작합니다. "엄마", "아빠"와 같은 단어를 시작으로 "배고 파요", "심심해요"와 같은 문장을 구사합니다. 다섯 살 정도만 되어 도 웬만한 말 다 알아듣고, 하고 싶은 말 다 합니다. 여덟 살이 되면 학교에 가서 한글을 깨우치고 '읽기'와 '쓰기'를 시작합니다(물론 학 교 가기 전에 한글을 떼는 아이들도 많고요). 모국어를 습득하는 과정은 '듣기, 말하기, 읽기, 쓰기'의 순서입니다.

모국어 습득 4단계

이 성공 공식을 잘 기억해주세요. 영어도 이 순서대로 천천히 진 행하면 성공할 수 있습니다. 이미 언어 습득 천재로 태어난 아이들이 갖고 있는 능력을 활용해 성공으로 가는 것, 그것이 바로 엄마표 영 어의 핵심 비법입니다.

우리말처럼 영어를 충분히 들려주면, 아이는 어느 순간 영어를 알 아듣고 조금씩 말하기 시작할 겁니다. 듣고 말하는 충분한 시간을 지나 아이가 영어라는 언어를 자연스럽게 이해할 수 있을 때, '읽기'를 시작하면 됩니다. 그리고 마지막에 '쓰기'를 배우면 영어 습득도 끝이 납니다.

엄마표 영어를 처음 시작한다면, 아이가 영어를 모국어처럼 자연스럽게 구사하길 바란다면, 지금 아이의 나이가 몇 살이든 상관없이 우리말을 배울 때처럼 아이를 대해주세요. 아홉 살에 엄마표 영어를 시작한다고 해도 이제 막 태어난 아기라고 생각하고, 아무런 기대 없이 그저 영어라는 언어의 소리를 충분히 들려주는 겁니다. 이제 막 옹알이하는 아이에게 '언제쯤 영어로 말을 할까?', '지금 읽어주는 영어책을 이해는 하는 걸까?', '지금 보고 있는 영어 TV, 뭘 알고 보는 걸까?' 하고 기대하거나 염려하지는 않을 겁니다.

10년간 받은
영어 교육의 문제점

우리는 학창 시절 10년 넘게 영어를 배웠습니다. 하지만 영어로 말을 잘하지는 못합니다. 왜일까요? 공부를 위한 영어를 배웠기 때문입니다. 저는 중학교 입학과 함께 영어라는 과목을 처음으로 배우기 시작한 세대입니다. 잠시 그때를 회상해보겠습니다.

A, B, C를 시작으로 알파벳을 배웠습니다. 'A'는 '아', 'B'는 '브', 'C'는 '크' 소리가 난다는 발음기호도 외웠고요. 영어 단어를 열심히

쓰면서 외웠고, 간단한 대화문dialogue도 외웠습니다. 학년이 올라갈수록 외워야 할 단어와 문법이 늘어났습니다. '듣기'는 거의 하지도 않고, 아주 쉬운 생활 영어 조금 배운 다음에, 바로 무한반복의 문법과 단어 암기가 시작되었습니다. 문제점이 보이시나요? 맞습니다. 제가 받았던 영어 교육은 '읽기'와 '쓰기'에 초점이 맞추어져 있었습니다. 모국어 습득 과정과 전혀 다른 순서로 영어를 배운 것, 바로 그것이 문제였던 겁니다.

이제 막 태어나 모국어를 처음 배우는 아기를 다시 생각해볼게요. 아기에게 우리말 소리를 충분히 들려주지도 않고, 일상생활 회화 문장 몇 개를 외우게 한 후에 본격적으로 '읽기'와 '쓰기'를 시작하게 한다면 어떻게 될까요? 아기는 문장 몇 개를 외우지도 못할 뿐더러 '읽기'와 '쓰기' 모두 불가능하겠지요. 결국 모국어를 제대로 습득하지 못할 겁니다. 바로 우리가 영어라는 언어를 10년 동안 이렇게 배운 겁니다.

10년을 배웠지만, 외국에 가서 음식을 주문하거나 길을 물어보고 이해하는 일조차 어려운 우리(결국 여행 영어 따로 외우고 나가야 하지요). 학창 시절 내내 영어 시험과 수능 시험에서 높은 점수를 받기 위해 단어와 문법을 외우고, 긴 지문을 읽어내는 연습을 했습니다. 결국 우리나라 어른들 대부분에게 영어는 늘 재미없고, 힘든 과목으로 남아 있습니다. 어디 그뿐인가요. 학창 시절 그렇게 고생한 것도 모자라 영어는 또 취업에서 우리의 발목을 잡았습니다. 영어 때문에 온갖 고생을 한 후에 깨달았습니다. 그동안 받았던 영어 교육 방식에 문제가 있다는 것을요. 그리고 '내 아이만큼은 영어 때문에 고생하지 않게 하겠다'라고 결심합니다.

성공하는
엄마들의 공통점

쌍둥이를 낳고 처음에는 건강하게 태어난 아이들을 보며 그저 감사했습니다. 하지만 시간이 흐르면서 아이들을 잘 키우고 싶다는 바람이 생겼어요. 책을 좋아하는 아이로 자랐으면, 영어로부터 자유로운 아이로 자랐으면, 그래서 쌍둥이의 인생이 수월했으면 하는 바람이었습니다.

아이를 잘 키우고 싶은 마음에 초보 엄마는 책을 읽으며 정보를 찾기 시작했고, 아이를 잘 키운 엄마들에게서 공통점을 발견했어요. 그것은 바로, 성공 비법을 찾아내고, 그 비법을 자신의 환경과 아이에 맞춰 적절하게 변형시켜 가면서, 포기하지 않고 끝까지 걸어갔다는 겁니다. 엄마표 영어를 시작하기 전에 가장 먼저 해야 할 일은 성공 비법을 찾아내는 일이에요. 우리가 학교에서 10년 동안 배웠던, 영어를 학습으로 접근했던 방법은 성공으로 가는 길이 아니었습니다. 그러니 다른 길을 찾아야 합니다.

우리에게는 이미 모국어라는 언어를 성공적으로 습득한 경험이 있습니다. 곰곰이 생각해보면, 우리는 문법을 배우지 않고도, 특별히 단어를 공부하지 않고도 한국말을 잘합니다. 그저 어려서부터 끊임 없이 접하며 자연스럽게 터득한 거예요. 영어도 이렇게 하면 됩니다. '모국어처럼'이라는 북극성을 보며 한 걸음씩 걸어가면 길을 잃지 않고 목적지에 도착할 수 있습니다. 그렇기에 '읽기'와 '쓰기'가 아닌, 모국어를 습득했던 첫 번째 단계인 '듣기'부터 시작해야 합니다. '듣기'부터 시작해서 '말하기'를 거쳐, '읽기'와 '쓰기'를 진행하는 것이 바로 성공으로 가는 길입니다.

ABC도 모르는데,
영어책 꼭 읽어야 하나요?

우리는 한글책을 읽지 않고도 자연스럽게 한국어를 습득했는데, 왜 영어는 영어책을 읽어야 한다는 건지 엄마들은 궁금합니다. 그럼, 제가 질문을 하나 드리겠습니다.

"세상에 태어나 아무 말도 하지 못했던 아기는 우리말을 어떻게 습득했을까요?"

아기는 말을 못 하니 대답도 할 수 없지만 엄마와 아빠는 계속해서 말을 걸었고, 아기가 자라면서 작은 옹알이라도 하면 반응해주었고, 점점 더 많은 대화를 나누게 되었습니다. 엄마와 아빠가 우리말 소리를 충분히 들려주었고, 상호작용이라는 걸 해준 것이지요.

영어도 마찬가지입니다. 엄마나 아빠 혹은 누군가가 영어로 충분히 말을 걸어주고, 상호작용을 해주면 아이는 자연스럽게 영어를 습득할 수 있어요. 하지만 우리 아이들에게 누가 늘 영어로 말을 걸어 줄 수 있을까요? 안타깝게도 저희 아이들 주변에는 없었습니다.

영어 못하는 엄마도
아이와 상호작용할 수 있어요

여행 작가가 꿈인 저는 세계 여러 나라를 여행할 때를 대비해 전화 영어를 수강한 적이 있습니다. 아이들이 초등학교에 입학한 후로 시간 여유가 좀 생겨 초급반만 두 번을 수강했는데, 부끄럽게도 영어 회화 실력은 늘 제자리를 맴돌고 있어요(예습도 복습도 없이 순전히 짧은 수업 시간에만 의존한 결과라고 말씀드리고 싶습니다). 전화 영어는 항상 시작에 앞서, 수강자가 미국이나 캐나다 등의 영미권 선생님과 필리핀 등의 영어 사용국 선생님 중에 한쪽을 선택합니다. 영어에 두려움이 많은 저는 언제나 영어 사용국의 여자 선생님을 선택합니다. 그럴 때마다 필리핀 선생님이 배정되었어요.

마지막 수강이 2년 전쯤이었어요. 당시 매주 화요일과 목요일 저녁 8시가 되면 선생님으로부터 전화가 왔고, 주어진 교재의 대화 내용으로 15분간 이야기를 나누었습니다. 시간이 어느 정도 흐르고 나니 처음의 의욕은 온데간데없고, 퇴근 후 피곤한 몸만 남아 영어로 통화하는 일은 부담이 되기 일쑤였어요. 도대체 내가 이걸 왜 한다고 했을까, 나는 언제까지 영어 때문에 이렇게 고생해야 하는 걸까. 괜스레 중학교부터 대학교까지 영어를 배운 10년이라는 시간이 허망하게 느껴져 울컥했습니다. 한편으론 영어를 자유롭게 구사할 수 있는 필리핀 선생님들이 부럽더군요.

도대체 필리핀 사람들은 어떻게 그렇게 영어를 잘하는 걸까요? 필리핀은 타갈로그어(필리핀어)와 영어를 공용어로 사용합니다. 공용어란 한 나라 안에서 공식적으로 사용하는 언어를 말하며, 교과서는 물론 신문 같은 언론 매체에서도 사용해야 합니다. 덕분에 필리핀 아이들은 일상생활 속에서 영어를 접하고 사용할 기회가 많아 자연스럽게 습득하게 된 겁니다.

반면에 우리는 단일어(한국어)를 사용합니다. 집, 학교, 마트, 놀이터 등 어느 곳에서도 영어로 말하는 사람을 찾을 수가 없어요. 모두 한국어로 말을 하고 듣습니다. 아이들은 공식적으로 초등학교 3학년이 되어야 학교에서 영어라는 외국어(foreign language)를 배우기 시작합니다. 그것도 일주일에 두 번 수업이고, 수업 시간은 40분입니다. 영어를 모국어처럼 습득하기에 턱없이 부족한 시간입니다.

이렇게 영어를 모국어나 공용어가 아닌 외국어로 배우는 EFL(English as a Foreign Language) 환경에서, 영어를 잘 못하는 엄마가 영어 소리를 충분히 들려주려면 어떻게 해야 할까요? 바로 '영어책 읽어주기'와 '영어 영상 보여주기'를 적극 활용하면 됩니다. 특히 '영어책 읽어주기'는 그 자체만으로도 충분하지만, 간단하게라도 아이와 영어로 상호작용까지 할 수 있다는 큰 장점이 있습니다. 이것이 어떻게 가능한지 다음의 그림책 읽기를 통해 설명해 보겠습니다.

This is an apple.   This is a banana.

첫 문장을 "This is an apple."이라고 소리 내어 읽어준 후, 손가락으로 사과 그림을 가리키면서 "Apple."이라고 한 번 더 말합니다. 아이는 "This is an"이 무슨 의미인지는 모르지만, 빨간색의 무언가가 apple이라는 것은 알 수 있습니다. 이때 모국어로 '사과'가 뭔지 개념이 잡혀 있다면 '사과 = apple'을 인지하게 됩니다. 다음 페이지도 같은 방법으로 읽어주면 됩니다. "This is a banana."를 읽어준 후, 또 손가락으로 바나나 그림을 가리키면서 "Banana."라고 한 번 더 들려줍니다. 이렇게 천천히 영어책을 읽어주면 자연스레 상호작용이라는 것을 할 수 있지요.

영상은 어떨까요? 영상 속 대사는 속도가 빠를 뿐만 아니라, 영어를 잘 못하는 엄마가 빠르게 흘러가는 화면을 보며 아이에게 영어로 말을 거는 것은 생각보다 쉽지 않습니다(이럴 때 '일시 정지' 기능을 사용하는 것도 좋은 아이디어라고 생각해요). 물론 단어 하나하나를 천천히 알려주는 영상도 있지만, 초등 전후의 아이들은 그런 영상을 보기 힘들어합니다.

영상 보기는 일방적인 '듣기'로, 상호작용이 어려워요. 그래서 영어 영상을 시청하기 전에, 엄마와 '영어책 읽기'를 통해 기본적인 단어 한두 개라도 먼저 이해해둔 아이가 영상의 내용을 좀 더 빨리 이해할 수 있습니다. 간단한 예를 들어볼게요. 앞의 책처럼 과일을 소개하는 영어책을 엄마가 며칠 동안 읽어주면서 상호작용을 합니다. 그러면 아이는 이 책에 나오는 과일을 나타내는 영어 단어를 인지하겠지요. 그러고나서 이 아이가 시청하는 영어 영상에 과일을 나타내는 영어 단어가 나온다면, 이런 단어 인지 경험이 없는 아이보다 내용을 좀 더 쉽게 이해할 수 있습니다.

세상에 태어난 아기에게 TV를 보여준 것보다 엄마가 말을 걸어준 것이 먼저인 것처럼, 영상을 보여주기 전에 잠깐이라도 '영어책 읽어주기'를 먼저 진행해주세요. 쉽고 간단한 한 줄짜리 영어책을 읽어주면서 아이와 간단하게라도 상호작용을 하는 겁니다. 그러면 아이는 엄마가 읽어주는 영어책의 소리를 들으며 낯선 언어에 천천히 적응함과 동시에 과일, 가족, 색깔, 탈것, 날씨, 음식 등의 기초적인 영어 단어를 좀 더 빠르게 인지할 수 있어요. 덕분에 영어 영상 시청을 시작했을 때, 내용을 조금이라도 더 잘 이해하게 되고, 내용에 대한 이해도가 높을수록 영어 영상에 대한 거부감이 줄어든답니다.

하지만 영어 소리가 부족한 우리 아이들에게 플러스알파가 되어주는 것이 영상이기도 합니다. 영상을 효과적으로 활용하는 방법에 대해서는 뒤에서 자세히 알려드리겠습니다.

엄마의 서툰 영어 발음,
걱정하지 마세요

영어를 잘 못하는 엄마의 경우, 자신감도 부족하고 영어 발음도 서툴러서 아이에게 '영어책 읽어주기'를 망설입니다. 저도 처음에는 그랬어요. 제가 영어책을 읽어주면, 아이들이 나중에 어설픈 제 영어 발음을 따라 할까 봐 걱정되더라고요. 하지만 시간이 흐르면서 신기하게도 아이들의 발음은 원어민을 따라갔습니다. 이것이 어떻게 가능한지 간단하게 설명해볼게요.

엄마가 아이에게 책을 읽어줄 수 있는 시간은 하루에 얼마나 될까요? 솔직히 10분 읽어주는 것도 힘들지만 우리에겐 불굴의 의지가 있으니, 최대 30분이라고 가정해보겠습니다. 그에 반해 아이가 영어 영상을 보는 시간은 얼마나 될까요? 처음에 10분 정도로 시작한다고 해도 금방 30분, 한 시간이 되어 버립니다. 또 엄마가 영어책을 읽어주는 속도보다 영상의 대사 속도가 훨씬 빨라요. 그래서 같은 시간을 노출한다고 할 때, 영상을 통해 듣는 영어 단어 수가 훨씬 많습니다. 무엇보다 시간이 흐르면서 엄마가 영어책을 읽어주는 시간조차도 전자펜이나 책에 딸린 음원이 대신하게 됩니다. 결국 아이는 더 많이 들은 영어 발음을 자연스럽게 따라가게 되는 것이죠.

그러니 아이에게 영어책을 읽어줄 때 엄마의 서툰 발음은 걱정하지 마세요. 아이는 앞으로 무수히 많은 책의 음원과 영상을 통해 원어민의 발음을 충분히 듣고 따라갈 겁니다. 중요한 건 낯선 영어의 시작을 세상에서 가장 사랑하는 엄마와 함께하는 거랍니다.

학교 성적까지 잡을 수 있는
최고의 방법

'내 아이가 학교에서 좋은 성적을 받으면 좋겠다.'

아무리 세상이 변한다 해도, 모든 엄마의 마음은 같을 겁니다. 지피지기면 백전백승. 학교에서 영어 시험 문제가 어떤 식으로 출제되고 있는지 알면, 아이들이 좋은 성적을 얻을 수 있도록 이끌 수 있습니다.

쌍둥이들이 초등학교 4학년 영어 수업 시간에 치른 시험지를 살펴보면, 총 20개 문제 중 듣고 푸는 문제가 14개, 그림이나 주어진 문장을 읽고 푸는 문제가 6개였어요. '듣기'가 절반 이상의 비중을 차지하는 걸 보고 조금 놀랐습니다. 이제 '듣기'가 안 되면 초등학교 시험부터 힘들어지는 상황입니다. 아이들은 학년이 올라갈수록 좀 더 어려운 내용을 듣고 이해해야 하고, 좀 더 복잡한 문장으로 구성된 영어 지문을 읽어내야 합니다.

요즘 대학수학능력시험, 어떻게 출제되는지 아시나요? 영어 영역이 총 45문제인데, 듣고 푸는 문제가 17개, 긴 지문을 읽고 풀어야하는 문제가 28개입니다. '듣기'와 '읽기' 어느 것 하나 소홀히 할 수 없겠지요. 그럼 2022학년도 수능 영어 문제를 한번 보여드릴게요.

24. 다음 글의 제목으로 가장 적절한 것은?

Mending and restoring objects often require even more creativity than original production. The preindustrial blacksmith made things to order for people in his immediate community; customizing the product, modifying or transforming it according to the user, was routine. Customers would bring things back if something went wrong; repair was thus an extension of fabrication. With industrialization and eventually with mass production, making things became the province of machine tenders with limited knowledge. But repair continued to require a larger grasp of design and materials, an understanding of the whole and a comprehension of the designer's intentions. "Manufacturers all work by machinery or by vast subdivision of labour and not, so to speak, by hand," an 1896 *Manual of Mending and Repairing* explained. "But all repairing must be done by hand. We can make every detail of a watch or of a gun by machinery, but the machine cannot mend it when broken, much less a clock or a pistol!"

① Still Left to the Modern Blacksmith: The Art of Repair
② A Historical Survey of How Repairing Skills Evolved
③ How to Be a Creative Repairperson: Tips and Ideas
④ A Process of Repair: Create, Modify, Transform!
⑤ Can Industrialization Mend Our Broken Past?

2022학년도 대학수학능력시험 영어 24번 문제 ⓒ한국교육과정평가원

차분히 읽어보려니 모르는 단어가 계속 나옵니다. 가까스로 좀 이해가 된다 싶다가도 금세 다시 미궁에 빠지는 기분입니다. 여러분은 어떠신가요? 무리 없이 정답을 찾으셨나요? 답은 ①번입니다.

우리 아이들은 이렇게 긴 지문을 한정된 시간 안에 읽고 이해한 후, 문제를 풀어야 합니다. 수능 세대인 제 경험을 돌이켜보면, 이 긴 지문을 읽어내기 위해 단어를 달달 외우고 복잡한 영문법을 계속해서 공부했습니다. 암기 또 암기. 영어는 그저 암기 과목이라고만 생각했습니다.

하지만 엄마표 영어로 영어를 습득한 아이들에게는 초등학교를 시작으로 수능시험을 보는 그날까지 영어는 그저 거저먹는 과목이 됩니다. '영어책 읽기'를 꾸준히 한 덕에 긴 지문을 후루룩 읽고, 영어 영상을 웃으면서 신나게 본 덕에 듣기 평가 문제도 자신 있게 풀어내거든요. 이렇게 영어 성적까지 잡을 수 있는 엄마표 영어의 효과에 대해 조금 더 구체적으로 짚어보겠습니다.

✿ 듣기 문제 걱정 없어요

영어 문화권에 살지 않는 우리는 일상생활 속에서 영어를 듣는 일이 흔하지 않습니다. 그러니 현지 아이들이라면 다른 문제에 비해 너무도 쉬웠을 듣기 영역은 정말 힘들었습니다. 무슨 이야기를 하는 건지 도통 알아들을 수가 없었어요. 전체 내용을 해석한 답안을 보고 나면 실소가 터질 수도 있는, 별거 아닌 내용이었음에도 그저 아는 단어 몇 개를 겨우 듣고 내용을 추측할 뿐이었지요.

반면에 꾸준히 영어책의 음원을 듣고, 영어 영상을 시청한 우리 아이들의 귀는 영어 소리도 모국어처럼 듣습니다. 그저 편안하게 듣고, 천천히 문제를 풀면 됩니다.

✿ 영어 단어, 암기할 필요가 없어요

영어책을 꾸준히 읽으면, 영어 단어를 암기하지 않아도 자연스럽게 습득할 수 있습니다. 영어책을 읽다가 모르는 단어가 나오면, 그림이나 앞뒤 문맥을 통해 단어의 뜻을 유추하면서 단어를 습득해 나가거든요. 영어책을 읽다가 정말 모르겠다 싶은 단어만 사전을 찾아 그 의미를 알아두면 됩니다.

단어는 계속해서 사용해야 내 것이 됩니다. 사용하지 않으면 금방 잊어버려요. 영어책을 꾸준히 읽는 아이들은 이 책에서 봤던 단어를 저 책에서 만나고, 저 책에서 만났던 단어를 이 책에서 만납니다. 자연스럽게, 무엇보다 즐겁게 무한 반복하게 되고, 그 단어가 실제로 사용된 문장을 통해 더 정확하고 다양한 뜻을 익히게 됩니다.

✿ 자연스럽게 영문법을 터득해요

영어 문법을 배우지 않아도, 영어책을 많이 읽은 아이들은 어색한 문장을 잡아낼 수 있습니다. 한국어를 배우는 외국인이 "이것는 사과입니다."라고 말하면 우리는 고쳐줄 수 있습니다. '이것는'이 아니라 '이것은'이라고 말입니다. 틀린 부분을 바로잡아줄 수는 있지만, 문법적으로 설명은 못 할 수도 있습니다. 그저 말을 할 때 이상한 부분, 어색한 부분을 잡아낼 뿐입니다.

영어를 모국어처럼 습득한 아이들도 같습니다. 들어서 어색하면 이상한 거예요. "This is a apple. 엥? This is an apple. 이게 맞지." 하며 틀린 부분을 잡아냅니다. 모음(a, e, i, o, u)으로 시작하는 단어 앞에는 'a'가 아니라 'an'이 온다고 일부러 배우고 외우지 않아도 됩니다. 그냥 이상한 걸 잡아낼 뿐입니다. 우리말처럼 자연스럽게요.

✿ 긴 지문도 누워서 떡 먹기예요

우리말을 잘하는 우리 아이들 모두가 국어 시험을 잘 볼까요? 그렇지 않지요. 우리말을 잘하는 것과 국어 시험을 잘 보는 것은 별개의 문제입니다. 그렇다면 어떤 아이들이 국어 시험을 잘 볼까요? 보통 한글책을 많이 읽은 아이들이 국어 시험도 잘 봅니다. 글을 읽는 속도도 빠르고, 읽고 이해하는 능력도 높기 때문이에요. 마찬가지로 영어로 자유롭게 의사소통할 수 있는 미국 아이들이라고 해서 모두 영어 시험을 잘 보는 건 아닙니다. 그들 중에서도 영어책을 많이 읽은 아이들이 영어 시험도 잘 봅니다.

영어 습득을 위해 영어책을 꾸준히 읽은 아이들은 시험에 필요한 능력을 자동으로 장착하게 됩니다. 보통 영어 리더스북은 100개 이상의 단어로, 얼리 챕터북은 1,000개 이상의 단어로 구성되어 있습니다. 앞에서 보았던 2022학년도 수능시험 영어 지문이 길고 어려운 건 사실이지만, 영어책을 통해 영어 문장을 수없이, 그것도 유희로 읽은 아이들에게 수능시험의 긴 지문은 문제가 되지 않습니다. 그보다 더 긴 영어 문장을 수도 없이 읽었으니까요.

영어를 잘 모르는 엄마가 아이에게 들려줄 수 있는 영어 소리는 '영어책 읽어주기'와 '영어 영상 보여주기'를 통해서입니다. 시간이 흘러, '영어 읽기 독립'까지 끝난 아이들은 이제 더는 누군가 책을 읽어줄 때까지 기다릴 필요도 없어요. 그저 재미있는 영어책을 스스로 꾸준히 읽기만 하면 됩니다.

이 아이들이 중·고등학교에 진학하면 영어 문제집 몇 권만 풀게 해주세요. 시험이 어떤 식으로 출제되는지는 알아야 하니까요. 짧은 문단 몇 개로 구성된 교과서나 문제집보다 흥미진진한 이야기를 긴 글로 풀어낸 원서를 읽어온 아이들의 글을 읽는 속도와 이해하는 능력은 당연히 높을 수밖에 없습니다. 무엇보다 중요한 건 힘들게 단어를 암기할 필요도, 문법을 공부할 필요도 없다는 거예요. 그저 공부하다가 쉬고 싶을 때 영어소설을 읽고, 영어로 된 영화를 보며 놀면 됩니다! 생각만 해도 흐뭇해지는 이 길을 안 갈 이유는 없겠지요.

03

엄마표 영어의 가장 큰 난관,
'읽기 독립'

어릴 때부터 영어에 노출하면 영어를 모국어처럼 구사하게 된다는 말에, 20권에 3만 원 하는 영어 전집 한 질을 구입해 읽어주기 시작했습니다. 그때가 쌍둥이 생후 10개월 때였어요. 시작이 참 빨랐지요? 하지만 빨리 시작했다는 장점 뒤에는 꽤 오래 엄마표 영어를 진행해야 한다는 단점이 숨어 있었습니다. 저는 그 길고 긴 시간 동안 하다, 말다를 반복했어요. 한동안 열심히 하다가 힘들면 멈췄고, 그동안 한 게 아깝다는 생각이 스멀스멀 찾아오면 다시 시작했어요. 결국 쌍둥이의 영어 실력은 엄마인 제가 열심히 하면 올라갔다가, 등한시하면 내려가기를 반복했습니다.

그러다가 쌍둥이 네 살 때 워킹맘이 되었고, 영어책은커녕 한글책 한 권 읽어주는 것조차 힘든 날들이 시작되었어요. 육아와 일, 가

사로 체력이 방전된 저는 책(한글책이든 영어책이든)은 전자펜을 통해 읽도록 했고, TV는 한국어 영상과 영어 영상을 번갈아 보여주었습니다. 솔직히 아이들 교육보다 저의 생존이 먼저였던 시간입니다.

날로 벌어지는
한글책과 영어책의 격차

그러던 어느 날, 아이들의 독서 비율을 보고 깜짝 놀랐습니다. 여섯 살이 된 쌍둥이들이 영어책은 거들떠보지도 않고, 위인 동화, 한자 동화, 그리스 로마 신화 등 한글로 된 전집만을 읽고 있더라고요. 그 모습을 보며 이렇게 엄마표 영어를 포기할 수는 없다는 생각이 들었습니다. 느슨해졌던 마음을 다잡고, 엄마표 영어를 다시 시작하기로 했습니다. '영어로만 TV 보기'를 시도했고, 퇴근 후에 아무리 힘들어도 쌍둥이가 매일 영어책 세 권을 전자펜으로 읽을 수 있도록 챙겨주었어요.

하지만 전처럼 쌍둥이가 서너 살부터 좋아했던 영어책을 챙겨주었는데, 아이들의 반응이 예전과 달랐습니다. 영어책에 대한 흥미가 좀 시들해진 느낌이었어요. '무엇이 문제일까?' 고민하며 아이들을 관찰한 결과, 쌍둥이는 이제 단순한 노래나 챈트가 반복되는 책이 아닌 스토리가 탄탄한 책을 원하고 있었습니다. 순간 '아차' 싶더라고요. 여섯 살이 된 쌍둥이의 호기심에 따라, 한 단계 높은 한글책을 사주고도 아이들의 독서 단계가 바뀌고 있다는 걸 몰랐던 거예요.

한동안 엄마표 영어를 꾸준히 챙겨주지 못했던 날들이 떠오르면서 쓸쓸해졌습니다. 제대로 챙겨주지 못해서 아이들에게 미안하기도 했고요. 그래서 아이들에게 미안한 마음과 울적함이 가득한 채로 TV를 보다가 홈쇼핑에서 《Oxford Reading Tree, 이하 ORT》를 발견했습니다. 1단계부터 5단계까지 어마어마한 권수의 책을, 그것도 전자펜(옥스포드펜) 포함 구성을, 10개월 무이자로 쿨하게(?!) 가져가라고 하더군요. 주저 없이, 바로 구입해버렸습니다. "100만 원보다 우리 쌍둥이의 오늘이 더 소중해!" 하면서 말이지요. 다행히 예상은 적중했고, 감사하게도 《ORT》는 꽤 오랜 시간 동안 쌍둥이의 사랑을 받았습니다.

점점 사라져 가는
음원

《ORT》로 근근이 엄마표 영어를 이어갔지만, 역시나 한글책에 비하면 양이 턱없이 부족했어요. 좀 더 많은 영어책이 필요하다는 것을 느끼고 《ORT》처럼 재미있으면서도 전자펜이 가능한 책을 찾기 시작했어요. 아직 스스로 영어책을 읽을 수 없는 아이들과 체력적인 한계로 책을 읽어줄 수 없는 엄마에겐 전자펜이 필수였거든요. 하지만 여기서 다시 문제가 발생합니다. 전자펜은 고사하고 오디오 CD가 있는 영어책을 찾는 것조차 하늘의 별 따기처럼 어려웠습니다(요령과 경험이 부족해 더 힘들었어요).

정말 가뭄에 콩 나듯 오디오 CD가 있는 재미난 영어책을 찾으면, 가격이 비싸 구입하기 부담스러웠습니다. 아이들 어릴 적에 구입했던 우리나라에서 만든 영어 전집은 중고서점에서 저렴하게 살 수라도 있었는데, 영어 원서(리더스북 등)는 중고 책을 찾기도 어렵더라고요. 한 단계 한 단계 올라갈수록 엄마표 영어를 진행하는 아이들이 적어지다 보니 그에 따라 중고 책도 많지 않았습니다.

그렇게 재미난 영어책을 찾아 헤매다가 챕터북을 발견했어요. 전자펜이 안 되거나 오디오 CD가 없는 대신 저렴했고, 쌍둥이가 읽을 수만 있다면 스토리도 흥미를 느끼기에 충분했습니다. 재미있어 보이는데 왜 이렇게 저렴한지 궁금했어요. 천천히 살펴보니 그동안 구입했던 전집과 달리 페이퍼백으로 제작되어 작고 가벼웠고, 책 전체가 흑백인 데다 그림도 거의 없는 편이라 비쌀 이유가 없더라고요.

엄마표 영어 인플루언서도
무너진 그곳

한글책과 영어책의 격차가 더 벌어지면 안 되겠다는 생각과 영어책 구입 비용을 줄이고 싶은 마음에, 영어를 떼게 해주어야겠다는 결심을 하게 되었습니다. 영어만 떼면 자신의 수준에 맞는 영어책을 스스로 읽을 것이고, 더는 전자펜이나 오디오 CD도 필요 없을 거라 생각했어요. 방법을 찾기 위해 책과 인터넷을 통해 정보를 찾아보았지만, 자세한 설명을 포함한 경험담을 찾기는 쉽지 않았습니다. 아이들이 스스로 영어책을 읽는다고 해서 살펴보면, 어떻게 그것이 가능한지에 대한 구체적인 정보가 부족했어요. 과정은 모른 채 결과만 보고 있자니 답답함만 늘어갔습니다.

아이들 어릴 적에 영어책과 DVD 구입에 도움을 받았던 인플루언서의 블로그도 오랜만에 찾아가 보았지만, 놀랍게도 그렇게 영어를 잘했던 아이들의 모습을 볼 수 없었어요. 천천히 살펴보니 유창하게 영어를 구사하던 아이의 블로그는 취학을 전후로 운영을 멈췄고, 또 다른 인플루언서는 엄마표 영어 포기를 선언한 상태였어요. 열심히 했는데 안 된다고, 더는 못 하겠다고, 실패를 인정하고 포기한다고 말입니다.

'어떻게 된 일일까?'

궁금했지만 실패한 사람들은 말이 없었어요. 의구심을 품은 상태로 시간은 흘러갔고, 저의 엄마표 영어는 근근이 이어가다 멈추기를 반복할 뿐이었습니다. 그러다 초등학교 입학 무렵 어느 날, 첫째 아이가 '영어책 읽기'를 거부했습니다.

"집에 있는 영어책은 재미없어! 다 시시해!"

바쁘고 피곤하다는 이유로, 방법을 못 찾겠다는 핑계로 슬그머니 모른 척한 '한글책과 영어책의 격차'가 문제를 일으킨 겁니다. 쌍둥이의 수준에 맞는 영어책은 책을 읽어주는 오디오 CD가 없거나 가격이 비싸기 때문에, 스스로 읽거나 제가 읽어주어야 했습니다. 하지만 아이들은 아직 스스로 읽을 수 없었고 저는 책을 읽어줄 체력도 실력도 없었지요. 이런저런 핑계로 계속 아이들의 정서 수준보다 낮은 영어책만을 주니, 영어책에 흥미를 잃는 건 당연한 일이었던 겁니다. 결국 제가 그 지점에 도착해 보니 그 많은 엄마들이 왜 포기했는지 알겠더군요. 문제는 바로 '영어 읽기 독립'. 엄마도 아이도 그 산을 넘지 못한 거였습니다.

영어책을 곧잘 보던 아이가 점점 한글책만 읽으려 한다면, 한글책과 영어책의 격차가 벌어지기 시작했다는 뜻입니다. 아이가 보내는 신호를 외면하지 마시고, '영어 떼기'를 시작할 때가 되었다는 걸 인지하셔야 합니다. 물론 엄마들 대부분은 이 신호를 잘 못 알아봅니다. 처음이니까요.

혹은 엄마표 영어를 8세 이후에 본격적으로 시작했다면, 아이의 발달 수준에 맞는 영어책을 읽기 위해 '영어 떼기'를 조금이라도 함께 진행해야 한다는 걸 알고 계셔야 합니다. 자신의 영어 수준에 맞는 쉬운 그림책이나 리더스북은 시시해서 읽으려 하지 않거든요.

단, 여기서 주의해야 할 것이 있습니다. 급한 마음에 무리하게 '영어 떼기'를 진행하면, 모국어처럼 '습득'해야 할 영어가 '학습'으로 변질될 수 있다는 겁니다. 급할 것은 하나도 없습니다. 포기하지 않고 끝까지 걸어가면 목적지에 도착할 수 있습니다. 쌍둥이와 함께 몇 년간의 시행착오로 발견한, '영어 떼기'와 '읽기 독립' 완성을 위한 효과적인 방법을 자세하게 알려드리겠습니다. 그저 천천히 따라만 오세요. 한글책을 읽지 못하는 아이가 없듯이, 영어책도 방법만 알면 누구나 읽을 수 있습니다.

04

'영어 읽기 독립',
언제 시작해야 할까요?

엄마표 영어는 보통 '영어책 읽어주기'와 '영어 영상 보여주기'로 시작하는 경우가 많습니다. 모국어 습득 순서의 첫 번째 단계인 '듣기'로 시작하니, 여기까지는 정말 잘한 겁니다. 문제는 그다음이에요. 어느 순간이 되면 '읽기'에 대한 유혹이 찾아옵니다.

'이제 여덟 살이니, 슬슬 아이 혼자 '읽기'를 해야 하지 않을까?'

영어 교육에 크게 신경 쓰지 않던 엄마도 아이가 초등학교 2학년이 끝나갈 무렵이 되면 불안해하기 시작합니다. 3학년부터 영어가 정규 교과목에 들어오기 때문이에요. 주위를 둘러보니 우리 아이만 아무것도 하지 않은 것 같아 마음이 조급해져서, 급한 마음에 영어를 '학습'으로 접근하게 됩니다. '초등이니까 리딩부터 시작해야겠지?' 하고 말이죠.

엄마표 영어를 지지부진하게 진행해온 엄마도 아이가 7~8세가 되면 '읽기'를 진행하려 하고, 이제 막 엄마표 영어를 시작한 엄마도 아이가 초등생이라면 '읽기'부터 시키려 합니다. 영어를 모국어처럼 자연스럽게 습득해본 경험도 없고, 정보도 부족한 엄마들은 보통 아이의 나이를 기준으로 '읽기'를 시작합니다.

하지만 영어 소리를 충분히 듣지 못한 상태에서 '말하기'도 없이 '읽기'로 단계를 훌쩍 건너뛴 아이들은 영어를 읽을 줄은 알지만 내용은 이해하지 못합니다. 결국, 영어는 그저 어렵고 재미없는 과목이 되어 버립니다.

영어 소리를 충분히 들은 후에 시작해요

'읽기'의 사전적 의미는 '언어 학습에서 글을 바르게 읽고 이해하는 일'입니다. 예를 들어 'cave'라는 문자를 '케이브'라고 바르게 읽고 '동굴'을 의미한다는 걸 이해해야 읽었다고 말할 수 있습니다. 즉, 읽는 법을 배우기 전에 영어라는 언어에 대한 이해가 먼저입니다.

'애플'이라는 소리가 '사과'를 의미한다는 것을, '디스 이즈 어 북'이라는 소리가 '이것은 책이야'를 의미한다는 것을 알아야 합니다. 영어 소리를 충분히 들려주면 자연스럽게 수많은 영어 단어가 가진 소리와 뜻을 알게 되고, 영어 문장의 구조를 이해하게 됩니다('모국어처럼'요). 그런 다음에 자연스럽게 읽는 법을 알려주면 됩니다.

서두르지 마세요. 재미있는 영어 그림책을 읽어주고 영어 영상을 보여주던 엄마가 어느 순간, 파닉스를 가르치고 리더스북을 읽게 하면 모국어처럼 '습득'해오던 영어는 '학습'이 되어 버립니다. 가르치는 엄마는 '듣기'까지 잘해왔던 아이가 '읽기'에서 왜 이렇게 맥을 못 추는 건지 이해가 되지 않아요. 배우는 아이는 재미도 없고, '학습'이 되어 버린 영어가 그저 싫을 뿐입니다. '읽기'부터 시작한 아이들도 마찬가지입니다. 이제 영어는 엄마와 아이 모두에게 힘들고 재미없는 숙제가 되어 버립니다.

'충분히 듣기'가 아닌, '적당히 듣기' 후에 '읽기'로 넘어가면 안 됩니다. 엄마가 열심히 푸시하면 당장은 조금 더 앞서 나가는 것처럼 보이지만, 충분히 듣기 전에 '읽기'로 넘어가면 결국 영어는 공부가 되어 버립니다. 충분히 들은 아이들은 때가 되었을 때, 약간의 스킬만 알려주면 자연스럽게 '읽기'로 넘어갈 수 있습니다.

아이가 충분히 들었는지
어떻게 알 수 있을까요?

아이가 영어를 충분히 들었는지 판단할 수 있는 기준은 바로 '말하기'입니다. 자신의 생각이나 감정을 표현하려면, 해당 언어의 단어와 문장 구조를 충분히 이해하고 있어야 하거든요.

아기는 세상에 태어난 이후 줄곧 모국어를 들으며, 자연스럽게 단어를 익히고 문장의 구조를 이해해 나갑니다. 듣고 또 듣고, 임계점에 닿아 스스로 익숙해지고 자신감이 생겨난 아이는 단어를 시작으로 말을 하기 시작합니다. 대개는 다섯 살 정도가 넘어가면 자유자재로 의사소통을 하지요. 충분히 '말하기'가 된다는 생각이 들면 다음 단계인 '읽기', 즉 한글을 가르칩니다.

미국이나 영국도 마찬가지예요. 영어를 자유롭게 말할 수 있는 아이들에게 '읽기'를 가르칩니다. '말하기'로 충분한 의사소통이 이루어지고 있는 상태에서 아이가 알고 있는 소리와 문자를 연결해 주는 과정이 바로 파닉스 학습입니다.

하지만 우리나라에서는 보통 영어 학원에 가면 파닉스부터 시작하고, 조금 늦었다고 생각하는 엄마도 파닉스부터 시작하는 경우가 많습니다. 파닉스부터 배운 아이들의 공통점은 영어를 읽을 줄은 알지만 내용은 이해하지 못하는 난관에 부딪힌다는 겁니다. 사실 우리 엄마들도 10년 가까이 이러한 방식으로 영어를 공부해왔지만, 결과는 어떤가요? 학교에서 발음기호를 배워 정확하지는 않아도 영어소설을 더듬더듬이라도 읽을 수는 있습니다. 하지만 내용은 이해하지 못하지요. 모국어 습득 단계를 따르지 않고 '읽기'부터 시작했기 때문이에요.

1965년 노벨상을 수상한, 아인슈타인 이후로 가장 인기 있던 물리학자 리처드 파인만Richard Feynman은 어려운 물리학을 쉽고 재미있게 설명한 것으로 유명합니다. 그는 '어려운 사실을 누구나 이해할 수 있게 설명할 수 없으면, 설명하는 사람 역시 그 사실을 제대로 이해하지 못하는 것이다'라고 했습니다.

또 유대인들에게는 '하브루타'라는 독특한 학습법이 있는데, 두 사람이 짝을 이루어 토론하고 논쟁하는 공부법입니다. 그들은 말로 할 수 없으면 모르는 거라고 자신 있게 이야기합니다.

'듣기'는 문장에서 몇 개의 단어를 가지고도 내용을 추측할 수 있지만, '말하기'는 다릅니다. 영어라는 언어의 구조를 이해하고 있어야 자연스럽게 말할 수 있습니다. 아이가 영어책이나 영어 영상에서 보고 들은 영어 문장을 말하고, 더 나아가 그 문장을 변형해 하고 싶은 말을 한다면 충분히 들었다는 겁니다. 이제 아이가 알고 있는 영어의 소리를 문자와 연결해주는 '읽기'를 진행해도 좋습니다.

아이가 읽고 싶은 책과
이해할 수 있는 책의 격차가 클 때 시작해요

영어를 처음 시작하는 아이라면, 나이와 현재 읽고 있는 한글책 수준에 상관없이 한 줄짜리 영어책부터 읽어주어야 합니다. 쉬운 한 줄짜리 영어책부터 엄마가 천천히 즐겁게 읽어주면, 아이들은 큰 거부감 없이 자연스럽게 영어를 받아들일 수 있어요. 다만, 한글책을 많이 읽어 독서 수준이 높은 아이들은 이 기초 단계를 좀 힘들어하는 경향이 있습니다. 현재 읽는 한글책은 재미나고 흥미진진한데,

한 줄짜리 영어책은 너무 시시하기 때문이에요. 독서 수준에 맞는 영어책을 주면 좋겠지만, 그런 책을 읽기에는 아직 영어 실력이 부족합니다.

쌍둥이들이 그랬어요. 일곱 살 전후로 아이들의 한글 독서 수준은 영어 독서 수준을 훌쩍 뛰어넘었고, 독서 수준보다 낮은 영어책을 읽어주니 재미를 느끼지 못해 영어에 흥미를 잃어갔습니다. 이렇게 스스로 읽고 싶은 영어책과 이해할 수 있는 영어책의 격차가 큰 아이들은 어떻게 해야 할까요?

이런 경우, '영어 소리 듣기'와 '영어 떼기'를 함께 진행하면 됩니다. 다른 아이들처럼 낯선 영어에 익숙해질 수 있도록 영어 소리를 충분히 들려주면서, '영어 떼기'를 조금이라도 함께 진행해 자신의 독서 수준에 맞는 영어책을 좀 더 빨리 읽을 수 있도록 도와주는 겁니다. 물론 두 가지를 함께 하면 아이가 힘들 수 있으니, 최대한 천천히 진행하는 것이 중요해요. 그래서 처음에는 오히려 좀 느린 듯 보일 거예요. 하지만 시간이 지나면 점점 가속도가 붙을 테니 걱정하지 마세요. 이미 책의 재미를 알고 있는 데다 이해력과 독해력이 높고 풍부한 배경지식이 있기 때문에, 영어라는 언어에 대한 이해만 어느 정도 이루어지면 그다음부터는 영어 독서 수준도 쭉쭉 올라가거든요.

좀 더 구체적인 방법은 PART 2의 [초2부터 활용하는 따라잡기 기술 ①] 1단계와 2단계 함께 진행하기(147페이지)에 자세하게 담아 두었습니다.

05

포기하지 않는 것도
습관입니다

대학 시절, 성공에 관한 책을 한 권 읽었습니다. 그 책에서는 10년 동안 한 우물을 파다 보면, 경쟁자는 지금 옆에 있는 친구나 동료가 아닌 바로 나 자신이라고 하더군요.

저는 무언가를 꾸준히 해본 적이 없는 사람이에요. 늘 무언가를 하다가 말기를 반복하는 끈기가 부족한 학생이었고 어른이었습니다. 끈기가 부족하고, 산만하기까지 했던 제가 엄마표 영어를 10년이라는 시간 동안 지속했습니다. 참 신기한 일이지요. '내 아이들은 영어의 부담감으로부터 자유로웠으면 좋겠다'라는 목표 하나로, 포기하지 않고 묵묵히 걸었더니 어느새 꿈이 이루어져 있었습니다.

이렇게 성공을 경험한 후에야 비로소, '경쟁자는 나 자신'이라는 말의 의미를 이해하게 되었습니다. 자신이 선택한 길을 포기하지 않고 계속, 꾸준히 걸어갈 수 있느냐가 성공의 열쇠였습니다. 포기하지 않고 꾸준히 하면 무엇이든 이룰 수 있다는 성공 공식을 엄마표 영어 덕분에 깨닫게 된 겁니다.

그럼, 이 성공 공식을 엄마표 영어에 대입해볼까요? 옆집 아이 혹은 인터넷이나 책에 나오는 아이가 우리 아이보다 더 높은 수준의 영어책을 읽고, 영어로 말도 더 유창하게 하고 있나요? 중요한 것은 지금 누가 더 빨리 달리느냐가 아닙니다. 10년이라는 세월이 흐른 뒤, 그때 그 옆집 아이가 아직도 영어를 하고 있을지는 아무도 모르는 일이에요. 엄마표 영어의 가장 큰 난관인 '읽기 독립'의 문을 통과하지 못해 포기하거나 영어를 아예 싫어하게 되었을 수도 있어요. 중요한 것은 '포기하지 않고 끝까지 가는 것'입니다.

끝까지 가려면 무리하지 말고, 조금씩 꾸준히 걸어가야 합니다. 포기하지 않는 것도 습관입니다. 매일 영어 그림책 다섯 권을 읽어주기로 했지만, 오늘은 이제 두 권 읽어주었는데, 아이가 떼를 부리다가 잠이 들었습니다. 깨워야 하나 마나 고민되실 거예요. 그럼 푸욱 잘 수 있게 해주세요. 오늘만 날이 아니랍니다. 힘들 땐 잠시 쉬었다가도 괜찮습니다. 그것이 더 멀리 갈 수 있는 방법입니다.

결과는
반드시 나옵니다

　몇 년 전, 여섯 살 아이를 둔 엄마가 제게 조언을 구했습니다. 아이에게 출퇴근길에 영어 동요를 30분 정도 들려주는 것과 간단한 영어 영상을 보여주는 것이 전부인데, 너무 늦게 시작한 건 아닌지, 사교육이 필요한 건 아닌지 걱정하더라고요. 저는 '영어책 읽어주기'와 '영어 영상 보여주기'를 꾸준히 딱 1년만 진행해보라고 말씀드렸습니다. 결과는 어떻게 되었을까요?

　그분은 워킹맘이라 매일 하지는 못했지만 포기하지 않았습니다. 아이가 일곱 살이 되었을 때 '영어책 읽어주기'와 '영어 영상 보여주기'를 꾸준히 진행하기 시작했어요. 그렇게 1년이 흐른 뒤, 기쁜 소식을 전해주었습니다. 1년 동안 포기하지 않고 꾸준히 노력했더니 결과가 나왔다고 말입니다.

　"언젠가 제가 블로그에 질문 남겼을 때 1년만 해보라고, 그러면 후회하지 않을 거라고 얘기해주셨는데, 그 1년이 지났어요. 요즘, 정말 이건 잘한 선택이었다는 생각이 듭니다. 잘 따라와 준 아이한테 참 많이 고맙고, 간간이 겁 없이 뱉어내는 영어들이 점점 더 늘어나고 정확해지는 걸 보니 참 신기합니다. 이제 여덟 살. 기초를 충분히 다진다는 생각에 성급해하지 않고, 최대한 많은 리더스북을 보여주고, 영상을 계속 틀어주고 있어요. 확실히 처음보다 손도 덜 가고, 생각보다 많이 알고 있더라고요. 물론 고민이 전혀 없는 건 아니지만,

아무리 유명한 학원이 있다 해도 전혀 흔들리지 않고 그 학원 다니는 애들보다도 잘할 수 있다는 강한 믿음이 생겨요."

벅찬 소식을 듣고 저도 얼마나 기뻤는지 모릅니다. 솔직히, 조언은 많이 해도 이렇게 꾸준히 실천하는 사람은 드물거든요.

조금씩, 꾸준히
딱 1년만!

'누구나 할 수 있는 일을 아무도 할 수 없을 만큼 꾸준히 하면 그것은 가치가 된다.'

후지무라 마사히로 작가의 말입니다. 꾸준함의 힘을 일깨워주는 글귀로, 매년 다이어리를 구입하면 앞장에 적어두고 봅니다. 하루 한 권에서 서너 권의 영어책을 아이에게 읽어주는 것은 솔직히 어렵지 않습니다. 하지만, 그것을 1년 동안 꾸준히 실천하는 사람은 소수입니다. 그래서 성공하는 엄마의 숫자가 적은 거예요.

쌍둥이 서너 살 때, 인터넷을 보면 엄마표 영어를 진행하는 집들이 꽤 많았어요. 아이가 어릴 적에는 엄마도 의욕이 충만하다 보니, 한 번쯤은 엄마표 영어에 도전해보는 분위기였거든요. 하지만 시간이 흐르자 엄마들은 조금씩 포기했습니다. '꾸준히'가 아닌 '지지부진'하게 진행하거나, 애초에 잘못된 방향으로 가다가 목표에 도달하지 못한 채, 아이도 엄마도 지쳐버렸습니다.

우리말을 못하는 아이가 없듯이, 영어도 꾸준히 노출하면 못하는 아이는 없답니다. 이 길을 끝까지 걸어가 본 사람만 아는 답이지요. 엄마표 영어 성공을 위해서는 우선 방향을 잘 잡아야 합니다. 방향을 잘 설정했다면, 옆을 보지 못하게 눈을 가린 경주마처럼 주위를 차단하고 뚝심 있게 내 아이만 보면서 걸어가야 해요. 비가 오나, 눈이 오나, 바람이 부나 그저 매일 해야 하는 일들을 하면서 말이지요.

방향은 제가 알려드릴게요. 쌍둥이가 영어로부터 자유를 얻게 된 걸음 하나하나를 기록했고 성공과 실패를 분석했습니다. 그리고 이 책의 PART 2 '영어 읽기 독립 4단계 로드맵'을 만들었습니다. 저는 영어 교육을 전공한 전문가가 아니에요. 오히려 학창 시절에 영어를 끔찍이 싫어하고 못했던 과거(?!)가 있는 여자입니다. 이런 제가 성공했다는 것은 엄마에게 특별한 능력이 필요하지 않다는 걸 증명하는 것이겠지요.

여러분이 해야 할 일은 조금씩, 꾸준히 딱 1년만 실천하는 겁니다. 구슬이 서 말이어도 꿰어야 보배라고, 아무리 좋은 성공 공식을 알고 있다 해도 실천하지 않으면 성공할 수 없습니다. 엄마표 영어의 세계에서는 영어를 더 잘하는 엄마가 아닌, '영어책 읽어주기'와 '영어 영상 보여주기'를 더 꾸준히 실천한 엄마가 성공하지요. 저처럼 말입니다. 그럼, 함께 시작해볼까요?

PART 2

'영어 읽기 독립'
4단계 로드맵

'영어 읽기 독립' 4단계 로드맵

구분	1단계 (충분히 듣기)	2단계 (물밑 작업)	3단계 (들으며 읽기)	4단계 (스스로 읽기)
목표	▶영어랑 친해지기 ▶모국어처럼 자연스럽게 단어와 문장 구조 인지	▶끊어 읽기 가능 ▶기초적인 단어와 사이트워드의 문자 인지	▶자연스럽게 단어와 문장 구조 확장 ▶아이의 정서 수준에 맞는 영어책 들으며 읽기	▶즐겁게, 스스로 영어책 읽기
활동	▶영어책 읽어주기 ▶영어 영상 보여주기	▶끊어 읽기 알려주기 ▶소리 내어 읽기 ▶한국어 영상은 서서히 줄이고, 영어 영상은 서서히 늘리기	▶음원을 들으며, 눈으로 글자 따라가기	▶눈으로 읽을 수밖에 없는 환경 만들기 ▶영어로만 TV 시청하기
활용책	▶영어 그림책 ▶리더스북	▶반복되는 단어, 문장의 영어책 ▶초기 리더스북	▶리더스북 ▶얼리 챕터북 ▶챕터북 ▶영어소설	▶그림책 ▶리더스북 ▶얼리 챕터북 ▶챕터북 ▶그래픽 노블 ▶영어소설
활용 영상	▶단계별 영어 영상 1단계-2단계	▶단계별 영어 영상 2단계-4단계		▶보고 싶은 영상을 영어로 시청

'읽기 독립 로드맵'은 총 4단계로 이루어져 있고, 단계별로 초기에만 엄마가 가이드를 해주면 그다음부터는 아이 스스로 진행해 나갈 수 있습니다.

1단계(충분히 듣기)에서는 재미난 영어책과 흥미진진한 영상을 통해 영어 소리를 충분히 들려주어, 영어 단어(의미와 소리)와 문장의 구조를 모국어처럼 자연스럽게 습득할 수 있도록 이끌어줄 겁니다.

2단계(물밑 작업)에서는 기초적인 영어 단어(사이트워드 포함)의 문자를 살짝 인지시킬 거고요.

3단계(들으며 읽기)에서는 아이가 수많은 영어 단어의 소리와 문자를 연결할 수 있도록 충분히, 꾸준히 영어책을 들으며 읽을 수 있도록 환경을 만들어줄 겁니다.

4단계(스스로 읽기)에 들어서면 아이가 음원에 의지하지 않고, 스스로 자신 있게 읽을 수 있도록 자극을 줄 거예요. 그러고나면 아이 스스로 영어책을 즐겁게 읽는 단계로 넘어갑니다. 진정한 읽기 독립이지요.

각 단계의 시작마다 엄마의 도움이 조금 필요합니다. 아이가 낯선 영어와 친해질 수 있도록 도와주고 방법도 알려주는 건데요. 그다음에 엄마가 해야 할 중요한 일은 '찾기'와 '칭찬 및 격려하기'입니다. 아이가 좋아할 만한 영어책과 영상을 꾸준히 찾으면서, 아이가 조금씩 목표를 달성할 때마다 칭찬과 보상을 통해 계속할 수 있도록 돕는 거지요. 힘들어할 때는 다독이며 갈 겁니다. 덕분에 아이는 '영어 읽기 독립' 4단계 동안, 세상에서 제일 사랑하는 엄마가 함께여서 든든한 이 길을, 엄마의 칭찬을 듬뿍 받으며 신나게 걸어갈 겁니다. 스스로 영어책을 즐겁게 읽어내는 그날까지요. 그럼, 이제 본격적으로 1단계부터 시작해볼까요?

충분히 듣기

: 영어라는 소리에 익숙해지는 단계

영어를 잘 모르는 엄마가 줄 수 있는
두 가지 인풋 input

영어책
읽어주기

＋

영어 영상
보여주기

'영어 읽기 독립 4단계 로드맵'의 첫 번째 단계는 '충분히 듣기'입니다. 아이가 수많은 영어 단어(의미와 소리)를 인지하고 문장의 구조를 이해할 수 있을 때까지 영어 소리를 충분히 들려주어야 합니다. 이때, 영어를 잘 모르는 엄마가 줄 수 있는 인풋은 두 가지예요. 우선 '영어책 읽어주기'는 엄마가 아이에게 영어 소리를 들려주는 것은 물론, 영어로 상호작용하는 효과까지 얻을 수 있어요. '영어 영상 보여주기'는 EFL(English as a Foreign Language) 환경에서 영어 소리를 충분히 들을 수 있는 환경을 제공합니다.

세상에 처음 태어난 아이가 우리말로 의사소통이 가능해지고 한글을 읽어내기까지 최소 5년 이상의 시간이 필요했습니다. 이미 모국어로 의사소통이 가능한 상태이니 조금 나은 상황이긴 하지만, 영어를 익히는 데도 적지 않은 시간이 필요한 건 마찬가지예요. 이 긴 시간을 꾸준히 걸어가기 위해서는 짐을 가볍게 해야 합니다. 그래야 '읽기 독립'이라는 목적지까지 지치지 않고 갈 수 있거든요.

생활 영어로 말걸기, 영어 단어 공부, 독후활동 등 엄마나 아이가 숙제처럼 느낄 수 있는 활동은 선택 사항입니다. 중요한 것은 지치거나 싫증 내지 않고 목적지까지 무사히 도착하는 거니까요.

성공을 위한
사전 준비사항

내 아이 관찰하기

모국어가 완성된 6세 이후의 아이에게 영어 습득을 위해 앞으로 영어책을 읽고 영어 영상을 보자고 하면 대부분은 거부할 겁니다. 그렇다고 영어를 숙제처럼, 반드시 해야 할 일로 접근해서는 안 돼요. 긴 시간 영어책을 읽고, 영상을 보려면 아이가 좋아해야 하거든요. 초기에는 어르고 달래가면서 해야 합니다. 영어책과 영상이 재미있다는 걸 알 때까지만 데려다주면, 그 이후는 시냇물처럼 자연스럽게 흘러갈 테니까요.

'영어책 한번 읽어볼까? 영상 한번 봐볼까?' 하는 생각이 들게 하려면, 우선 아이가 혹할 만한 동기 부여가 필요하고요. 한 번, 두 번 읽어보고 시청할 때마다 영어의 재미에 빠져들게 하려면 아이의 취향에 맞는 영어책과 영상을 준비해야 합니다. 그러기 위해서는 내 아이가 좋아하는 것이 무엇인지, 갖고 싶어 하는 것이 무엇인지, 꿈은 있는지 등 정보가 필요합니다.

이 책을 읽는 동안, 내 아이 관찰 일지를 틈틈이 작성해보세요. 평소 아이가 무엇을 좋아하는지 잘 알고 있는 엄마라면 숙제(?!)를 빨리 끝내실 수 있을 거고, 도통 모르겠다 하시는 분은 이번 기회에 잘 관찰해보시면 좋겠죠(아이의 취향을 알아두면 두루두루 활용할 곳이 많습니다).

내 아이 관찰 일지(예시)

1. 좋아하는 것은?	자동차, 공주, 로봇, 노래, 공룡 등
2. 갖고 싶은 것은?	예쁜 가방, 레고, 멋진 옷, 장난감 로봇, 장난감 자동차 등
3. 가고 싶은 곳은?	놀이동산, 캠핑, 이탈리아, 하와이, 우주 등
4. 꿈이나 장래 희망은?	가수, 화가, 패션 디자이너, 경찰, 셰프 등
5. 아이가 좋아하는 한글책 종류는?	세계 명작, 재미난 이야기, 자연 관찰, 모험 등
6. 아이가 좋아하는 한국어 TV 프로그램은?	공주 시리즈, 로봇 시리즈, 판타지 등

준비물 챙기기

내 아이에 대한 정보를 확보했다면, 동기 부여하기 전에 준비물부터 챙겨보세요. 우리는 어떻게든 아이를 낚을(?!) 것이기 때문에, 그이후의 상황을 미리미리 준비해두어야 합니다. 동기 부여가 잘 돼서 아이는 해보겠다고 했는데, 엄마가 영어책과 영상을 찾느라 며칠을 어영부영 보내버리면 안 되잖아요(어떤 일이든 처음은 서툴기 때문에 더더욱 준비가 필요합니다). 자칫 준비 기간이 너무 길어지면, 처음으로 되돌아가 동기 부여를 다시 해야 할 수도 있거든요. 그러니 동기 부여에 성공했다면 아이가 자신의 목표와 약속을 잊어버리기 전에 빠르게 시작하는 것이 중요합니다.

첫 시작에 필요한 건 읽어줄 영어책과 보여줄 영상이에요(저에게는 참 막막한 선택이었어요). 어떤 영어책과 영상으로 시작할 것인지, 그 책과 영상은 어떻게 공급할 것인지 등에 대한 방향을 설정한 후에 책과 영상을 준비하면 됩니다. 앞으로 꾸준히 영어책을 읽어주고 영상을 보여주다 보면, 아이의 취향도 더 알게 되고 좀 더 효과 좋은 방법도 찾게 될 거예요. 언제든 변화될 수 있는 선택이니 가볍게 시작해보세요.

✿ 영어 그림책 vs. 리더스북, 어떤 책으로 시작해야 할까요?

어떤 일이든 시작은 참 막막하지요. 아이에게 읽어줄 영어책을 선택하기 위해 인터넷을 검색해봐도, 도서관에 가서 영어책 코너를 봐

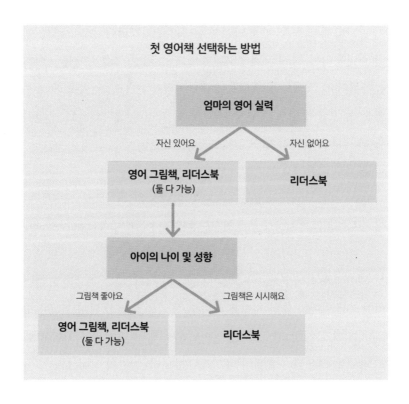

첫 영어책 선택하는 방법

엄마의 영어 실력

자신 있어요 → 영어 그림책, 리더스북 (둘 다 가능)

자신 없어요 → 리더스북

아이의 나이 및 성향

그림책 좋아요 → 영어 그림책, 리더스북 (둘 다 가능)

그림책은 시시해요 → 리더스북

도 영어책이 너무 많아요. 초보 엄마가 수많은 영어책 가운데 내 아이에게 딱 맞는 책을 선택하기란 쉽지 않습니다(물론 시간이 지나면 안목이 생긴답니다). 시행착오는 줄이면서도 보다 효과 좋은 선택을 할 수 있도록, 다음의 두 가지를 체크해보세요.

먼저 엄마의 영어 실력입니다. 영어 실력이 좋은 경우 선택의 폭이 넓습니다. 가까운 도서관에 비치된 영어책 중에서, 내 아이가 좋아할 만한 책을 찾아 쉬운 책부터 한 권씩 읽어주면 됩니다(한글책을 읽어줄 때처럼 자연스럽게요). 하지만 영어 실력이 부족한 경우, 엄마가 편안하게 읽을 수 있는 영어책 선택이 우선입니다. 선택한 영어책을 읽어주어야 할 사람은 엄마니까요. 저는 학창 시절 영어를 굉장히 싫어했어요. 그래도 중학교부터 대학교까지 10년 동안 영어를 공부했으니, 그림책 정도는 쉽게 읽을 수 있을 거라 생각했어요. 오산이었습니다! 그림책이 쉽지 않다는 것을 깨닫는 데는 그리 많은 시간이 걸리지 않았어요.

영어 그림책(Picture Book)은 보통 아이들을 대상으로 그림을 넣어 만든 책입니다. 상상을 초월하는 재미난 이야기, 마음을 따뜻하게 해주는 이야기, 평범한 일상에서 찾은 지혜를 깨닫게 해주는 이야기 등 아이에게 읽어주기 좋은 책이 정말 많습니다. 다만 주제와 표현이 다양해서 엄마가 학창 시절에 배워본 적 없는 생소한 단어(의성어, 의태어 등)가 등장할 때도 있고, 영미권 문화의 배경지식이 있어야 이해가 되는 내용이나 표현이 나오기도 합니다. 엄마의 영어 실력이 어느 정도 되지 않으면, 모르는 단어를 찾고 발음 연습하다가 지쳐 버릴 수 있어요.

이와 달리 리더스북(Reader's Book)은 아이 스스로 영어책을 읽을 수 있도록 '읽기'를 연습하는 책이에요. 보통 단계별로 구성되어 있으며 1단계는 200개, 2단계는 300개 등 정해진 수의 단어로 이야기를 구성합니다. 정해진 단어와 읽기 쉬운 문장으로 구성되어 있어 이야기가 다소 재미없을 수도 있지만, 처음 영어책을 읽어주는 엄마에게는 부담이 적다는 장점이 있어요(잘 찾아보면 재미난 책도 있고, 시리즈로 구성된 책이 많아 일단 선택하면 든든하기까지 합니다).

이해를 돕기 위해, 한 캐릭터에 대한 이야기가 그림책과 리더스북으로 모두 존재하는 경우를 살펴볼게요. 저희 집에는 Little Critter리틀 크리터에 대한 이야기가 그림책 시리즈로도 있고, 리더스북 시리즈로도 있어요.

리더스북은 쌍둥이들 일곱 살에 '영어 떼기'에 관심을 갖고 책을 알아보던 중에 발견한, 〈I Can Read My First〉 시리즈 중 하나였어요. 책만 구입해 아이들에게 읽어주었는데 반응이 좋아서 추가로 책을 더 찾아봤고, 그때 발견한 책이《Little Critter Storybook》그림책입니다. 당시에는 리더스북과 그림책의 차이도 몰랐고, 그저 집에 없는 책인데 이번에는 오디오 CD가 포함된 구성이라는 사실에 기뻐하며 구입했어요(리더스북을 읽어주는 건 크게 어렵지 않았는데, 퇴근 후라 체력적으로 힘들었거든요). 오디오 CD가 포함되어 있어도 새로운 책의 내용이 궁금하기도 하고 아이들이 잘 적응할 수 있도록 처음에 한두 권은 제가 읽어줬는데, 이번에는 읽어주기가 좀 버거운 거예요. 전보다 문장이 더 길어지고 모르는 단어도 종종 등장했습니다. 그때 알았어요. 처음에 산 책은 리더스북이고, 그다음에 산 책은 그림책이라는 걸요.

분류	형태	제목	권수	쪽수	AR
그림책	페이퍼백	Little Critter Storybook	16권	24쪽	1.3-2.5
리더스북	페이퍼백	I Can Read My First 시리즈 Little Critter	18권	32쪽	0.9-1.5

※《Little Critter》시리즈의 책은 더 있지만, 이 표는 당시 활용한 책을 기준으로 작성함.

같은 캐릭터가 나오는 이야기이지만, 전체적으로 그림책이 리더스북보다 리딩 레벨(AR)이 더 높을 뿐 아니라 범위도 더 넓어요. 쪽수는 리더스북이 좀 더 많지만, 리더스북의 문장들이 더 단순하고 내용을 이해하기도 쉬웠어요(엄마의 영어 실력이 좋다면 차이를 크게 느끼지 못할 수도 있어요). 그렇다고 리더스북이 더 재미없느냐, 그건 아니거든요. 초등학교 5학년 쌍둥이는 지금도 한 번씩 Little Critter 책을 읽곤 하는데, 그림책보다는 리더스북을 더 자주 읽어요. 이유를 물어보니, "엄마, 이건(그림책) 너무 아기들 이야기야. 이건(리더스북) 학교 들어간 다음 이야기라 좀 더 재미있어"라고 말하더군요.

'칼데콧 상 수상작', '케이트 그린어웨이상 수상작' 등의 화려한 홍보 문구는 엄마의 마음을 유혹하기에 너무나도 좋은 단어입니다. 어쩜 그리 내용도 좋은지 우리 아이들에게 따뜻한 정서와 멋진 철학을 추억으로 남겨주고도 싶고, 어려서부터 이런 책을 읽고 자랐다고 하면 왠지 어깨까지 으쓱해질 것 같습니다. 그렇지만 꼭 영어책으로 읽어주지 않아도 괜찮습니다. 대부분 번역서가 있으니 한글 그림책으로 읽어주세요. 엄마표 영어는 처음에는 엄마가 이끌어가야 하기 때문에, 엄마가 지치면 안 됩니다. 엄마 스스로 꾸준히 읽을 수 있는 책을 선택해야 합니다. 도서관에서 영어 그림책 몇 권을 골라 엄마가 먼저 읽어보세요. 읽을 만하다면 그림책으로 진행하면 되고, 만약 저처럼 버겁다면 리더스북으로 시작하면 됩니다.

다음으로는 아이의 나이 및 성향입니다. 그래도 초등학교 저학년까지는 그림책을 곧잘 읽습니다. 어른도 읽을 수 있는 책이 그림책이지만, 쌍둥이는 열 살쯤부터 그림책 자체를 아기들이 보는 책이라고 생각하더라고요. 보통 초등 이후의 아이들은 모험, 유머, 환상의 세계 등 흥미진진한 이야기를 읽고 싶어 하는데, 그러려면 최소한 얼리 챕터북 단계 정도에는 진입해야 하거든요. 이런 경우 리더스북을 통해 조금은 빠르게 영어책의 단계를 올려주어, 아이의 정서 수준에 맞는 책을 읽을 수 있게 도와주어야 합니다. 그래야 아이가 영어책에 흥미를 잃지 않고 계속 읽을 수 있어요.

실전 노하우

몇 년 전에 부록으로 받은 영어 그림책이 한 권 있는데, 당시에는 어려워서 읽어주지 못하고 숨겨뒀어요. 한참 후에 책장을 정리하다가 발견해서 읽어봤는데, 잘 읽어지는 거예요. 저 혼자 많이 놀랐던 날입니다. 신기하죠? 아이들과 함께 엄마인 저도 영어 실력이 늘었더라고요.

이렇게 아이에게 영어책을 꾸준히 읽어주다 보면, 엄마의 영어 실력도 조금씩 올라가게 됩니다. 새로운 단어도 더 알게 되고, 발음도 유창해지더군요. 그렇게 엄마의 영어 실력이 조금씩 올라가면, 그동안 읽어주지 못해 아쉬웠던 양질의 영어 그림책을 한 번씩 읽어주세요. 아니면 아이가 스스로 읽을 수 있을 때 도서관에서 대출해주세요. 엄마도 읽어주기 버거웠던 그 그림책들을 아이 스스로 웃으며 후루룩 읽어버리거든요. 저는 후자를 선택했습니다.

✿ 영어 영상, 어떤 걸 선택할까요?

처음에는 무료로 볼 수 있는 영어 영상을 활용하는 것이 엄마의 정신 건강에 좋습니다. 영어책도 그렇지만 영상의 경우 아이들의 호불호가 좀 더 강해서, 미리 구입해두었다가 막상 활용을 잘 못하면 큰 손해거든요. 현재, 어떤 방법으로 영상물을 시청하고 계신가요?

IP TV, 넷플릭스, 디즈니 플러스, 유튜브 등 다양할 것 같습니다. 그렇게 활용하고 있는 영상매체 속에서 아이가 볼 만한 영어 영상이 있는지를 우선 찾아보세요(몇 개 찾았다고 무작정 다 보여주지는 마시고요). 영어 영상이 있다면 말이 빠른지, 아이가 지금 나이에 시청해도 괜찮은지 등을 확인한 후에 보여주어야 합니다. 이 책의 **[영어 독립 꿀정보] 단계별 영어 영상 목록**(121페이지)을 참고해, 단계를 확인해주세요. 아이의 효과적인 영어 습득을 위해, 되도록 1단계 영상부터 보여주면 좋습니다. 그러니 1단계 영상 몇 개 찾아두시고, 혹시 아이가 시시하다고 안 볼 수도 있으니, 2단계에서도 몇 개 찾아두세요. 보여줄 만한 영상을 찾지 못했다면, 유튜브를 활용해도 좋습니다. 이때는 찾아둔 영상을 '내 채널'의 '재생목록'에 넣어두면 편하실 거예요.

자, 이제부터 본격 '영어책 읽어주기'와 '영어 영상 보여주기' 방법을 펼쳐 보이겠습니다.

효과적으로
영어책과 영상을 공급하는 방법

좀 더 안정적이고 장기적인 엄마표 영어 진행을 위해 10여 년간 시행착오를 통해
다듬어진 저의 소소한 기준을 소개해볼게요. 집집마다 환경이 다르니, 다음의 기
준을 참고해 영어책과 영상을 공급하는 효과적인 '우리 집만의 공급 철학'을 만들
어보세요.

첫째, 무료로 이용할 수 있는 책과 영상을 적극 활용하세요

요즘 도서관에는 원서를 별도로 모아 둔 '영어책 코너'가 있기도 하고, 영어책과
DVD도 점점 늘어나고 있어요. 그러니 우리 집 근처에 도서관이 있는지부터 검색
해보세요. 영어도서관이나 동네 작은 도서관이 늘어나는 추세로, 몰랐던 보석을
발견할 수도 있습니다.

저희 집 근처에는 구립도서관이 하나 있고, 차로 15분 정도 거리에 시립도서관이
하나 있어요. 가까운 구립도서관에는 영어책이 적지만 상호대차로 타 구립도서관
에서 영어책을 대출할 수 있고, 조금 먼 시립도서관에는 영어책이 꽤 많이 있어요.
상호대차 서비스는 다른 도서관에 소장된 책을 가까운 도서관에서 받아볼 수 있
는 서비스예요. 보통 정해진 지역 안에서 구립도서관은 구립도서관끼리, 시립도
서관은 시립도서관끼리 신청할 수 있답니다.

기본적으로 도서관에 있는 영어책은 대출해서, 없는 책은 구입해서 읽게 했어요.
예를 들어 도서관에 《Nate the Great꼬마 명탐정 네이트》 시리즈가 있다면, 그 시리즈
는 대출해서 읽고 도서관에 없는 다른 영어책은 구입했어요. 그렇게 하니, 영어책
구입 비용 부담이 줄더라고요. 물론 대출한 영어책을 아이들이 많이 좋아할 때는
구입했습니다(영어 DVD도 같은 방법으로 활용했어요).

둘째, 초기에는 되도록 아이의 반응을 확인한 후에 구입하세요

꾸준히 영어책을 읽어주다 보면, 자연스럽게 내 아이의 취향을 알게 됩니다. 그러니 아이의 취향을 잘 모르는 초기에는 영어책 구입에 신중한 것이 좋아요. 한동안은 도서관에서 대출한 영어책을 읽어주면서, 아이의 반응을 살펴보세요. 어떤 스타일의 그림체를 좋아하는지, 어떤 스타일의 이야기 주제를 좋아하는지, 어느 정도의 쪽수면 지치지 않고 읽어주는 책을 보고 있는지 등을 알아가는 겁니다. 그렇게 아이의 취향을 알아본 후에 구입해도 늦지 않아요. 도서관이 근처에 없거나 도서관에 갈 시간이 여의치 않다면, 아이의 한글책 취향과 인터넷을 활용해 보세요. 종류별, 추천 연령별, 작가별 등으로 원서가 잘 정리되어 있는 '인터넷 영어서점'에 들어가 편안하게 둘러보는 겁니다(종종 '리얼 후기'가 남겨져 있기도 합니다). 좀 더 자세히 살펴보고 싶은 영어책이 있을 때는 인터넷에 제목을 검색해 후기를 참고해보세요.

셋째, 한두 달 정도의 분량을 미리 준비해두세요.

아이가 지금 보고 있는 영어책과 영상을 참고해, 앞으로 볼 만한 책과 영상을 예측하고 한두 달 정도의 분량을 미리 준비해두거나 공급할 방법을 생각해두는 것이 좋습니다. 아이마다 다르지만, 아무리 재미있는 책과 영상이라도 일정 시간이 지나면 지루해지거든요. 그럴 때, 새로운 책과 영상을 꺼내주어야 흐름이 끊기지 않습니다. 저의 경우, 영어책은 아이들의 취향을 반영해 미리 구입하거나, 도서관에서 대출할 영어책 시리즈 한두 개 정도는 미리 생각해두고 있어요. 영상은 넷플릭스와 디즈니 플러스에서 볼 만한 것이 남아 있는지 한 번씩 체크하고, 시청할 만한 다음 영상이 애매한 경우에는 영어 DVD를 한 시리즈 정도 구입합니다.

영어책 공급 방법

1) 도서관

도서관을 활용하기로 마음먹었다면, 주말 등 따로 시간을 내어 가족 수대로 도서관 카드를 만드세요. 절차와 구비서류도 도서관 홈페이지에서 미리 확인하시고요. 도서관을 활용할 때는 시간 절약을 위해 도서관 홈페이지에서 대출할 책을 어느 정도 검색하고 가는 것이 좋습니다. 또 제목 하나하나 검색하며 찾으면 시간이 오래 걸릴 수 있으니, 영어 그림책은 작가별로, 리더스북은 시리즈별로 검색해보세요. 보통 도서관에서는 작가별, 시리즈별로 책을 비치하기 때문에 한 권의 위치만 찾아서 가보면 책들이 함께 있거든요. 책을 다 찾았다면, 우리 동네 도서관에는 어떤 영어책이 있는지도 둘러보세요. 의외로 마음에 드는 책을 만날 수도 있으니까요.

다만 인기 있는 영어책 시리즈가 계속 대출 중이라면, 몇 권이라도 아이에게 읽어준 다음 반응을 살펴 구매하는 편이 낫습니다. 스트레스 받는 것보다 그 편이 낫더라고요. 그 외에 저는 희망 도서를 신청해서 받아볼 때도 있고, 상호대차 서비스를 활용하기도 합니다.

2) 새 책

저는 살까 말까 고민되는 책이 있을 때는 인터넷 영어서점과 블로그 등을 통해 후기를 확인합니다. 10여 년간 다져진 노하우로 쌍둥이의 취향을 잘 알고 있지만, 실패할 수도 있기 때문에 꼼꼼히 읽어보는 편이에요(실패하면 돈이 어찌나 아까운지요). 책에 대한 정보와 후기를 보고 구입하기로 결정했다면, 가격을 빠르게 비교한 후에 삽니다. 보통 인터넷 영어서점, 네이버 쇼핑, 대형 인터넷 서점 이렇게 3곳 정도를 비교합니다. 사이트마다, 책마다 그때그때 저렴하게 파는 곳이 다르더라고요. 종종 이벤트를 진행하는 곳도 있으니, 참고하세요.

웬디북 (인터넷 영어서점)	www.wendybook.com
동방북스 (인터넷 영어서점)	www.tongbangbooks.com
키즈북세종 (인터넷 영어서점)	www.kidsbooksejong.com
쑥쑥몰 (인터넷 영어서점)	eshopmall.suksuk.co.kr
하프프라이스북 (인터넷 영어서점)	www.halfpricebook.co.kr
네이버 쇼핑	shopping.naver.com/home/p/index.nhn
YES24 (인터넷 대형서점)	www.yes24.com
알라딘 (인터넷 대형서점)	www.aladin.co.kr

3) 중고 책

쌍둥이들 어릴 적에, 우리나라에서 만든 전집을 구입하던 시기에는 '개똥이네'와 '중고나라'를 많이 활용했어요(가끔 카페공구도 활용했고요). 그러다가 집에 영어책이 꽤 많아진 후로는, 두어 달에 한 번 정도만 구입하면 되기 때문에 보통 새 책으로 사고 있습니다. 지인들의 이야기를 들어보니, 요즘에는 동네를 중심으로 검색하고 직거래할 수 있는 당근마켓을 많이 이용하더라고요. 중고나라나 당근마켓은 관련 앱을 스마트폰에 설치하면, 원하는 책이나 DVD 제목으로 알림을 설정할 수 있어서 편리합니다.

당근마켓 (중고 직거래 벼룩장터)	www.daangn.com
개똥이네 (중고전문서점) (온/오프라인)	www.littlemom.co.kr
중고나라 (네이버 카페)	cafe.naver.com/joonggonara
YES24 온라인 중고샵 (인터넷 대형서점)	www.yes24.com
알라딘 온라인 중고샵 (인터넷 대형서점) (온/오프라인)	www.aladin.co.kr

한동안 좋아했던 〔Eloise엘로이즈〕 DVD를 초등학교 들어가면서 잘 안 봐서, 《Ready-To-Read Level 1 Eloise》 책과 함께 정리했어요. 그런데 한참 후 4단계(스스로 읽기)에서 첫째가 그 책을 찾더라고요. 단계가 낮아 '눈으로 읽기'를 연습해볼 수 있는 좋은 책인데, 아쉬웠습니다. 그 이후로는 책 정리를 잘 안 하고 있어요. 아이가 안 보는 영어책을 다른 집으로 보내거나, 중고로 정리하는 건 좀 천천히 하시길 권합니다. 쌍둥이를 지켜보니, '눈으로 읽기' 시기에 예전에 봤던 낮은 단계의 영어책을 스스로 읽으며 자신감도 얻고 성취감도 느꼈거든요.

영어 영상 공급 방법

쌍둥이의 경우 열 살까지는 주로 IP TV와 영어 DVD를 활용했고, 열한 살부터는 영어 DVD에 넷플릭스와 디즈니 플러스를 함께 활용하고 있어요. DVD는 아이에게 영상을 단계별로 보여주기 수월하고 시청하는 시간을 관리할 수 있지만, 구입 비용이 많이 들어갑니다. 넷플릭스와 디즈니 플러스는 월 1만 원 정도의 비용만 지출하면 되지만, 시청 시간 관리가 어렵지요. 그래서 저는 여러 방법을 골고루, 적절히 활용하시기를 권합니다.

현재 저희 집에서는 넷플릭스와 디즈니 플러스를 번갈아 시청하고 있어요. 그러니까 한동안 넷플릭스를 열심히 시청해서 볼 만한 영상이 더 없다면, 넷플릭스를 잠시 중단하고 디즈니 플러스를 결제합니다. 그렇게 한동안 디즈니 플러스를 열심히 시청해서 더 볼 만한 영상이 없을 때는 다시 넷플릭스로 갑니다. 그러면 디즈니 플러스를 시청하는 동안, 넷플릭스에 새로운 영상이 추가되어 있거든요(재미난 영상은 몇 달 지나서 다시 보기도 합니다).

여기에 기존에 구입해둔 영어 DVD와 도서관에서 대출하는 영어 DVD도 함께 활용합니다. 또 정말 보여주고 싶은 영상인데 넷플릭스니 디즈니 플러스에 없을 때는 영어 DVD를 구입합니다. 쌍둥이의 경우, 영어 DVD는 보통 6개월에서 1년 정도마다 다시 보기 때문에 충분히 활용할 수 있거든요.

1) IP TV(BTV, olleh KT, LG 유플러스)

IP TV를 시청하고 있다면, 아이들이 볼 수 있는 영어 영상이 있는지 찾아보세요. 우선 추가 비용 없이 볼 수 있는 영상을 활용하는 것이 좋으니까요. 쌍둥이가 '영어로만 TV 보기'를 할 수 있도록 초석을 다져준 디즈니 주니어의 경우, 당시에는 IP TV를 통해 시청했답니다.

2) 넷플릭스

꽤 많은 영어 영상을 보유하고 있어요. 한 번 영어로 영상을 시청하고 나면, 그다음부터는 계속 영어로 재생되어 편리합니다. 또 여러 개의 계정을 만들어 관리할 수 있어요. 아이의 계정은 키즈 채널로 설정해두고, 엄마, 아빠가 시청하는 계정에는 비밀번호를 설정해두면 좋습니다. 다만 볼거리가 많으니, 되도록 [영어 독립 꿀정보] 단계별 영어 영상 목록(121페이지)을 참고해 아이의 나이와 영어 수준에 맞는 영상을 보여주세요. 영상은 자극이 강해서 이해가 안 돼도 그냥 시청하게 되기도 하거든요. 그렇게 되면 영어 습득 효과가 떨어질 수도 있어요.

3) 디즈니 플러스

디즈니 주니어를 비롯해 디즈니에서 제작한 어린이 영화들이 가득합니다. 디즈니 주니어를 마음껏 볼 수 있다는 것이 가장 큰 장점이 아닐까 해요. 또 남자아이들이 좋아하는 마블 시리즈나 스타워즈 시리즈도 영상이 많고, 내셔널 지오그래픽도 있어요. 넷플릭스처럼 한 번 영어로 설정하면 계속 영어로 재생되고, 여러 개의 계정을 만들 수 있고, 계정에 비밀번호를 설정할 수 있습니다.

4) 영어 DVD

영어 DVD를 시청하려면 DVD 플레이어가 필요해요. DVD 플레이어는 영어책을 '들으며 읽기' 할 때도 활용할 수 있고, 도서관에서 영어 DVD를 대출해서 시청할 수도 있습니다. 도서관에는 기본적으로 [Frozen^{겨울왕국}], [Sherlock Gnomes^{셜록 놈즈}] 등과 같은 유명한 어린이 영화가 비치되어 있습니다. 여기에 [BARBAPAPA 바바파파], [Trucktown^{트럭타운}] 등 시리즈 영상도 구비되고 있는 추세예요. 저는 한동안 도서관에 있는 시리즈 영상과 어린이 영화 DVD를 대출해서(간혹 지원되는 음성 언어에 영어가 없을 수도 있으니 확인 후 대출하세요), DVD 플레이어와 TV를 연결해 쌍둥이에게 보여주었어요. 그 이후로는 한두 달에 한 번 정도 새로운 DVD가 들어오면 내용을 보고 대출하고 있습니다. 또 기존에 봤던 DVD를 시간이 지나 다시 보고 싶다고 하면 대출해주기도 합니다.

5) 유튜브

유튜브에는 아이들에게 보여줄 만한 영어 영상이 많습니다. 다만 모두 양질의 영상은 아니니 엄마가 옥석을 가려주는 노력이 필요합니다.

한동안 유튜브를 이용할 거라면 1만 원 정도의 유료 멤버십에 가입해, 아이가 영상을 광고 없이 볼 수 있도록 해주세요. 또, [영어 독립 꿀정보] 단계별 영어 영상 목록(121페이지)을 참고해 아이의 나이와 영어 수준에 맞는 영상을 선정한 후에 '내 채널 → 재생목록'에 넣어두고 보여주시길 추천합니다. 그렇지 않으면 아이의 소중한 호기심을 광고나 다른 영상에 빼앗길 수 있거든요.

더불어 짧은 영상을 여러 편 보여주는 것보다, 되도록 20~30분 정도 스토리가 있는 영상을 보여주세요. 이야기 맛을 아는 아이들은 추천 영어 영상은 물론, 상대적으로 자극이 적고 이야기를 글로 풀어내는 책도 더 잘 볼 수 있답니다.

무조건 인풋input
① 영어책 읽어주기

'영어책 읽어주기'는 영어를 효과적으로 습득하게 해주는 것 외에도 수많은 장점이 있습니다. 엄마와의 교감을 통해 정서적인 안정은 물론, 유년 시절의 행복한 추억도 만들어줍니다. 게다가 책을 읽어주는 것은 아이가 책을 좋아하게 만들 수 있는 최고의 방법입니다. 그러나 이 많은 장점에도 불구하고 많은 엄마들이 중도에 포기합니다. 왜일까요?

다양한 이유가 있겠지만 10년이라는 긴 시간이 흐르고 보니 그중에서도 가장 큰 어려움은 책을 읽어주는 것, 그 자체더군요. 솔직히 아이에게 꾸준히 책을 읽어주는 것은 은근히 고된 일이지요. 엄마는 이 고된 일을 잘하지도 못하는, 별로 좋아하지도 않는 영어로 해야 하니 스트레스까지 받게 됩니다. 그러니 우리는 '엄마가 지치지 않을 방법'을 찾아야만 합니다. 엄마의 체력은 소중하니까요.

　어떤 일이든 처음 시작이 어렵습니다. 성공지점에 도착하고 나면 언제 그랬냐는 듯이 쉽게 느껴지지요. 우리는 이미 아이에게 모국어를 가르쳤고, 한글과 기저귀를 떼주었습니다. 영어도 마찬가지예요. 처음에는 어려워도 성공하고 나면 언제 그렇게 힘들었는지 기억도 잘 나지 않을 거예요. 여기 성공으로 가는 길에 발자국을 내어 보겠습니다. 천천히 따라오세요. 완벽하게 밟지 않아도 방향만 잘 잡아 걸으면 누구나 성공지점에 도착할 수 있습니다.

아이의 영어 거부를 줄이는
영어책 읽어주기

　요즘 어린이집이나 유치원에서는 보통 영어 수업을 제공하고 있지요. 그래서 6세 이상의 아이라면 알파벳 대문자나 영어 단어 몇 개, 때로는 간단한 인사말 정도는 알고 있는 경우도 있습니다. 그렇다고 해도 모국어가 완성된 아이라면 영어책을 거부할 확률이 높습니다. 반면에 수년간 공교육에서 영어 교육을 받은 엄마에겐 단순한 문장으로 구성된 영어 그림책이나 리더스북이 쉽게 느껴질 겁니다. 이런 차이로 인해, 자칫 아이의 거부하는 마음을 놓칠 수도 있어요. '왜 이 쉬운 내용을 거부하는 거지?' 하면서요.

　그럼, 다음 글을 한번 읽어보시겠어요?

Сайн байна уу. [생 밴 오]

Уулзсандаа баяртай байна. [오울쯔승다 바이르태 밴]

Би Солонгос хүн. [비 설렁거스 훙]

느낌이 어떠신가요? 무슨 말인지 이해되시나요? 이 글은 몽골어로 인사하는 내용입니다. 영어책을 처음 접하는 아이의 마음을 헤아려보기 위해, 해석을 달지 않았어요. 바로 이 느낌이에요. 엄마가 책을 읽어주는데 무슨 내용인지 이해가 안 되는 상황, 얼마나 답답하고 지루할까요. 아이의 거부는 당연한 겁니다.

영어책을 읽어줄 때, 아이는 이해가 전혀 안 되는 내용을 들으며 인내하고 있다는 걸 기억해주세요. 그러니 쉽고 재미있는 책을 찾아, 친절하게 읽어주면서, 아이의 거부가 끝나기를 느긋하게 기다려야 합니다(한 권, 한 권 읽기가 끝날 때마다 칭찬도 듬뿍 해주시고요). 그렇다고 무작정 기다릴 수만은 없겠지요. 낯선 언어에 느끼는 답답함을 조금 빠르게 풀어줄 수 있는 방법이 있습니다.

✿ 그림이 풍부한 한 줄짜리 영어책

처음에는 그 어떤 낯선 언어로 읽어주어도 내용을 이해할 수 있는, 쉽고 단순한 책이 필요합니다. 영어 그림책이든 리더스북이든 그림만 보고도 내용이 이해가 되는 책, 한쪽에 영어 한 문장 정도만 들어 있는 쉬운 책을 선택하세요(재미까지 있다면 더할 나위 없겠지요).

이 방법은 영어를 잘 못하는 엄마에게도 도움이 될 거예요. 예를 들어 멋진 복근을 만들기 위해 하루에 윗몸일으키기를 50개씩 하기로 결심했다고 합시다. 의욕이 넘쳐 첫날부터 50개를 시도한다면, 계속해서 유지할 수 있을까요? 처음부터 무리하게 되면, 다음날 배가 당기는 고통으로 인해 더는 실천하기 어려울 겁니다(저는 하루 하고 멈췄어요!). 하루 다섯 개를 시작으로 아주 조금씩 늘려가는 것이 좋습니다. 마찬가지로 한 줄짜리 영어책을 읽어주다가, 익숙해지면 두 줄짜리 영어책을 읽어주세요. 그렇게 조금씩, 천천히 늘려가는 겁니다. 아이에게는 물론 엄마에게도 영어책 읽기가 익숙해질 시간이 필요하니까요. 조금씩 늘려야 부작용도 없고 오랫동안 지속할 수 있답니다.

실전 노하우

한 줄짜리 영어책의 경우, 영어 문장이 너무 적어서 추가적인 설명이 필요할 때도 있어요. 초기에 저는 영어책을 읽어주는 거니까 영어로 설명해야 하지 않을까 고민했는데, 우리말로 설명해도 괜찮습니다. 엄마의 설명 덕분에 아이는 책의 내용을 더 잘 이해하게 되고, 이해도가 높아질수록 영어 습득 속도가 빨라지거든요. 다만 영어와 한국어를 섞어서 사용하지는 마세요. 책의 문장을 영어로 읽고, 한국어로 설명하는 건 괜찮습니다.

✿ '쌍둥이 책' 활용하기

영어책을 자연스럽게 받아들이기까지 필요한 시간은 아이마다 다릅니다. 새로운 것을 받아들이는 아이의 성향이나 책 자체에 대한 호감도, 엄마가 준비한 책의 재미 등 변수는 다양합니다. 영어책에 잘 적응한 아이라면 단계를 조금씩 올려가며, 계속 영어책을 읽어주면 되고요. 엄마가 읽어주는 영어책의 내용을 이해하지 못해 답답해하는 아이들의 경우, '쌍둥이 책'을 활용해 보세요.

영어 원서와 한글 번역서를 묶어서 쌍둥이 책이라고 말하며, 페어 북pair book이라고도 합니다. 활용 방법은 아이에게 한글 번역서를 먼저 읽어준 후에, 영어 원서를 읽어주는 겁니다. 이렇게 하면 한글 번역서를 통해 내용을 충분히 이해했기 때문에, 영어 원서를 읽어줄 때 답답함이 없거든요. 다만, 한글 번역서를 읽어줄 때는 열심히 듣고 있다가, 영어 원서를 읽어줄 때는 이미 알고 있는 내용이라 집중하지 못하는 아이들도 있어요. 이런 경우, 한글 번역서를 읽어준 며칠 후에 영어 원서를 읽어줘 보세요.

언제나 처음은 엄마와 함께

✿ 자신 있게 읽어주세요

아이가 우리말을 배울 때 누가 말을 걸어주었나요? 바로 엄마입니다. 이유식은 누가 처음 주었을까요? 네, 엄마입니다. 이유식을 진행하면서 아이가 음식에 긍정적인 마음을 갖게 하려고 "아이, 맛있다"라고 말을 걸며 먹였잖아요. 어린이집에 처음 보낼 때도 아이가 어린이집에 잘 적응했으면 하는 마음에, 어떤 곳인지 알려주고 적응할 동안 엄마가 함께 등원하기도 했고요. 그와 비슷하다고 보면 됩니다. 아이들은 무엇이든 엄마와 함께하는 걸 좋아합니다. 편안하고 마음도 든든하니까요. 엄마가 영어책을 읽어주는 것은 영어라는 낯선 세상을 재미난 곳으로 느낄 수 있도록 도와주는 일입니다.

이때 중요한 것이 있어요. 바로 자신 있게 읽어주는 겁니다. 엄마가 영어를 두려워하면 아이도 두려워해요. 엄마가 영어를 싫어하면 아이도 싫어하고요(보통, 나비나 잠자리 등의 곤충을 무서워하는 엄마와 다니다 보면 아이도 무서워하게 될 확률이 높아요). 저는 영어를 싫어하고 두려워하는 티를 내지 않으려고 무던히 노력했어요. "나는 영어를 잘한다"고 반복해서 되뇌었고, 어려운 단어가 나와서 지난밤 미리 공부해두었다면 마음속으로 '나는 자연스럽게 읽을 수 있다, 할 수 있다'고 자기 암시를 했습니다.

영어책을 읽다가 잘 모르는 단어가 나오더라도 자신 있게 읽어주세요(우리, 발음기호 배웠잖아요). 중요한 건 자신감입니다. 엄마의 발음이 서툴러도 괜찮아요. 아이는 앞으로 무수히 많은 책의 음원과 TV를 통해 원어민의 발음을 들으며 따라갈 테니, 걱정하지 마세요. 중요한 것은 아이가 엄마의 두려움에 전염되어서는 안 된다는 겁니다.

✿ 초반에는 상호작용하며 읽어주세요

아이가 이해하기 쉬운 한 줄짜리 영어책을 자신 있게 읽어줄 마음의 준비가 되었다면, 이제 실제로 시작해야겠죠. 아이는 엄마와 나란히 앉게 해도 좋고, 무릎에 앉혀도 좋습니다. 처음 한글책을 읽어줄 때처럼, 자연스럽게 읽어주세요. 엄마가 영어 문장을 읽어주면, 아마도 아이는 그림을 볼 겁니다. 1단계(충분히 듣기)에서는 아이에게 영어 소리를 충분히 들려주는 것이 중요해요. 문자 인지는 2단계(물밑작업)부터 시작할 거니까, 지금은 편안하게 읽어주세요.

영어책을 읽어주다 보면 가족, 색깔, 음식, 동물, 탈것 등의 그림이 등장할 때가 있을 거예요. 이때가 상호작용을 통해 아이에게 기초적인 영어 단어를 자연스럽게 인지시킬 수 있는 좋은 기회입니다. 이것이 어떻게 가능한지 아주 쉬운 내용을 읽으며, 단순하게 설명해보겠습니다.

Hi, I'm Lino.

This is my room.

먼저 "Hi, I'm Lino."를 읽어주세요. 아이가 무슨 뜻인지 궁금해하면 "안녕, 난 리노야"라고 알려주면 됩니다. 물어보지 않으면 그냥 넘어가고요. 그다음에는 "This is my room."을 읽어주세요. 역시나 아이가 뜻을 궁금해하면 "이곳은 내 방이야" 하고 알려주시고요. 역시 물어보지 않으면 넘어가세요. 그런 다음, 그림책의 '침대'를 손가락으로 가리키면서 "Bed."라고 말하는 겁니다. '창문'을 가리키면서 "Window."라고 알려주고요. 부담 갖지 마세요. 그냥 엄마가 아는 범위 안에서 아이가 알아두면 좋을 기초적인 단어만 알려주는 거예요. 되도록 이해하기 쉬운 명사만 알려주세요. 이런 식으로 하면 됩니다. 글자를 가리키며 글자를 인지시키는 것이 아니라, 아이에게 모국어를 알려줄 때처럼 그림이나 사진 속에 등장하는 사물을 보고 그것의 영어 명칭을 알려주는 겁니다. 이런 방식으로 쉬운 영어책을 한 권, 한 권 읽어 나가면 조금 더 빠르게 영어를 습득할 수 있어요(쌍둥이는 이 방법으로 우리말도 영어도 좀 더 빠르게 인지했어요).

하지만 매번 이렇게 읽어줄 수는 없겠지요. 엄마에게도 아이에게도 무리가 되지 않는 선에서, 여유를 갖고 조금씩 진행해보세요. 하루에 다섯 권의 영어책을 읽기로 약속했다면 한 권만 이렇게 해도 되고, 힘든 날은 그냥 편안하게 책의 내용만 읽어주어도 됩니다. 그러다가 기분이 좋거나 체력이 좀 되는 날에는 상호작용도 좀 더 하면 됩니다. 어느 날 아이가 엄마보다 먼저 침대를 가리키며 "베드"라고 말한다면, 칭찬 듬뿍 해주시고요.

실전 노하우

아이와 상호작용하다 보면, 영어책 읽기가 더 재미있어져요. 저는 보통 책의 내용은 영어로 그대로 읽었지만, 그 외의 내용은 우리말로 이야기를 나누었어요. 맛있는 음식, 방귀나 엉덩이 등 쌍둥이가 유독 좋아하는 장면이나 내용이 나오면 한참을 이야기 나누곤 했어요. 책에 있는 내용을 시작으로 우리끼리 장난을 치기도 하고, 흉내를 내기도 했어요. 함께 웃으며 영어책을 읽었던 시간들이 아이들은 물론 엄마인 저에게도 행복한 추억이 되었답니다.

그다음에 읽어주는 건
전자펜이

'열심히 영어책을 읽어주고 영상을 보여주면 아이가 영어를 모국어처럼 습득할 수 있다'는 말에 엄마는 의지를 불태웁니다. 초반에는 의욕이 넘쳐 아이가 조금이라도 반응을 보이는 날이면 기쁜 마음에 더 열심히, 더 많이 읽어주기도 합니다. 하지만 시간이 흐를수록 엄마는 조금씩 지쳐갑니다. 어떤 날은 힘들어서 좀 쉬고 싶기도 하고, 어떤 날은 언제까지 영어책을 읽어주어야 하는지 의문이 찾아오기도 합니다.

아이가 영어책을 술술 읽는 날은 하루아침에 오지 않아요. 최소한 아이가 영어책의 재미를 알게 될 때까지는 엄마가 읽어주어야 하는데, 적게 잡아도 3개월, 길게는 1년까지도 필요할 수 있어요. 그동안에 아이가 잘할 때는 폭풍 칭찬으로 힘을 주고, 힘들어할 때는 어르고 달래면서 가야 합니다. 엄마는 아이를 관찰하고, 아이가 스스로 길을 잘 갈 수 있도록 도와주는 조력자입니다. 조력자인 엄마가 영어책을 읽어주다가 지쳐버리면 아이에게 책을 읽어줄 수도, 아이를 부드럽게 이끌어줄 수도 없게 됩니다.

초기에는 아이가 영어와 친해질 수 있도록 엄마가 읽어주어야 합니다. 한 줄짜리 영어책을 읽어주다가 엄마도 아이도 한 줄짜리 영어책이 익숙해지면 두 줄짜리 영어책을 읽어주면 됩니다. 그렇게 조금씩 글의 양을 늘려가다 보면, 아이가 영어책 읽는 재미에 빠지는 순간이 올 거예요. 그리고 아이의 수준이 올라감에 따라 글의 양과 어려운 단어가 점점 늘어나니 읽어주기는 점점 힘들어질 거예요. 바로 이때, 전자펜이나 음원을 활용해 아이가 스스로 읽을 수 있도록 도와주면 됩니다(빠르면 리더스북 중반이고, 늦어도 얼리 챕터북 진입 전까지만 읽어주시면 돼요).

'강한 자가 살아남는 것이 아니라, 살아남는 자가 강한 것이다'라는 말이 있습니다. 엄마표 영어도 영어를 잘하는 아이와 엄마가 아니라, 끝까지 남아 있는 아이와 엄마가 성공하더라고요. 끝까지 남으려면 엄마의 체력을 비축해야 합니다. 엄마의 일을 대신해 줄 수 있는 도구가 있다면, 부작용이 없는 한 적극적으로 활용해 보는 겁니다.

실전 노하우

부모가 책을 읽어줄 때 얻을 수 있는 수많은 장점은 대화로도 얻을 수 있어요. 저희 집은 특히 저녁 시간을 충분히 활용합니다. 아이들은 물론 엄마, 아빠도 오늘 있었던 일을 이야기하고요. 학교에서 배운 내용 중 궁금했던 부분 등 하루가 다르게 자라는 아이들의 관심사와 친구, 일상에 대해서도 알게 되는 소중한 시간이랍니다.

아이가 좋아하는
책 한 권의 힘

아이가 영어책의 재미에 빠지면 엄마는 책 읽어주기에서 자유로 워질 수 있어요. 이때부터는 재미난 영어책과 음원만 준비해두면 호기심에 이끌려 스스로 척척 읽기 때문이에요. 하지만 엄마표 영어를 처음 시작할 때는 '그런 순간이 언제쯤 올까', '오기는 올까?' 하는 의문이 듭니다. 이 시기를 하루 빨리 앞당기는 방법은 무조건 아이의 취향에 따라 책을 선택하고, 아이가 같은 책이나 한 시리즈에 빠져서 읽을 때 말리지 않는 거예요.

예를 들어 하루에 다섯 권의 책을 읽기로 했는데 매일 유독 한 권의 책이 꼭 들어가 있거나 혹은 몇 달 동안 한 시리즈만을 반복해서 읽고 있어도 느긋하게 지켜봐 주세요. 솔직히 아이가 같은 책을 읽고 또 읽으면, 처음에는 좋다가도 슬슬 불안감이 찾아오거든요(골고루 읽어야 하는데, 싫어서요). 하지만 자극이 너무 강하거나 흥미 위주의 책이 아니라면, 원하는 만큼 충분히 읽을 수 있도록 해주세요. 읽어야만 하는 책이 아닌 스스로 좋아하는 책을 마음껏 읽을 때, 책을 더 좋아하게 될 뿐 아니라 반복을 통해 기초도 단단하게 다지게 됩니다(아이가 얼마만큼 몰입했느냐에 따라 실력이 일취월장하기도 한답니다).

아이들 취학 전에 주로 구입했던 우리나라에서 만든 영어 전집도 쌍둥이는 전 권을 좋아하지는 않았고 유독 편애하는 책이 꼭 생기더라고요(한글책도 그랬어요). 그냥 자유롭게 놔두었습니다. 얼리 챕터북 단계부터는 그런 일이 좀 더 잦아졌어요. 《HORRID HENRY Early Reader호기심 대장 헨리》, 《Franny K. Stein, Mad Scientist엽기 과학자 프래니》, 《Captain Underpants캡틴 언더팬츠》 등이 쌍둥이들에게 엄청난 사랑을 받았던 시리즈예요. 재미난 시리즈를 만나면 몇 개월 동안 그 시리즈만 읽었고, 그 후로도 지금까지 한 번씩 다시 읽곤 합니다. 그래서 걸어온 시간에 비해 읽은 영어책의 종류는 좀 적은 편이지만, 한 시리즈에 충분히 몰입하고 나면 영어 실력이 쑥 올라가 있었어요.

실전 노하우

영어책을 반복해서 읽는 것을 좋아하는 아이도 있고 싫어하는 아이도 있어요. 아이의 취향이기 때문에 존중해주어야 합니다. 다만 아이가 새 책만 읽어서 책 공급이 너무 힘겨워졌다면, 한 번씩 책을 구입하지 않는 기간을 만들어보세요. 저도 때론 바쁘거나 깜박 잊어서 새 책 구입을 놓칠 때가 있었는데, 그러면 쌍둥이는 아쉬운 대로 봤던 책을 다시 보곤 했어요. 이미 충분히 책을 좋아하는 아이라면, 저처럼 깜박 잊어(?!)보세요. 아이가 물어보면 "주문했는데, 아직 안 오네" 하면서 시간을 벌어보는 거죠.

틈새 시간에
영어 인풋 양 늘리기

쌍둥이 서너 살 때는 영어 소리를 더 많이 들려주고 싶어서 책 내용을 노래나 챈트로 불러주는 영어 전집의 노래 모음 CD를 틀어두곤 했어요. 주로 아이들이 놀 때 한 번씩 틀어주었는데, 여섯 살쯤부터는 시끄럽다며 꺼달라고 해서 눈물을 머금고 내려놓았습니다. 영어를 싫어하게 될까 봐서요. 그 이후로는 아주 가끔이지만 청소할 때(우리 음악 틀고 할까?), 흥에 겨워 춤추고 싶을 때(우리 신나게 춤출까?), 자동차로 이동할 때(지루한데 음악 들을까?) 등 틈새 시간을 활용하고 있어요.

틈새 시간을 활용하면 부담도 적고, 간혹 아이가 정말 좋아하는 노래를 만나면 아웃풋이 절로 나오니 한번 시도해보세요(아이가 좋아하는 곡이 생기면 슬쩍 가사를 출력해 엄마가 가끔 불러보세요. 가사를 가져가 아이가 부를 수도 있거든요. 대박이 어디서 나올지 모르니 이리저리 낚아보는 겁니다). 제가 집에서 주로 활용하는 음악은 다음 세 가지입니다.

1) 디즈니, 드림웍스 어린이 영화 OST

쌍둥이가 초등학교에 입학하면서 본격적으로 어린이 만화 영화를 보여주기 시작했어요. 화려한 영상과 흥미진진한 스토리로 아이들은 디즈니와 드림웍스 영화의 팬이 되었고, OST까지 좋아하게 되었습니다. 종일 혹은 너무 자주 틀어두면 싫어하지만, 가끔 한 번씩 OST를 틀어주면 좋습니다. 또 듣다가 [Trolls트롤]이나 [Moana모아나], [Frozen겨울왕국], [Aladdin알라딘] 등의 OST처럼 아이들 스스로 푹 빠져 있는 노래가 나오면 열심히 따라 부르기도 합니다. 이렇게 영어 소리 인풋양 확보는 물론 아웃풋까지 나오니, 디즈니나 드림웍스에서 새로운 어린이 영화가 개봉될 때마다 대박 OST가 나오기를 기원하고 있답니다.

2) 크리스마스 캐럴 모음

해마다 11월이 되면, 쌍둥이는 크리스마스트리를 장식해요. 집 꾸미는 걸 좋아하는 첫째가 트리를 꺼내 달라고 하면, 저는 꺼내만 주고 둘째는 덩달아 신나게 장식합니다(저에게는 아주 달콤한 휴식 시간이라 좀 서툴더라도 전혀 관여하지 않아요). 딱 하나, 배경음악은 깔아줍니다. "크리스마스 캐럴 틀어줄까?" 하면서요. 그렇게 시작된 쌍둥이의 캐럴 듣기는 12월까지 가기 때문에, 춤도 추고 노래도 따라 부르며 영어 인풋 양을 확보하고 있어요.

3) 엄마가 좋아하는 팝송

글을 쓸 때, 저는 가끔 팝송을 들어요. 카페에 온 것처럼 따뜻한 커피도 한 잔 준비해서 음악을 듣고 있으면 행복하더라고요. 팝송을 듣는 이유는 우리나라 노래는 자꾸만 따라 부르기 때문이에요. 팝송은 웬만해서는 못 따라 부르거든요. 놀이터에서 신나게 뛰어놀고 들어온 아이들이 제가 음악을 듣고 있으면, 종종 무슨 노래인지 관심을 보이며 옆에서 듣기도 하고 흥얼흥얼 따라 부르기도 한답니다. 그래서 가끔 아이들이 좋아할 만한 좋은 팝을 찾아두고 있어요.

Q 알파벳도 모르는데, 영어책부터 읽어주어도 효과가 있을까요?

아이에게 처음 한글 그림책을 읽어주었을 때를 생각해보세요. 저는 아이들에게 어려서부터 책을 읽어주면 좋다고 해서, 말도 못하던 쌍둥이에게 한글책을 읽어주었어요. 덕분인지 쌍둥이는 말도 빨랐고, 책을 좋아하는 아이로 자랐답니다. 알파벳부터 시작해야 하지 않을까 하는 걱정은 우리가 영어를 배웠던 과거의 방법 때문이에요(효과를 보지 못했던 그 방법이요).

아이들은 엄마가 읽어주는 영어 소리를 들으며, 책의 그림을 보며 조금씩 영어 단어를 인지하고 문장 구조를 이해해 나갑니다. 불안감은 잠시 내려놓고, 아이의 이해를 돕기 위해 쉬운 책부터 꾸준히 읽어주세요. 어느샌가 모국어처럼 영어 단어를 인지하고, 문장을 이해하고 있다는 사실에 놀라게 되실 거예요.

Q 무슨 뜻인지 궁금해해요

영어책을 읽어줄 때, 아이가 내용을 궁금해할 수 있어요. 많은 엄마들이 우리말로 내용을 알려주어도 되는지 궁금해하는데, 괜찮습니다. 알려주어도 됩니다. 우리말로 무슨 뜻이냐고 물어본다는 것은 아이가 적극적으로 책을 읽고 있다는 거니까요. 궁금한 부분을 해소하면 이야기에 더 빠져들 거예요.

"What's the matter?" 하고 문장을 읽었는데 아이가 무슨 뜻인지 물어본다면 단어 하나하나의 뜻을 알려주어 해석하지 말고, "무슨 일 있어?" 정도로 문장 전체의 뜻을 알려주면 됩니다(엄마의 편리를 위해 번역서를 활용해도 좋고, 해석본이 있다면 옆에 두고 활용해도 좋습니다). 그렇게 내용이 파악되면 책 읽기는 더 재미있어지고, 점점 아는 단어와 문장이 늘어나거든요.

다만 아이가 너무 많이 물어본다면, 그것은 아이 수준에 맞지 않는 책이라는 뜻이니 더 쉬운 책으로 내려가야 합니다. 쉬운 책, 만만한 책을 충분히 읽으며 천천히 단계를 올려주세요.

① 한 줄짜리 영어책 목록

그림책 – 48권

오디오 CD가 있는 책은 아이와 함께 음원을 들으며 그림책을 볼 수 있어, 부담이 적어요. 또 음원을 몇 번 듣다 보면 엄마가 익숙해져 편안하게 읽어줄 수 있게 되기도 합니다. 그렇다고 음원이 있는 영어 그림책을 찾으려 하면 좀 힘들어요. 인터넷을 검색해서 오디오 CD가 있는 책을 찾아냈다고 해도 우리 동네 도서관에는 책만 있을 수도 있거든요.

오디오 CD가 있는 영어 그림책을 쉽게 찾는 방법을 하나 알려드릴게요. 저는 도서관 '영어책 코너'에 가서, 책등에 음원 스티커가 붙어 있는 책만 하나하나 꺼내서 봤어요. 그렇게 음원이 있는 그림책 중에서 쌍둥이가 좋아할 만한 스타일을 골라 대출해오는 거예요. 추가로 시간에 여유가 있을 때는, 인터넷을 검색해 대출해온 책의 내용도 미리 알아두었어요.

제목	작가	쪽수	번역서 제목
I Need a Hug	Aaron Blabey	24	–
Brown Bear, Brown Bear, What do you See? ♬	Eric Carle	24	갈색곰아, 갈색곰아, 무엇을 보고 있니?
Polar Bear, Polar Bear, What Do You Hear? ♬	Eric Carle	24	북극곰아, 북극곰아, 무슨 소리가 들리니?
I Love Lemonade	Mark & Rowan Sommerset	32	레모네이드가 좋아요
Skeleton Hiccups	Margery Cuyler	32	해골이 딸꾹딸꾹
Far Far Away	John Segal	28	–
Not Now, Bernard	David Mckee	32	–
Play	Jez Alborough	32	놀아 줘!
Tall		40	난 크다!
Yes		40	좋아!
Hug		32	안아 줘!
Quick as a Cricket	Audrey Wood	31	–

제목	작가	쪽수	번역서 제목
Piggies	Audrey Wood	32	꼬마 돼지
Five Little Monkeys Jumping On The Bed	Eileen Christelow	32	–
What's The Time, Mr Wolf? ♫	Annie Kubler	24	–
You Are (Not) Small	Anna Kang	32	넌 (안) 작아
I Am (Not) Scared	Anna Kang	32	난 (안) 무서워
We Are (Not) Friends	Anna Kang	32	우린 친구 (아니)야
That's (Not) Mine	Anna Kang	32	내 거 (아니)야
My Dad ♫	Anthony Browne	32	우리 아빠가 최고야
How Do You Feel? ♫	Anthony Browne	26	기분을 말해 봐!
I Like Books ♫	Anthony Browne	24	나는 책이 좋아요
Willy the Dreamer ♫	Anthony Browne	32	꿈꾸는 윌리
Bear Hunt	Anthony Browne	24	사냥꾼을 만난 꼬마 곰
Things I Like	Anthony Browne	24	내가 좋아하는 것
Goodnight Moon	Margaret Wise Brown	32	잘 자요, 달님
Underwear!	Jenn Harney	40	–
My Toothbrush Is Missing	Jan Thomas	48	–
My Friends Make Me Happy!	Jan Thomas	48	–
There's a Pest in the Garden!	Jan Thomas	48	–
A Birthday for Cow!	Jan Thomas	48	–
What Will Fat Cat Sit On?	Jan Thomas	48	–
The Doghouse	Jan Thomas	48	–
What Is Chasing Duck?	Jan Thomas	48	–
Go Away, Big Green Monster! ♫	Ed Emberley	32	수리수리 없어져라, 초록 괴물!
Lenny in the garden ♫	Ken Wilson-Max	25	–
You and Me we're opposites ♫	Harriet Ziefert	30	–
Where Is the Green Sheep?	Mem Fox	32	초록 양은 어디 갔을까?
My Friends ♫	Taro Gomi	40	모두가 가르쳐 주었어요
That Is Not a Good Idea!	Mo Willems	48	안 돼요, 안 돼!

제목	작가	쪽수	번역서 제목
Time to Sleep, Sheep the Sheep!	Mo Willems	32	아기 양아! 이제 잘 시간이야!
Cat the Cat, Who Is That?	Mo Willems	32	야옹아, 야옹아! 얘는 누구니?
Let's Say Hi to Friends Who Fly!	Mo Willems	32	누가 누가 하늘을 날 수 있지?
What's Your Sound, Hound the Hound?	Mo Willems	24	강아지야! 넌 어떤 소리를 내니?
Don't Push the Button!	Bill Cotter	24	절대로 누르면 안 돼!
Pants ♬	Nick Sharratt	32	-
More Pants / Party Pants	Nick Sharratt	32	-
Animal Pants	Nick Sharratt	32	-

♬ 노래가 좋은 책

리더스북 - 30개 시리즈

한두 줄짜리 리더스북을 아이가 충분히 읽으려면 책이 많이 필요합니다. 안 그래도 한쪽에 한두 줄밖에 안 되는데, 기초 단계일수록 쪽수도 적거든요. 다행히 요즘 도서관에 가보면 유명 리더스북이 점점 늘어나고 있어요. 물론 전 권이 다 있지는 않지만요. 괜찮습니다. 워낙 종류가 많다 보니, 우리 동네 도서관에 있는 리더스북부터 활용하면 됩니다. 리더스북에는 다양한 종류가 있고 리더스북마다 1단계부터 시작하지만, 난이도가 달라요. 그러니까《ORT》1단계와《I CAN READ》의 1단계 난이도는 같지 않다는 겁니다. 각자의 기준에 따라 단계를 나누어 놨어요. 하지만 어려울 건 없습니다. 우리 동네 도서관에 있는 리더스북 중에서 한 줄짜리부터 읽어보세요. 아이에게 리더스북을 읽어주어야 할 엄마가 읽을 수 있는 수준의 책부터 선택하면 됩니다. 저는 리더스북의 종류도 잘 모를 때, 그저 한 줄짜리 리더스북만 보면 대출 가능한 권수만큼 대출해왔어요. 쌍둥이에게 한 권씩 읽어주면서 취향을 파악했고, 정말 마음에 들어하는 책은 구입했습니다.

리더스 제목(단계)	시리즈 제목	작가	쪽수	권수
Now I'm Reading! (Pre-Reader)	My Word	Nora Gaydos	12	10
	Word Play	Nora Gaydos	12	8
	More Word Play	Nora Gaydos	12	8
	Look Around	Nora Gaydos	12	10
Oxford Reading Tree (Stage 1+)	Biff, Chip and Kipper Stories	Roderick Hunt 외	8	54
	Floppy's Phonics Fiction	Roderick Hunt 외	8	12
Oxford Reading Tree (Stage 2)	Biff, Chip and Kipper Stories	Roderick Hunt 외	16	54
	Floppy's Phonics Fiction	Roderick Hunt 외	16	12
Reading Adventures (Level 1)	Disney Princess	Disney Book Group	16	10
World of Reading (Level Pre-1)	Marvel Meet the Super Heroes!	Marvel Press Book Group	12	12
	Super Hero Adventures	Alexandra West	32	2
Elephant & Piggie		Mo Willems	57	25
Elephant & Piggie Like Reading!		Mo Willems 외	64	8
Scholastic Reader (Level 1)	Noodles	Hans Wilhelm	30	10
	I Am	Jean Marzollo	32	9
	I Spy	Jean Marzollo	32	13+
	Hippo & Rabbit	Jeff Mack	32	2
	Moby Shinobi	Luke Flowers	32	4
	Lego City	Sonia Sander 외	32	8
Ready-To-Read (Pre-Level 1)	Ant Hill	Joan Holub	24	7
	Puppy Mudge	Cynthia Rylant	32	4
	The Adventures of Otto	David Milgrim	32	9
	Brownie & Pearl	Cynthia Rylant	24	6
	Daniel Tiger's Neighborhood	Various	32	6
	On the Go with Mouse	Lauren Thompson	32	6
Penguin Young Readers (Level 1)	Tiny 시리즈	Cari Meister	32	4
Step Into Reading Step 1 시리즈		Sally Lucas 외	32	40+
Usborne Very First Reading 시리즈		Mairi Mackinnon 외	32	15
Usborne First Reading Level 1 시리즈		Mairi Mackinnon 외	32	16
Disney Fun-to-Read K단계 시리즈		Disney Book Group	32	15+

② 두 줄짜리 영어책 목록

그림책 - 28권 + 2개 시리즈

제목	작가	쪽수	번역서 제목
My Mum	Anthony Browne	24	우리 엄마
Twenty-Four Robbers ♫	Audrey Wood	32	-
Balloonia	Audrey Wood	32	-
Merry Christmas Big Hungry Bear	Audrey Wood	40	배고픈 큰 곰아, 메리 크리스마스!
Tooth Fairy	Audrey Wood	32	-
Don't Let the Pigeon Drive the Bus	Mo Willems	40	비둘기에게 버스 운전은 맡기지 마세요!
Don't Let the Pigeon Stay Up Late!	Mo Willems	40	비둘기를 늦게 재우지 마세요!
The Duckling Gets a Cookie!?	Mo Willems	32	오리야, 쿠키 어디서 났니?
The Pigeon Finds a Hot Dog!	Mo Willems	40	비둘기야, 핫도그 맛있니?
The Pigeon Needs a Bath	Mo Willems	40	비둘기는 목욕이 필요해요!
The Pigeon Wants a Puppy!	Mo Willems	40	강아지가 갖고 싶어!
The Pigeon HAS to Go to School!	Mo Willems	32	비둘기야, 학교에 같이 가자!
Pip and Posy 시리즈	Axel Scheffler	32	친구끼리 사이좋게!
We're All Wonders	R.J. Palacio	32	우린 모두 기적이야
I Don't Want to Be a Frog	Dev Petty	32	난 개구리인 게 싫어요
A Beasty Story	Bill Martin Jr	40	-
My Teacher is a Monster!	Peter Brown	38	선생님은 몬스터!
Baghead	Jarrett J. Krosoczka	40	-
I Got Two Dogs ♫	John Lithgow	32	-
The Escape of Marvin the Ape	Caralyn & Mark Buehner	32	-
The Crocodile Who Didn't Like Water	Gemma Merino	32	물을 싫어하는 아주 별난 꼬마 악어
The Dragon Who Didn't Like Fire	Gemma Merino	32	불을 싫어하는 아주 별난 꼬마 용
The Cow Who Climbed a Tree	Gemma Merino	32	나무 위에 올라가는 아주 별난 꼬마 얼룩소

Where's My Teddy?	Jez Alborough	32	내 곰 인형 어디 있어?
Papa, Please Get The Moon For Me	Eric Carle	28	아빠, 달님을 따 주세요
There Was An Old Lady Who Swallowed 시리즈	Lucille Colandro	32	–
The Word Collector	Peter H. Reynolds	36	단어 수집가
The Sheep Who Hatched an Egg	Gemma Merino	32	아기 새 둥지가 된 아주 특별한 꼬마 양
Harry in a Hurry	Gemma Merino	32	무엇이든 급한 아주 별난 꼬마 토끼
Silly Sally	Audrey Wood	30	–

♬ 노래가 좋은 책

리더스북 - 30개 시리즈

리더스 제목(단계)	시리즈 제목	작가	쪽수	권수
Oxford Reading Tree (Stage 3)	Biff, Chip and Kipper Stories	Roderick Hunt 외	16	36
	Floppy's Phonics Fiction	Roderick Hunt 외	16	12
Oxford Reading Tree (Stage 4)	Biff, Chip and Kipper Stories	Roderick Hunt 외	24	36
	Floppy's Phonics Fiction	Roderick Hunt 외	24	12
I Can Read (My First)	Biscuit	Alyssa Satin Capucilli	32	24
	Little Critter	Mercer Mayer	32	15
	Mittens	Lola M. Schaefer	32	6
	Pete the Cat	James Dean	32	14
	JoJo	Jane O'Connor	32	4
	Mia	Robin Farley	32	8
	Axel the Truck	J. D. Riley	26	4
	Barnabas	Royden Lepp	32	4
I Can Read (My First)	Duck, Duck, Dinosaur	Kallie George	32	4
	Ty's Travels	Kelly Starling Lyons	32	3
	Otter	Sam Garton	32	7
	Everything Goes : Henry	Simon Abbott	32	3
World of Reading (Level 1)	Marvel Avengers	Marvel Press Book Group	32	10+

리더스 제목(단계)	시리즈 제목	작가	쪽수	권수
Ready-To-Read (Level 1)	Trucktown	Jon Scieszka 외	24	11
	Eloise	Margaret McNamara	32	16
	Robin Hill School	Margaret McNamara	32	28
	PJ Masks	May Nakamura 외	32	10+
	Dino School	Bonnie Williams	24	3
	Bugs on the Go!	David A. Carter	24	6
	Max & Mo	Patricia Lakin	32	6
	Bunny Will Not	Jason Tharp	32	3
	Angelina Ballerina	Katharine Holabird	32	4
Penguin Young Readers (Level 2)	A Pig, A Fox	Jonathan Fenske	32	2
	Max & Ruby	Rosemary Wells	32	4
Step Into Reading Step 2		Anna Jane Hays 외	32	40+
Read it Yourself Level 1		Jean Adamson 외	32	22
Fly Guy		Tedd Arnold	30	15

03

무조건 인풋^{input}
② 영어 영상 보여주기

초등 전후 아이의 경우, 엄마가 영어책을 읽어주거나 음원을 통해 영어 소리를 들을 수 있는 시간은 하루에 30분에서 1시간 정도입니다(아이가 스스로 영어책을 읽게 되면 이 시간조차도 사라질 거고요). 종일 듣고 말하는 모국어에 비하면 턱없이 부족한 시간이지요. 그렇다고 '영어책 읽기'를 하루 두세 시간으로 늘릴 수도 없는 노릇입니다(아이에게 버겁기도 하고, 건강에 무리가 될 수 있거든요). 이 부족한 시간을 채워줄 강력한 마법의 도구가 있어요. 바로 영어 영상입니다.

'영어 영상 보기'는 '영어책 읽기'와 함께 영어 소리 인풋을 채워줄 핵심 요소로, 둘의 콜라보가 잘 이루어질 때 굉장한 시너지가 일어납니다. '영어책 읽기'에서 부족한 소리 듣기는 영상이 채워주고, '영상 보기'에서 부족한 상호작용과 학습적인 부분은 책이 채워주거든요. 더불어 책에서 들은 단어가 영상에 등장하고 영상에서 들은 단어가 책에 등장하면, 아이는 자연스러운 반복을 통해 단어를 내 것으로 만들어 갑니다. 그 단어가 들어간 다양한 문장과 함께요. 예를 들어 책에 'I like an apple(나는 사과를 좋아해).'이라는 문장이 등장했다면, 영상에서는 'Do you like an apple(너는 사과를 좋아하니)?', 'I don't like an apple(난 사과를 싫어해).' 등의 변형된 문장이 나옵니다. 덕분에 아이는 단어를 복습하고, 다양한 문장 구조까지 습득할 수 있습니다(반대로 영상에서 습득한 단어를 영어책에서 복습하기도 합니다).

아이들은 재미난 TV 프로그램을 만나면 몇 시간이고 신나서 봅니다. 더 보겠다고 떼를 부려 문제가 발생할 정도이지요. 영어 TV나 영상 역시 다르지 않습니다. 그러니 내 아이가 즐겁게 볼 수 있는 영어 영상을 찾아낸다면, 아이는 스스로 영어 TV를 신나게 볼 것이고 덕분에 영어 인풋 양을 충분히 확보할 수 있습니다.

영어는 물론
영미문화까지 습득한다면!

시청할 수 있는 시간과 영상의 범위를 잘 정해준다면, 영상은 아이의 영어 습득에 큰 도움이 됩니다. 물론, 아직 영상을 보여주지 않는 집도 있을 겁니다. TV를 시청하지 않는 아이라면 군이 영어 영상 노출을 서두를 필요는 없습니다. 이런 경우 '영어책 읽기'를 꾸준히 진행하면서, TV를 보여줄 시기가 왔을 때 영어 영상을 보여주면 됩니다. 하지만 이미 우리말 TV를 시청하고 있는 아이라면 어차피 흘러가는 시간이니, 영어 영상으로 서서히 바꿔보는 겁니다(아이가 거부감을 느끼지 않게 주의하면서요).

'영어 영상 보기'의 장점에는 크게 세 가지가 있습니다(장점을 알고 나면, 보다 적극적으로 영어 영상을 챙겨주게 될 거예요). 첫째, 영어를 자연스럽게 습득할 수 있게 도와줍니다. 움직이는 영상은 책보다 자극이 강해서 더 재미있고 아이의 시선을 좀 더 오래 붙잡고 있을 수 있습니다. 덕분에 영상을 시청하는 동안 영어 소리를 충분히 들을 수 있고, 충분히 들으면 영어에 익숙해지면서 수많은 단어와 문장의 구조까지 자연스럽게 흡수하게 됩니다. 다만 무작정 영어 영상을 많이 보는 것은 효과도 떨어질 뿐 아니라 득보다 실이 많기 때문에, 아이의 영어 수준과 취향에 맞는 영상 보기와 영어책 읽기가 병행되어야 합니다.

둘째, 좀 더 저자극의 영상을 볼 수 있습니다. 쌍둥이는 EBS 채널에서 〔뽀로로〕, 〔로보카 폴리〕, 〔꼬마버스 타요〕 등으로 TV 시청을 시작했어요. 당시만 해도, 엄마들 대부분이 아이의 첫 TV 시청으로 EBS 교육방송을 선택했거든요. 그러다 아이들이 성장하면서 재미있게 볼 만한 프로그램이 줄어들자, 좀 더 자극이 강한 케이블 채널이나 유튜브로 이동했습니다. 하지만 쌍둥이는 엄마표 영어 덕분에 좀 더 저자극의 영상에 머무를 수 있었어요. 우리나라에 뽀로로나 꼬마버스 타요가 있는 것처럼, 나라마다 아이들을 위해 제작해둔 교육용 애니메이션이 있거든요. 그 영상을 세계로 수출하기 위해 영어 버전을 만들고 있고요(그래도 영미권에서 제작된 영어 영상이 더 많기 합니다). 엄마표 영어를 진행하면, 전 세계 어린이 방송을 활용하기 때문에 재미있는 저자극의 영상을 아이에게 좀 더 오래도록 보여줄 수 있습니다. 신나는 모험과 우정, 자연과 가족의 소중함 등 정말 좋은 영어 영상이 많거든요.

쌍둥이는 디즈니 주니어에서 (Sofia the First리틀 프린세스 소피아)를 보며 동화 속 전형적인 공주와는 다른 공주 이미지를 갖게 되었어요. 소피아는 다른 공주와 달리 왕자에게 의존하지 않아요. 씩씩하고, 문제를 스스로 해결하며, 친구들과 지혜를 모읍니다. (The Cat in the Hat닥터 수스의 더 캣 인 더 햇)을 보며 환상의 과학 여행을 떠나기도 했고요. (Arthur내 친구 아서)를 보며, 초등 아이들에게 일어나는 다양한 일들을 주인공과 친구들이 지혜롭게 해결하는 모습을 보며 공감도 하고 교훈을 얻기도 했습니다.

셋째, 영미문화에 대한 지식을 얻게 됩니다. 새해가 되면 우리나라 TV 프로그램에는 예쁜 한복을 입고 세배를 드리는 모습이 자주 등장합니다. 새해 첫날이 되면 새 옷(설빔)을 입고, 웃어른께 세배를 하는 문화가 있기 때문이에요. 이처럼 영상에는 그 나라 고유의 문화나 생활 풍습들이 자연스럽게 스며들어 있습니다. 덕분에 쌍둥이는 영어 영상 시청을 통해, 유령이나 괴물로 분장한 아이가 동네 여러 집을 다니며 사탕이나 초콜릿을 얻는 Halloween Day할로윈 데이, 빠진 이 대신에 동전을 놓아두고 간다는 이의 요정 Tooth Fairy투쓰 페어리,

친구 집에서 함께 자며 노는 sleep over^{슬립 오버} 등의 영미문화를 자연스럽게 접하며 지식을 쌓아가고 있습니다.

어떤가요? 아이는 그저 TV를 보며 웃고 놀 뿐인데, 영어를 자연스럽게 습득하고, 좀 더 교육적인 영상을 보며, 영미문화에 대한 지식까지 얻게 됩니다. 그럼, 이 매력적인 영어 영상의 재미에 아이를 풍덩 빠뜨릴 수 있는 방법을 찾아보겠습니다.

실전 노하우

초기에는 자신의 나이보다 낮은 수준의 영어 영상을 시청해야 합니다. 그동안 자극적인 한국어 영상에 많이 노출되었던 아이일수록 영어 영상 시청을 힘들어하는 경향이 있어요. 영어 영상을 재미있게 시청할 수 있도록, 자극적인 한국어 영상을 천천히, 조금씩 줄여주세요. 영어 영상 시청은 물론 정적인 책도 더 잘 보게 된답니다.

아이가 보고 싶은 영상 vs.
아이가 이해할 수 있는 영상

그동안 한국어 TV만을 보아온 아이에게 어느 날 갑자기 영어 영상을 보여주면, 아이의 반응이 어떨요? 동기 부여를 통해 영어 영상을 보기로 약속은 했지만, 실전에 들어가면 아이는 자동반사적으로 거부할 겁니다(내용이 이해가 안 되니까요). 당연한 겁니다. 우리에게 자막도 없는 몽골어 TV를 보여준다면 무슨 재미로 앉아 있을까요.

영상은 책과 또 다릅니다. 보통 엉어책은 아주 쉬운 단계부터 천천히 올라갑니다. 그것도 엄마가 읽어주면서요. 하지만 영상은 그렇게 진행할 수가 없어요. 쉬운 단계의 영상은 모국어가 완성된 아이가 보기에는 솔직히 좀 많이 시시하거든요.

엄마표 영어를 진행할 때 첫 영상으로 많이 선택하는 (Caillou^까^{이유}) 시리즈는 말하는 속도가 느리고, 이야기의 구조도 복잡하지 않습니다. 문제는 네 살짜리 까이유가 주인공이라는 거예요. 그래서 유아들에게 인기가 많아요. 쌍둥이는 (Caillou)를 세 살부터 네 살까지 재미있게 시청했고, 그 이후로는 아기들이 보는 거라며 보지 않았어요(그동안 실컷 봐서 질렸을 수도 있지만요). 만약 이 영상을 모국어가 완성된 6세 이상, 그것도 초등 아이에게 보여준다면 반응이 어떨까요? 가끔 재미나게 보는 아이들도 있기는 합니다만, 대부분 안 보겠다고 아우성칩니다.

다른 영상들도 상황은 비슷해요. 말하는 속도가 느리고, 이야기 구조가 단순해 영어를 처음 접하는 아이가 보기 좋은 영상은 대부분 유아 대상입니다. 반면에 아이의 나이 수준에 맞는 재미난 영상은 말하는 속도가 빠르고, 어휘의 난도도 높고, 대사 양도 많아서 이제 막 영어를 시작한 아이가 시청하기는 어렵습니다. 이 부분은 많은 집에서 어려움을 호소하고 있는 문제로, 제 블로그에 자주 등장하는 질문이에요. 해결 방법은 아이가 하루빨리 자신의 정서 수준에 맞는 영어 영상을 볼 수 있게 도와주는 겁니다.

영어랑 친해지는 것이
우선

본격적인 영어 영상 시청에 앞서, 아이가 영어라는 낯선 소리와 친해지는 것이 우선입니다. 그래서 초반에는 내용의 이해를 돕기 위해, 기존에 본 적 있는 영상이나 한국어 더빙 영상 등을 살짝 활용할 겁니다. 아이의 성향, 엄마의 반응, 노출 환경 등에 따라 영어 영상과 친해지는 기간은 아이마다 다릅니다. 자연스럽게 적응하는 것이 중요하니, 부지런히 보여는 주되 마음은 느긋하게 진행해보세요.

'준비물 챙기기' 부분에서 집집마다 무료로 볼 수 있는 영상을 **[영어 독립 꿀정보] 단계별 영어 영상 목록**에서 몇 개 골라두셨을 거예요. 영상에 대한 이해를 돕기 위해, 아이의 선택에 따라 영상을 시청하는 방법을 조금 달리할 겁니다. 한국어로 본 적이 있는 영상은 '영어로만 시청'에 도전할 거고요. 처음 보는 영상이라면 '한영 번갈아 보기'와 '한글 자막 활용하기'를 활용할 겁니다.

골라둔 영상(1단계 몇 개, 2단계 몇 개)에서 아이가 한국어로 본 적이 있는 영상이 있을까요? 있다면 '영어로만 시청하기'에 도전할 거니까 동그라미 표시해주세요. 본 적이 없는 영상이라면 '한영 번갈아 보기' 또는 '한글 자막 활용하기'를 통해 아이가 영상을 이해할 수 있도록 도와줄 겁니다. 그러니 한글 더빙이나 자막 유무를 체크해두세요.

자, 그럼, 준비가 끝났습니다. 엄마가 큰 테두리를 정해두었으니,

아이가 자유롭게 선택할 시간입니다. 엄마가 엄선한(?!) 영상 목록을 보여주면서, 영상에 대해 간단하게 소개도 해주시고요. 본 적 있는 영상은 영어로만, 새로운 영상은 '한영 번갈아 보기' 또는 '한글 자막 활용하기' 방법을 활용해 시청할 거라고 이야기해주세요. 아이가 관심을 보이는 영상은 맛보기로 잠깐 시청해보는 것도 좋습니다. 선택의 결과는 아이마다 다를 거예요. 엄마가 볼 수 있는 영상의 범위를 정했으니, 그 안에서 아이의 선택은 무조건 존중해주세요.

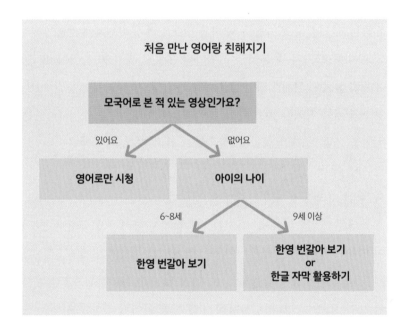

✿ 시리즈물 적극 활용하기

[영어 독립 꿀정보] 단계별 영어 영상 목록(121페이지)의 대부분은 시리즈물입니다. 영어 영상을 볼 때, 시리즈물을 활용하면 장점이 많기 때문이에요. 아이가 일단 마음에 드는 시리즈를 만나면, 한동안은 영상 걱정을 안 해도 되고요(엄마에게 단비 같은 휴식 시간이 생기지요). 간혹 해당 영상이 책으로 제작된 경우가 있는데, 이럴 땐 연계해서 읽을 수도 있어요. 무엇보다 시리즈물의 가장 큰 장점은 주인공을 비롯한 등장인물과 이야기를 풀어가는 구조가 일정하다는 겁니다.

예를 들어 〔구름빵〕은 엄마가 만들어준 구름빵을 먹고 하늘을 날게 되는 홍시와 홍비 남매의 이야기로, 등장인물과 구름빵을 먹고 하늘을 난다는 설정이 매회 기본으로 반복됩니다. 갑자기 비가 오는 저녁에는 우산을 못 가져간 아빠에게 날아가 우산을 전해주기도 하고, 어떤 날은 친구들과 함께 도둑을 잡기도 합니다. 매회 이야기는 바뀌지만, 문제를 풀어가는 구성은 일정합니다. 덕분에 몇 번만 우리말로 보고 나면, 어느 정도 배경지식이 쌓여 슬그머니 '영어로만 시청하기'를 시도해볼 수도 있습니다.

✿ 영어로만 시청하기

아이가 어떤 영상을 선택할지 고민할 때, 한국어로 본 적 있는 영상부터 영어로 시청해보자고 말해보세요. 보통 본 적 있는 영상들은 **[영어 독립 꿀정보]** 단계별 영어 영상 목록(121페이지)의 1단계일 확률이 높을 거예요. 내용도 다 알고 있고, 낮은 단계부터 영어로 시청해 볼 수 있는 절호의 기회인 거죠. 너무 시시해서 거부할 수도 있지만, 어릴 적 추억이 떠올라 다시 볼 수도 있고 또 알아듣지도 못하는 영상을 보느니 이쪽이 낫다고 생각할 수도 있거든요.

물론, 선택을 받았다고 해도 몇 편 보다가 안 보겠다고 할 수도 있어요. 괜찮습니다. 몇 편이 어딘가요. 그 시간만큼 영어 소리에 익숙해지고 아는 단어도 몇 개 생겼을 테니, 아이가 재미없어서 더는 못 보겠다고 하면 영상 목록을 보여주고 다시 고르면 됩니다.

✿ 한영 번갈아 보기 or 한글 자막 활용하기

아이가 한 번도 본 적 없는 영상을 선택했다면, 한국어 더빙이나 한글 자막을 활용해 내용 이해를 도와주면 됩니다. 한글 자막 읽기가 버거운 6~8세의 아이들은 '한영 번갈아 보기' 방법으로 진행해주세요. 말 그대로 영상을 한국어로 한 번, 영어로 한 번 번갈아가며 시청하는 방법이에요.

구분	소리
1회	한국어
1회	영어
2회	한국어
2회	영어
:	:

or

구분	소리
1회	한국어
2회	영어
3회	한국어
4회	영어
:	:

〈같은 영상을 한국어와 영어로 시청〉　　　〈다른 영상을 한국어와 영어로 시청〉

한영 번갈아 보기 - 소리: 영어 or 한국어, 자막: 없음

한국어 더빙으로 한 번 시청한 후에 같은 영상을 영어로 한 번 더 시청할 것인지, 다음 영상을 영어로 시청할 것인지는 아이가 선택합니다. 엄마는 같은 영상을 한국어와 영어로 각각 봐야 내용을 잘 이해할 것 같지만, 그건 별로 중요하지 않습니다. 중요한 것은 아이가 자신이 원하는 방법으로 영어 영상을 즐겁게 시청하는 겁니다.

구분	소리	자막
1회	영어	한글
2회	영어	없음
3회	영어	한글
4회	영어	없음
:	:	:

or

구분	소리	자막
1회	영어	한글
1회	영어	없음
2회	영어	한글
2회	영어	없음
:	:	:

〈같은 영상을 한글 자막 있는 것과 없는 것으로 시청〉　　〈다른 영상을 한글 자막 있는 것과 없는 것으로 시청〉

한글 자막 활용하기 - 소리: 영어, 자막: 한글 or 없음

때론 아이가 보고 싶어 하는 영상에 한국어 더빙이 없을 수도 있고, 같은 영상을 한국어와 영어로 번갈아보는 것을 거부할 수도 있습니다. 이런 경우, 한글 자막을 활용해보세요. 하지만 아이가 아직 한글을 떼지 못했거나, 한글을 뗀 지 얼마 되지 않았다면 사용하기 어려운 방법입니다. 그래서 이 방법은 초등학교 2학년 이상 아이들에게 권합니다. 자막 있는 영상을 시청하는 것과 자막 없이 시청하는 것을 한 번씩 진행하면 됩니다. 마찬가지로 구체적인 방법은 아이가 선택합니다.

아이가 영상을 한국어로 시청한 다음에는 영어로 바꿔주고, 영어로 본 다음에는 한국어로 바꿔주기를 반복해야 합니다. 한글 자막을 넣었다가 빼기도 반복해야 합니다. 솔직히 번거로운 일이에요. 초기에만 좀 참고 묵묵히 진행해보세요. 영상은 확실히 자극이 강해서 책보다 빨리 익숙해지거든요. 어느 순간 자막도 없는 영어 영상을 보며 깔깔깔 웃고 있는 내 아이를 만나게 되실 거예요(오히려 더 보겠다는 아이와 실랑이해야 하는 날이 온답니다. 반드시요!).

실전 노하우 아이가 영어 영상을 이해하고 있는지 확인하는 방법

아이가 영어 영상의 재미에 폭 빠져 재미있게 시청하게 되면 아무런 문제가 되지 않을 부분이지만, 초기에는 엄마와의 약속 때문에 이해하지도 못하는 영상을 억지로 보고 있는 건 아닌지 걱정되곤 합니다. 아이가 영상을 이해하고 있는지 알 수 있는 가장 쉬운 방법은 바로, 아이의 표정을 보는 거예요. 아이와 함께 영상을 시청할 때, 아이가 눈치채지 못하게 한 번씩 아이의 표정을 관찰해보세요. 주인공이 위기에 빠졌을 때 초조해한다거나, 재미있는 장면에서 살짝 웃을 수도 있어요. 영상을 시청하는 횟수가 늘어남에 따라 아이의 이런 표정들도 늘어날 거예요.

영어 영상에 대한 거부감을
빠르게 없애는 방법

영어 영상에 대한 아이의 거부감을 조금 더 빠르게 없애는 방법은 엄마가 함께 시청하면서 웃고, 이야기 나누는 겁니다. 함께 시청하면서 때론 아이가 이해하지 못하는 내용을 설명해주는 안내자가 되어주고, 때론 함께 웃고 떠드는 친구가 되어주는 거예요. 세상에서 가장 좋아하는 엄마랑 키득키득 웃으며 보다 보면 낯선 영어 영상과 좀 더 빠르게 친해질 수 있습니다.

우선 아이가 시청하기로 선택한 영상이 어떤 내용인지 인터넷 검색 등을 통해 알아두세요. 그런 다음 아이가 좋아하는 간식을 준비해 함께 시청하는 겁니다. 아이가 편안하게 보면 엄마도 그냥 보면 되고, 무슨 내용인지 질문을 하거나 궁금해하는 것 같다면 사전 조사한 내용을 바탕으로 아이에게 설명해주세요. 엄마도 이해가 안 되는 부분은 솔직하게 잘 모르겠다고 해도 됩니다. 편안하게 생각하세요. 엄마가 편안하게 즐기면, 아이도 편안하게 즐길 수 있답니다.

이렇게 함께 영상을 시청하다가, 재미난 부분이 나오면 엄마가 먼저 웃기도 하고, 아이가 먼저 웃으면 따라 웃기도 해보세요. 단 한 번이라도 아이가 재미있게 웃었던 부분이 있으면 기억해두었다가, 일상생활할 때 흉내 내기도 하면서요.

[Peppa Pig페파 피그] 영상에서 비가 오는 날이면 바닥에 진흙 웅덩이가 생겨요. 그 진흙 웅덩이만 보면 주인공 페파는 "I love muddy puddle(난 진흙 웅덩이가 좋아)!" 하면서 점프를 하거든요. 동생 조지도 따라 하고요. 저희 쌍둥이는 (Peppa Pig) 영상에서 이 장면을 유독 좋아했어요. 비가 오는 날은 물론, 그렇지 않은 날도 물웅덩이만 보면 달려가서 페파와 조지처럼 뛰었지요. 그럴 때면 저도 옆에서 "I love muddy puddle!" 하면서 살짝 뛰었어요(물론 쌍둥이가 영어와 친해질 수 있도록 초기에만 좀 했어요). 아이들이 좋아하는 장면이 생각날 수 있도록 정말 간단한 문장을 선택해 활용했어요.

때론 제가 더 재미있어서 흉내 낸 부분도 있어요. (The New Adventures of Peter Pan^{피터팬})은 기존의 피터팬 이야기를 현대적으로 적절히 각색하고, 초등학생들이 즐겨 쓰는 생활문장과 3D의 실사 같은 영상으로 새롭게 제작된 시리즈물이에요. 당시 구입했던 DVD는 음성이 영어만 제공되어 아이들이 볼 수 있을까 고민됐습니다. 그래서 "한 편만 보고 재미없으면 보지 말자" 하며 보여주었는데, 영상이 얼마나 재밌는지 영어로만 봐야 하는데도 보겠다고 하더라고요. 결국 여섯 살 쌍둥이 자매는 26편의 에피소드 전체를 영어로만 시청했고, 이 일은 '영어로만 TV 보기'에 큰 밑거름이 되었습니다(이 시리즈는 그 이후로도 아홉 살까지 꾸준히, 주기적으로 시청했어요).

이 영상에서는 캡틴 후크가 부하 스미를 부르는 장면이 참 인상적이에요. 대사는 정말 단순해요. 후크 선장이 "Mr. Smee!" 하고 부하를 부르면, 부하 스미가 독특한 목소리로 "OK, Captain, OK, Captain." 하면서 오거든요. 저는 후크 선장이 되고, 둘째가 부하 스미와 목소리를 정말 똑같이 낼 줄 알았기 때문에, 짧은 대사지만 한 번 주고받고 나면 한바탕 웃음이 터지곤 했답니다.

이처럼 제가 흉내 냈던 행동이나 대사는 모두 단순하고, 짧아요. 그 많은 〔Peppa Pig〕 시리즈를 보면서는 진흙 웅덩이 대사 하나 해 주었고, 그 많은 〔Peter Pan〕 시리즈에서는 저 짧은 대사 하나 해줬어요. 참 별거 아닌 행동이고 대사인데 아이들은 엄마와 함께하는 건 다 좋아했고, 덕분에 영어 영상과 좀 더 빠르게 친해질 수 있었습니다.

서서히
영어로만 시청하기

'영어 읽기 독립' 1단계(충분히 듣기)에서 동기 부여, 보상, 칭찬, 한영 번갈아 보기, 한글 자막 활용하기, 함께 시청하기 등을 통해 아이가 영어 영상을 한 편이라도 더 볼 수 있도록 환경을 만들어주다 보면 아이가 조금씩 영어 영상을 잘 보게 되는 순간이 올 거예요. 이때부터는 그동안 활용했던 '한영 번갈아 보기'와 '한글 자막 활용하기'를 조금씩 줄여보는 겁니다. 그럼, 구체적인 진행 방법을 '한영 번갈아 보기'의 경우를 예로 들어 설명해 보겠습니다('한글 자막 활용하기'도 같은 방법으로 줄이면 됩니다).

넷플릭스에서 볼 수 있는 〔Peppa Pig페파 피그〕 영상의 시즌 1은 총 13회로 구성되어 있습니다(회별 영상 시간 20분 내외). 아이가 이 영상을 '한영 번갈아 보기'로 시청한다고 했을 때, 등장인물과 이야기 구성의 이해를 위해 한 편은 한국어 더빙으로 시청하고, 한 편은 약속한 대로 영어로 시청합니다. 이렇게 한국어와 영어를 번갈아 시청하다 보면, 한국어로 시청한 적 없는 영상을 영어로 시청하는데도 아이가 좀 많이 이해하며 본다는 느낌이 드는 순간이 올 거예요. 그럼 이때, 슬쩍 영어로만 시청해보자고 구슬려보는 겁니다. 맛있는 간식도 주고, 스티커도 두 배로 주겠다고 하는 거죠. 아이가 그러겠다고 하면 칭찬도 한가득 해주고요.

아이가 부담 없이 잘 본다면, 이제 〔Peppa Pig〕의 남은 영상은 모두 영어로만 보는 겁니다(넷플릭스에 〔Peppa Pig〕 영상은 시즌 6까지 있어요). 아이가 힘들어하면, 다시 '한영 번갈아 보기'를 진행하면 됩니다. 유연하게 진행은 하되, 한 번씩 오롯이 '영어로만 시청하기'에 도전해야 합니다. 아이의 영어 실력이 언제 훌쩍 올라갈지 모르니까요.

덧붙여, 학년이 올라갈수록 아이의 시간은 줄어들고 한국어 실력은 영어 실력보다 월등히 좋아지니 가능하다면 아이가 시청하는 모든 TV를 '영어로만 보기'에 도전해보세요. 이 부분에 대해서는 PART 3에서 자세히 알려드리겠습니다.

실전 노하우 '밀당' 하는 엄마

정해진 시간만큼 영어 영상을 시청하고 나서도 아이가 더 보겠다고 조르면 '이게 웬 떡인가' 싶지만 그런 속마음을 들키면 안 됩니다. 흔쾌히 수락하고 싶은 그 마음 꾹꾹 눌러주세요. 못 이기는 척하면서 보여줄 때, 아이의 영어 영상에 대한 사랑이 커지거든요. 내키지 않지만 이번 한 번만 허락한다고 하거나, 오늘은 영어책 잘 읽었으니까 엄마가 인심 쓴다는 식으로 한 편 더 보여주세요. 쌍둥이는 여섯 살부터 TV를 영어로만 시청하고 있기 때문에, 다른 집 아이들이 한국어 TV 보는 것과 같은 상황이라고 보시면 됩니다. 그래서 정해진 시간 이상으로 영어 영상을 더 보고 싶어 하면 빨래 개기, 수학 문제집 풀기 등의 조건을 걸고 더 보여주고 있답니다.

끌어주고 밀어주는
영어책과 영상 짝꿍 친구들

Dora^{도라}, Diego^{디에고}, Arthur^{아서}, Horrid Henry^{호리드 헨리} 등 종종 영어책과 영상이 모두 존재하는 이야기가 있습니다. 덕분에 아이가 영상을 재미있게 본다면 책을 찾아서 읽게 할 수 있고, 책을 재미있게 읽는다면 영상을 찾아서 시청하게 할 수 있어요. 특히 영상을 잘 활용하면, 아이가 그동안 읽어오던 영어책보다 조금 더 높은 수준의 책을 수월하게 읽게 할 수 있어요. 자신이 좋아하는 캐릭터가 등장할 뿐 아니라, 영상 시청을 통해 등장인물의 특징과 이야기 전개 구조를 이미 알고 있는 상태라서 책의 내용을 쉽게 이해할 수 있거든요.

쌍둥이는 《ORT》 리더스북을 전자펜으로 재미있게 읽은 후에 〔Magic Key^{매직키}〕 영상도 재미있게 봤습니다. 또 〔Arthur^{내 친구 아서}〕 영상을 먼저 재미있게 시청한 후에 자연스럽게 《Arthur Starter^{아서 스타터}》 리더스북을 전자펜을 활용하며 읽었고, 〔Horried Henry^{호리드 헨리}〕 영상 덕에 처음으로 얼리 챕터북 단계의 책을 들으며 읽는 행운(?!)을 얻기도 했답니다.

새로운 영어책으로 진입하기 어려울 때, 다음 페이지의 시리즈 영상을 활용해보세요. 자극이 강한 영상을 먼저 보게 한 다음에, 아이가 재미있어하면 관련 영어책을 읽게 하는 겁니다. 아이마다 좋아하는 영상이 달라서 어디서 행운(?!)이 찾아올지 모르니, 여유를 갖고 천천히 진행해보세요.

구분	영어 영상 제목	짝꿍 영어책 종류
1	DORA the EXPLORER^{도라익스플로러}	리더스북
2	Go Diego Go!^{고 디에고 고!}	리더스북
3	Little Princess^{리틀 프린세스}	그림책, 리더스북, 챕터북
4	Peppa Pig^{페파피그◆}	그림책, 리더스북
5	The Magic Key^{매직키}	리더스북
6	Charlie and Lola^{찰리앤롤라}	그림책, 리더스북
7	Eloise^{엘로이즈}	그림책, 리더스북
8	Olivia^{올리비아}	그림책, 리더스북
9	Curious George^{호기심 많은 조지●}	그림책, 리더스북
10	Angelina Ballerina^{안젤리나 발레리나}	그림책, 리더스북
11	Barbapapa^{바바파파}	그림책
12	The Cat in the Hat^{닥터 수스의 더 캣 인 더 햇●}	리더스북, 영영사전
13	Trucktown^{트럭타운}	리더스북
14	PJ Masks^{파자마 삼총사◆}	그림책, 리더스북
15	Arthur^{내 친구 아서}	리더스북, 챕터북
16	Berenstain Bears^{베런스테인 베어즈}	리더스북
17	Horried Henry^{호리드 헨리●}	얼리 챕터북, 챕터북
18	Geronimo Stilton^{제로니모 스틸턴의 모험}	챕터북
19	SpongeBob SquarePants^{스폰지밥◆●}	리더스북, 얼리 챕터북, 챕터북
20	The Magic School Bus^{매직 스쿨버스◆}	그림책, 리더스북, 챕터북
21	Captain Underpants^{캡틴 언더팬츠◆●}	챕터북, 그래픽 노블
22	Hilda^{힐다◆}	챕터북, 그래픽 노블
23	The Worst Witch^{꼴찌 마녀 밀드레드◆}	챕터북

◆ Netflix^{넷플릭스} 시리즈 ● 관련 영화가 있는 경우

Q 영국식 발음의 영상, 아이가 혼란스럽지 않을까요?

대부분의 영어 영상이 미국식 발음을 사용합니다만, 때론 영국식 발음을 사용하는 영상도 있어요. [Peppa Pig페파피그]나 [Ben and Holly's Little Kingdom벤과 홀리의 리틀킹덤] 같이 영국에서 제작한 영상이 그렇습니다. 당연한 거겠지요. 간혹 영국식 발음의 영상을 보여주면 아이가 혼란스러워하시 않을까 걱정하는 엄마도 있는데요. 괜찮습니다. 아이들은 유연해서 엄마가 말해주지 않으면 크게 신경 쓰지 않아요. 느끼지 못하는 경우도 많고요.

하버드 대학교에는 인도식 영어, 중국식 영어, 러시아식 발음, 프랑스식 발음까지 수많은 버전의 영어가 있다고 합니다. 세계적으로 영어를 구사할 수 있는 인구가 점점 늘어나고 있어요. 우리 아이들이 영어를 잘해서 앞으로 어떤 기회를 얻게 될지 알 수 없어요. 그리고 그때, 꼭 미국식 영어 발음을 구사하는 사람과 함께 일하란 법은 없지요.

영국식 발음의 영상은 오히려 다양한 영어 발음을 들어볼 수 있는 좋은 기회를 준다고 생각해보세요. 쌍둥이는 발음이 영국식이냐, 미국식이냐에 신경 쓰지 않았어요. 영상을 볼 때 중요한 건 딱 하나, 바로 '이 영상이 재미있느냐, 없느냐' 오직 그것뿐이었답니다.

단계별 영어 영상 목록

1단계부터 4단계까지는 모두 시리즈 영상이고, 특별 단계는 어린이 만화 영화입니다. 영상들은 난이도에 따라 분류했지만, '영어 읽기 독립' 단계와도 얼추 맞아들어갑니다. 즉 '영어 읽기 독립' 1단계 때는 1단계의 영상들을, 2단계 때는 2단계의 영상들을 시청하면 된다는 것입니다. 다만, PART 2 첫 부분의 '영어 읽기 독립 4단계 로드맵'에 표시했듯이, '읽기 독립' 단계와 영상 목록의 단계가 기계적으로 일치하는 것은 절대 아닙니다. 아이에 따라 차이가 있게 마련이니, 1단계 때는 목록의 1, 2단계 영상을, 2, 3단계 때는 목록의 2-4단계 영상을 주로 보여주면 무리가 없을 것입니다. 넷플릭스와 디즈니 플러스의 영상은 수시로 사라지고 생성되어, 목록은 다소 변동될 수 있습니다. 이 단계별 영상 목록을 참고하셔서 아이의 취향 찾기에 집중해보세요. 가장 중요한 선택 기준은 내 아이의 취향입니다. 여기서는 1단계와 2단계 영상 목록을 보시고, 3단계~특별 단계 목록은 권말 부록에서 확인하세요.

1단계 영상 재생 시간이 보통 5~10분 정도예요. 말하는 속도가 느린 유아 수준의 영상과 아이가 어릴 적에 한국어로 시청했을 만한 영상들입니다. 한국어로 본 적 있는 영상이라면 '영어로만 시청하기'를 시도해보시고, 처음 보는 영상이라면 '한영 번갈아 보기'나 한글 자막을 활용해보세요.

2단계 영상 재생 시간이 10분 전후예요. 말하는 속도가 1단계보다 빨라지고 8세 전후의 아이들이 볼 만한 영상입니다. 디즈니 주니어의 경우, 말하는 속도가 좀 빠르지만 취학 전 아이들을 대상으로 한 영상이 많아서 벌써 초등만 돼도 시시하다고 할 수 있어요. 또 시리즈물은 디즈니 만화 영화와 달리 등장인물과 이야기를 풀어가는 과정이 일정하기 때문에, 한국어로 몇 번 시청하고 나면 배경지식이 쌓여 영어 영상도 잘 볼 수 있거든요. 그래서 말하는 속도보다는 주인공의 나이 및 주제를 반영해 2단계와 3단계에 배치했습니다.

3단계 영상 재생 시간이 10~22분 전후예요. 2단계에 비해 말하는 속도는 조금 빨라지지만, 영상 재생 시간이 훌쩍 늘어납니다. 이야기 구조가 좀 더 복잡해지고 전개가 빨라집니다. 초등 아이들이 재미있게 시청할 만한 영상이 많아지는 단계예요.

4단계 영상 재생 시간이 22분 전후예요. 영상 재생 시간만 짧을 뿐 말하는 속도가 어린이 만화 영화와 비슷합니다. 3단계보다 좀 더 자극적이고, 이야기 전개도 더 빨라져요. 말하는 속도나 이야기 구조의 난이도가 비슷해도 자극이 적은 영상은 3단계에, 자극이 좀 더 강한 영상은 4단계에 배치했습니다.

특별 단계 영상 재생 시간 한 시간 반 전후의 어린이 만화 영화입니다. 만화 영화는 초등부터 활용하면 좋아요. 단계에 크게 구애받지 않고 특별한 상황에 활용하면 좋습니다. 즉 평소에는 시리즈 영상을 주로 보여주되, 주말이나 특별한 날 한 번씩 만화 영화를 보여주는 겁니다. '영화 보는 날'을 만들어 평소와 다른 간식을 주거나 온 가족이 함께 보는 등의 이벤트로 설레는 시간을 만들어주는 것도 좋겠지요. 아이의 영어 실력이 좀 부족하다면 영어로 먼저 시청한 후에 한국어(혹은 한글 자막)로 다시 한 번 보는 것도 좋습니다.

1단계(28편)

제목	한영	넷플릭스	디즈니플러스	유튜브
뽀로로 (Pororo)	○	○	.	○
꼬마버스 타요 (Tayo the Little Bus)	○	○	.	○
로보카 폴리 (Robocar Poli)	○	○	.	○
치로와 친구들 (Chiro)	○	.	.	○
선물공룡 디보 (Dibo the gift dragon)	○	.	.	○
프래니의 마법 구두 (Franny's Feet)	○	.	.	○
클로이의 요술옷장 (Chloe's Closet)	○	.	.	○
출동! 슈퍼윙스 (Super Wings)	○	.	.	○
코코몽 (Cocomong)	○	○	.	○
행복한 퍼핀 가족 (Puffin Rock)	○	○	.	.
페파 피그 (Peppa Pig)	○	○	.	○
다니엘 타이거(Daniel Tiger's Neighbourhood)	○	○	.	○
카줍스! 엄마, 아빠는 수리공 (Kazoops!)	○	○	.	.
티시 태시(Tish Tash)	○	○	.	.
내 친구 샤크독(Sharkdog)	○	○	.	.
리틀 아인슈타인(Little Einsteins)	−	.	○	○
내 친구 티거와 푸(My Friends Tigger & Pooh)	○	.	○	.
까이유(Caillou)	−	.	.	○

제목	한영	넷플릭스	디즈니플러스	유튜브
티모시네 유치원(Timothy Goes to School)	○			○
맥스앤루비(Max & Ruby)	○			○
수퍼와이(Super Why)	–			○
무지개 물고기(THE RAINBOW FISH)	–			○
투피와 비누(Toopy and Binoo)	–			○
꼬마 거북 프랭클린(Franklin)	○			○
도라 디 익스플로러(DORA the EXPLORER)	○			
고 디에고 고!(Go Diego Go!)	○			
매직키(The Magic Key)	○			
찰리와 롤라(Charlie and Lola)	–			

2단계(38편)

제목	한영	넷플릭스	디즈니플러스	유튜브
벤과 홀리의 리틀킹덤 (Ben and Holly's Little Kingdom)	○	○		
퍼피 구조대(PAW PATROL)	○	○		
꼬마 탐정 토비 & 테리(Treehouse Detectives)	○	○		
라마라마(Llama Llama)	○	○		○
달려라 멍멍아! (Go, Dog. Go!)	○	○		
발명왕 봉봉이(Chico Bon Bon)	○	○		
저스틴 타임 GO!(Justin Time Go!)	○	○		
슈퍼 키즈 액션 팩(Action Pack)	○	○		
과학자 에이다의 위대한 말썽(Ada Twist Scientist)	○	○		
44 캣츠 (44 Cats)	○	○		
모타운 마법 뮤지컬 (Motown Magic)	○	○		
바다 탐험대 옥토넛 (Octonauts)	○	○		○
개비의 매직 하우스 (Gabby's Dollhouse)	○	○		
꼬마 로켓티어 (The Rocketeer)	○		○	
헨리 허글몬스터 (Henry Hugglemonster)	○		○	
꼬마 의사 맥스터핀스 (Doc Mcstuffins)	○		○	
보안관 칼리의 서부 모험 (Sheriff Callie's Wild West)	○		○	
골디와 곰돌이 (Goldie & Bear)	○		○	
제이크와 네버랜드 해적들 (Jake and the Never Land Pirates)	○		○	

제목	한영	넷플릭스	디즈니플러스	유튜브
아기를 부탁해! 노츠 (T.O.T.S. Tiny Ones Transport Service)	○	·	○	·
만능 수리공 매니 (Handy Manny)	○	·	○	·
미니의 리본가게 (Minnie's Bow Toons)	○	·	○	·
미키마우스 클럽하우스 (Mickey Mouse Clubhouse)	○	·	○	·
리틀 프린세스 소피아 (Sofia the First)	○	·	○	·
클리포드 퍼피 데이즈 (Clifford's Puppy Days)	–	·	·	○
클리포드 빨간 큰개 빅빅 (Clifford the Big Red Dog)	–	·	·	○
출동! 소방관 샘 (Fireman Sam)	–	·	·	○
올리비아 (Olivia)	–	·	·	○
리틀 베어 (LITTLE BEAR)	–	·	·	○
구름빵 (Cloud Bread)	○	·	·	·
안젤리나 발레리나 (Angelina Ballerina)	–	·	·	○
트리푸톰 (Tree Fu Tom)	–	·	·	○
드래곤 테일즈 (Dragon Tales)	–	·	·	○
마마 미라벨의 동물극장(MaMa Mirabelle's Home Movies)	–	·	·	·
미스 스파이더와 개구쟁이들 (Miss Spider's Sunny Patch Friends)	–	·	·	○
아기공룡버디 (DINOSAUR TRAIN)	○	·	·	○
리틀 프린세스 (Little Princess)	–	·	·	○
바바파파 (Barbapapa)	–	·	·	·

★영상을 제공하는 OTT, 유튜브 등의 운영 방침에 따라 변동될 수 있음.

04

모국어가 완성된
6세 이상의 아이라면

어느덧 엄마 경력 12년 차가 되었습니다. 강산도 변한다는 10년이 넘는 긴 시간이 흐르고 나니 초보 엄마 때는 몰랐던 것들이 보입니다. 아이들은 한 살이라도 어릴 적에 엄마 말을 더 잘 듣는다는 거예요. 책 읽어주기를 예로 들면, 아무것도 모르던 까꿍이 때는 엄마가 책을 읽어주면 그저 말똥말똥한 눈으로 쳐다볼 뿐입니다. 서너 살 정도 된 아이들은 어떨까요? 그래도 아직은 엄마가 읽어주면 앉아서 이야기를 듣습니다(일찌감치 더 재미난 세상을 알아버린 아이들은 이때도 다른 곳으로 가버리기 일쑤지만요). 하지만 초등학생 정도가 되면 어떨까요? 네, 정말 많이 힘듭니다.

한글책을 읽어주어도 싫다며 도망가는 아이에게 영어책을 읽어준다고 하면, 아이의 반응이 어떨까요? 특별한 경우를 제외하고, 이미 우리말을 충분히 알아버린 아이들은 영어라는 낯선 언어로 무언가를 한다는 것 자체를 서부합니다. 이런 상황에서는 무작정 '영어책 읽기'를 진행하기보다 아이 마음을 여는 것이 우선입니다. 아이도 엄마도 마음 상하는 일은 없어야 하니까요.

한 걸음,
동기 부여가 필요해요

해마다 새해가 되면 대통령은 국민들에게 신년사를 통해 비전을 제시합니다. 회사에서도 직원들의 목표 달성을 위해 비전을 제시하지요. 왜일까요? 멋진 비전을 보여주면 동기 부여가 되기 때문입니다. 이미 우리말을 완전히 습득한 6세 이상의 아이들에게, 영어라는 낯선 언어를 혹은 지지부진하게 끌어온 엄마표 영어를 본격적으로 꾸준히 진행하기 위해서는 동기 부여가 필요합니다.

쌍둥이들의 경우, 엄마가 바쁘면 '영어책 읽기'를 쉬는 일이 비일비재했습니다. 반면에 책을 좋아하는 아이로 자라 있었기에 한글책은 꾸준히 읽었지요. 그로 인해 한글책과 영어책의 격차는 날로 심해졌고, 결국 아이들의 흥미와 재미에 따라 영어책을 자유롭게 읽히는 데 한계에 부딪히고 말았습니다. 왜 영어를 해야 하는지, 왜 영어책을 읽어야 하는지 비전 제시를 통해 동기 부여를 해야 할 때가 되었다고 판단하고 제 꿈을 활용했습니다.

"엄마 꿈이 뭐지?"

"여행 작가!"

"맞아. 엄마는 세계 여러 나라를 여행하고 싶어."

"우린 놔두고 혼자 갈 거야?"

"아니, 쌍둥이랑 아빠랑 모두 같이 가야지. 그런데 문제가 하나 있어. 외국 식당에서 음식 주문을 제대로 못해 맛있는 음식을 못 먹으면 어쩌나 걱정이야."

"왜?"

"엄마가 영어로 말하면 발음이 안 좋아서 외국인들이 못 알아들을 수 있거든. 쌍둥이가 말하면 발음이 좋아서 외국인들이 잘 알아들을 텐데."

"그럼, 우리가 말하면 되잖아!"

저는 이때를 놓치지 않았습니다.

"쌍둥이가 외국에 가서 영어로 말을 잘하려면 꾸준히 영어책을 읽어야 해. 영어는 평소에 사용할 일이 없어서 책을 읽지 않으면 자꾸 잊어버릴 거야."

"알겠어, 엄마. 그럼 매일 읽을게."

쌍둥이는 여행 작가가 꿈인 엄마로 인해 외국에 대한 기대가 큽니다. 그리고 음식을 굉장히 좋아해서 맛있는 음식이라면 자다가도 벌떡 일어나는 아이들이에요. 그래서 이 부분을 공략한 겁니다.

'외국에서 맛있는 음식을 먹으려면 영어를 잘해야 한다. 영어를 잘하려면 영어책을 꾸준히 읽어야 한다.'

아이마다 성향이 다르고 집마다 환경이 다르니 내 아이가 잘 낚일 (?!) 수 있는 비전을 고민해보세요. 제 블로그의 한 이웃님은 놀이공원을 굉장히 좋아하는 일곱 살 딸아이와 미국에 있는 디즈니랜드에 가기로 약속하고, 아이에게 그때 영어를 잘 못하는 엄마 대신 미국인과 대화해 달라고 부탁했답니다. 어떤가요? 핵심은 '내 아이가 좋아하는 것'입니다.

두 걸음, 적절한 보상을 이용해보세요

영어책을 매일 읽겠다고 다짐한 아이의 약속은 잘 지켜질까요? 하루, 이틀만 잘 지켜도 대단한 겁니다. 쌍둥이도 첫날은 잘해요. 문제는 그다음입니다. 시간이 갈수록 아이는 목표를 잊어버려요. 솔직히 언제 이탈리아에 가서 젤라또를 먹을지 알 수가 없으니까요.

목표를 향해 달려가는 것은 어른도 쉽지 않은 일입니다. 하물며 뛰어노는 것이 세상에서 가장 좋을 나이인 아이에게는 더더욱 어려운 일이지요. 아이가 약속을 지킬 수 있도록 조금만 도와주세요. 아이가 한 걸음을 내딛으면, 그 앞에 아이가 좋아하는 달콤한 과자를 놓아주는 겁니다. 그 과자를 먹으려고 또 한걸음 내딛으면, 그 앞에 또 과자를 놓고요. 그럼 어느샌가 목표 지점에 도착해 있는 아이를 볼 수 있을 겁니다.

칭찬 스티커 판을 활용해, 아이가 일정량의 영어책을 다 읽을 때마다 노력을 칭찬하고 보상하는 방법도 있습니다. 꾸준히 할 수 있는 장치를 마련해주는 것으로, 내 아이가 혹할 만한 보상과 적정한 보상 기간을 찾아내는 것이 중요합니다.

저는 몇 번의 시행착오 끝에, 아이들의 나이를 고려해 스티커 21개를 붙이면 보상을 받는 포도 스티커 판을 만들었어요(이때가 쌍둥이 일곱 살이었어요). 하루에 영어책을 세 권씩 일주일을 읽으면 보상을 받는 스티커 21개를 붙이면 2,000원을 주었고, 받은 2,000원으로는 주말에 '천원 마트'로 가서 쇼핑을 했습니다. 스스로 번 돈이라는 자부심을 갖게 되었고, 원하는 것을 살 수 있다는 것에 행복해했어요. 평소 같으면 아이들이 사는 물건을 제한했겠지만, 스스로 번 돈이기에 그 어떤 것을 사도 말리지 않았어요. 덕분에 쌍둥이는 돈을 버는 것이 쉽지 않다는 것, 돈이 있으면 갖고 싶은 물건을 살 수 있다는 것도 배웠습니다.

스티커 3개 × 7일
= 스티커 21개

그러나 아이들은 그렇게 번 돈으로 쇼핑하는 것에 흥미를 잃어갔어요. 2,000원으로 살 수 있는 물건은 내구성이 그리 좋지 않았거든요. 열심히 영어책을 읽고 번 돈으로 산 물건이 쉽게 망가지니 아까운 눈치였습니다. 그래서 아이들에게 제안을 하나 했어요. 엄마의 꿈은 세계 여행을 하는 것인데 쌍둥이도 함께 가고 싶으면 돈을 내야 한다고요. 아이들은 그런 게 어디 있냐고 했지만, 비행기 표만 해도 100만 원이라는 말에 금방 수긍했습니다. 비행기 표 살 돈만 모으면 숙식 및 기타 비용은 엄마 아빠가 제공하겠다고 오히려 큰소리를 쳤지요. 그 후로 쌍둥이는 영어책을 읽고 받은 돈과 가끔 친척 어른들이 주시는 용돈을 모두 저축하고 있습니다.

보상을 할 때는 아이의 성향과 나이를 꼭 고려해 내 아이가 어떤 선물을 좋아할지, 또 어느 정도의 기간을 정하면 잘 따라올지를 가늠해 반영하세요. 아이가 지치기 직전에 보상을 하는 것이 중요하고, 보상은 최대한 작게 시작하세요. 아이가 영어를 모국어처럼 습득할 때까지 꽤 오랜 시간 보상 시스템을 운영해야 하니, 너무 큰 보상은 주지 않는 것이 좋습니다. 참고로 쌍둥이는 일곱 살 때부터 초등학교 4학년까지 보상 기간만 달리했을 뿐, 특별한 경우를 제외하고는 영어책 한 권을 읽으면 100원 주는 것을 그대로 유지했어요. 그리고 이 보상 시스템은 '영어 읽기 독립' 4단계를 전후로 서서히, 자연스럽게 사라졌답니다.

세 걸음,
작은 성공의 반복이 필요해요

사실 처음 몇 개월은 어려울 겁니다. 한글책을 읽어주어도 싫다는 아이에게 영어책의 재미를 알게 해주어야 하는 것은 물론, 엄마도 아이도 영어책 읽기를 습관으로 만들어야 하는 시간이니까요(아이가 한글책을 좋아하면 좋아하는 대로, 재미난 한글책을 놔두고 낯선 영어책을 읽어야 하는 것이 싫을 거예요). 하지만 매일 꾸준히 아이에게 영어책을 읽어준 지 3개월 정도가 지나면, 조금씩 변화가 느껴지기 시작합니다. 먼저 아이는 엄마가 읽어주는 영어책을 듣고 보면서, 조금씩 아는 영어 단어(소리와 뜻)가 생기고 간단한 문장(소리와 뜻)을 알아듣기도 합니다. 자신의 영어 실력이 조금씩 올라가는 것을 스스로도 느끼게 됩니다. 엄마도 영어책 읽어주는 것이 습관이 되고 요령이 생기면서 조금씩 수월해집니다.

이때부터가 본격적인 시작입니다. 아이가 이 작은 성공을 계속 반복할 수 있도록 도와주셔야 해요. 뒤에서 말씀드리겠지만, 나중에는 전자펜이나 음원이 엄마를 대신해줄 겁니다. 시간이 갈수록 엄마가 할 일은 아이가 좋아할 만한 영어책과 영상을 찾는 일, 그리고 꾸준히 할 때는 적절한 보상과 칭찬을 듬뿍 하고 힘들어할 때는 다독이는 것이 전부가 될 겁니다.

엄마의 섬세한 전략을 통해 영어를 왜 해야 하는지 목표를 세우고, 그 목표를 달성하기 위해 매일 해야 하는 작은 일을 실천하면서,

주기적으로 보상을 받은 아이는 반복적으로 작은 성공을 맛보게 됩니다. 그 작은 성공이 쌓이면 아이는 성공의 선순환을 스스로 깨닫게 됩니다. 신기하지요. 이렇게 경험한 성공의 선순환은 훗날, 아이의 다른 과목 공부에도 영향을 줍니다.

쌍둥이에게는 수학이 그랬어요. 기본 연산은 물론 구구단 하나도 외우지 않고 초등학교에 입학한 아이들은 수학을 힘들어했어요(궁금했습니다. 학교 공부만으로도 수학을 따라갈 수 있는지요). 어느 날 "난 수학이 싫어"라는 아이들에게 영어처럼 어려서부터 조금씩, 꾸준히 했다면 수학도 쉬웠을 거라고 했어요. 그러자 쌍둥이는 "엄마, 수학도 해주지" 하며 아쉬워하더군요(쌍둥이는 영어를 잘하는 것이 어려서부터 꾸준히 영어책을 읽고, 영어 TV를 본 덕이라는 것을 알고 있답니다). 그 이후 매일 수학 문제집을 2페이지씩 풀기로 약속했습니다. 쉽지는 않습니다. 하지만 힘들어할 때마다 말해줍니다.

"영어처럼 수학도 꾸준히 하면 분명 쉬워져. 조금만 참고 해보자."

그렇게 조금씩 어르고 달래서 걸어왔더니, 문제 푸는 요령도 생기고 이해도가 높아지면서 학교 수학 시험에서 늘 높은 점수를 받아오고 있어요. 이제 아이들은 어떤 과목이든, 어떤 일이든 잘하고 싶은 것이 있으면 노력을 합니다. 목표를 세우고 꾸준히만 하면 무엇이든 이룰 수 있다는 것을 벌써 알아버렸으니까요.

05

차고 넘치면
저절로 나오는 아웃풋!
'영어 말하기'

많이 들으면
정말 영어로 말할 수 있나요?

아이에게 영어 소리를 충분히 들려주면 놀라운 일이 벌어집니다. 영어책에 나왔던 문장이나 영상에 나왔던 주인공의 대사를 아이가 옹알이처럼 따라 하는 순간이 찾아오는 건데요. 믿기 어려우시다면, 세상에 태어난 아이가 처음으로 '엄마'라고 말했던 순간을 떠올려보세요. 우리는 아이에게 부지런히 말을 걸었고, 아이는 '엄마'라는 단어를 서툴게 내뱉었습니다. 귀로 듣고 또 들으면 결국 '말하기'로 터져나와요. 이것이 바로, 언어 습득 천재로 태어난 전 세계 모든 아이가 모국어를 습득했던 원리입니다.

충분히 들으면 자연스럽게 따라오는 것이 '말하기'이니, 우리는 그저 '영어책 읽어주기'와 '영상 보여주기'를 통해 꾸준히 영어 소리를 들려주면 됩니다. 아이에게서 언제 아웃풋이 나올지 생각하지 않고 묵묵히 걸어가는 것이 좋습니다. 옆집 아이는 영어유치원을 다니며 벌써 영어로 말을 한다는데, 친구 아들은 벌써 영어 챕터북을 술술 읽는다는데, 하며 비교하면 안 돼요. 비교하는 순간, '비교 지옥'이라는 악몽이 시작될 테니까요.

다만 영어 말문이 열리는 시기나 정확성은 모국어를 배울 때처럼 아이마다 다릅니다. 보통 아이가 어릴수록 영어도 빨리 꺼내 놓습니다. 어린아이는 말을 배울 때 '내가 한 말이 틀리면 어쩌나', '발음이 이상하면 어쩌나'라고 걱정하지 않거든요. 넘어지고 또 넘어져도 다시 일어나서 걷는 것처럼, 틀리고 또 틀려도 다시 말합니다(틀렸다는 것조차 인지하지 못하지요). 말은 자꾸 입 밖으로 꺼내 놓아야 유창해지는데, 열 살 전후만 되어도 아이는 실수를 신경 쓰게 됩니다. 틀리는 걸 신경 쓰다 보면 말을 덜하게 되고, 말을 덜하면 실력도 더디게 올라가는 거죠.

또 평소에 말하는 걸 좋아하고 적극적으로 자신의 생각을 표현하는 외향적인 아이가 영어도 빨리, 더 많이 말합니다. 말수가 적은 아이, 내향적인 아이는 영어 소리를 충분히 들었어도 겉으로 잘 꺼내 놓지 않아요. 이런 아이들에게 낯선 영어로 말하는 것은 쑥스럽고, 어색한 일입니다. 엄마 입장에서는 하루라도 빨리 영어로 말을 했으면 싶지만, 중요한 건 이 아이들도 모국어로 충분한 의사소통이 가능하다는 겁니다. 성격은 아이마다 다 다르지요. 깊이 생각하고 신중하게 말하는 성격일 수도 있으니 기다려주어야 합니다.

하지만 너무 오래 기다리다 보면 엄마가 지칠 수도 있고, 마음고생이 깊을 수도 있겠지요. 이럴 때는 아이의 나이나 성향과 상관없이 영어 아웃풋을 자연스럽게 이끌어낼 수 있는 방법과 환경을 적극적으로 만들어볼 수 있습니다.

자연스럽게
'말하기'를 이끌어내는 방법

✿ 노래

어려서부터 엄마랑 동요와 율동을 신나게 즐긴 쌍둥이는 흥이 많고 노래를 좋아합니다. 이런 쌍둥이의 취향을 고려해 책의 내용을 신나는 노래와 챈트로 불러주는 《씽씽 잉글리쉬》 영어 전집을 아이들 세 살 때 구입했어요. 덕분에 짧고 반복적인, 흥겨운 리듬에 맞추어 춤을 추기도 하고 노래를 따라 부르는 등 영어 아웃풋을 빨리 만날 수 있었습니다. 노래에는 영어 소리를 충분히 듣지 않은 아이에게서도 아웃풋을 끌어내는 힘이 있더라고요. 흥겨운 멜로디를 반복해서 듣다 보면 자기도 모르게 몇 소절을 따라 부르게 되는 거죠.

[영어 독립 꿀정보](94페이지)에 노래가 좋은 그림책을 표시해두었으니, 엄마가 먼저 유튜브를 통해 들어보세요. 마음에 드는 책의 내

용을 읽어주고 노래를 들려주다 보면, 아이가 반응을 보이는 노래가 있을 거예요. 그러면 엄마가 먼저 즐거운 듯 흥얼흥얼 불러보는 겁니다. 평소에 슬쩍 틀어두기도 하면서요. 아주 조금이라도 아이가 아웃풋을 꺼내 놓으면 한껏 칭찬해주세요. 그렇게 조금씩 이끌어내다 보면 영어 아웃풋이 점점 늘어난답니다.

실전 노하우

쌍둥이들은 쉬운 단어가 많을수록, 반복되는 단어나 문장이 많을수록 잘 따라 했어요(물론 좋아하는 노래 중에서요). 그러니까 책의 내용을 노래로 부르는 것이 영상의 주제곡을 바로 부르는 것보다 쉽다는 거예요. 주제곡은 말이 빠르고, 다소 어려운 단어도 포함되어 있어서 초기에 따라 부르기는 어렵더라고요. 그러니 처음에는 따라 하기 쉬운 책의 노래부터 조금씩 활용해보세요. 시간이 흘러 아이가 영어에 익숙해지면, 재미있게 시청하는 영상의 주제곡도 따라 부를 수 있습니다.

✿ 대사가 재미난 책이나 영상

쌍둥이가 평소보다 좀 더 많은 영어 아웃풋을 꺼내 놓을 때가 한 번씩 있었어요. 〔피터팬〕 영어 영상을 재미있게 봤던 여섯 살 때는 등장인물의 대사와 주제곡을 조금씩 따라 했고요. 《Horrid Henry Early Reader^{호기심 대장 헨리}》와 〔Sponge Bob SquarePants〕 영어 영상에 푹 빠졌던 초등학교 저학년 때는 등장인물의 영어 대사를 마구 따라 하면서, 자연스럽게 응용까지 했습니다. 유독 많은 영어 아웃풋을 꺼내 놓은 시기를 보면, 그 뒤에는 항상 대사를 재미나게 읽어주는 음원이 있는 책과 영상이 있었어요. 이 구어체를 사용하는 대사가 재미난 책과 영상은 아이에게 '말하기'를 모방할 수 있는 대상이 되어줍니다(드라마나 영화 속, 재미있는 대사는 우리도 종종 따라 하잖아요).

《Horrid Henry Early Reader》는 대화가 굉장히 많은 책이에요. 특히 책의 내용을 읽어주는 오디오 CD는 영국의 유명 배우 미란다 리처드슨(Miranda Richardson)이 생동감 넘치는 목소리로 악동 호리드 헨리를 완벽하게 재현했다고 평가받고 있습니다(배경음악과 효과음도 정말 재미있어요). 그 결과 'Spoken Word Awards'라는 상까지 받았습니다. 어른인 제가 들어도 정말 재미있어요(Don't be Horrid Henry!!! 아이들의 음원을 흘려들은 저도 몇 문장 외우고 있어요). 그래서 쌍둥이는 Horrid Henry만은 영상보다 책을 훨씬 더 좋아합니다. 책은 보고 또 봐도, 영상은 몇 번 보고는 안 보고 있어요.

또 〔SpongeBob SquarePants〕는 한창 유치한 걸 좋아하는 초등 쌍둥이의 취향을 제대로 저격한 영상이에요. 이 영상을 볼 때마다 배꼽을 잡았던 쌍둥이는 한동안 등장인물의 대사를 흉내 내고 수시로 역할극을 하며 놀았습니다.

내 아이가 너무 좋아해서 폭 빠져서 읽고 시청할 수 있는 영어책과 영상을 꾸준히 찾아주세요. 영어 소리 인풋을 확보하는 것은 물론, 아이가 정말 좋아하는 캐릭터를 만났을 때, 등장인물의 대사를 자연스럽게 따라 하면서 '영어 말하기' 효과까지 보게 된답니다.

아이의 아웃풋을 빨리 만난 엄마들의 공통점

아이의 영어 말하기를 좀 더 잘 이끌어내는 '방법' 외에 '환경'도 있습니다. 엄마표 영어는 아이가 스스로 영어를 잘해보겠다고 열심히 달리는 학습이 아니에요. 아이가 영어를 모국어처럼 자연스럽게 습득할 수 있도록 환경을 만들어주는 겁니다. 좋은 환경을 제공해 아이의 아웃풋을 좀 더 빨리 만난 엄마들의 공통점은 이렇습니다.

첫째는 아이가 좋아하는 영어책과 영상을 끊임없이 찾았습니다. 엄마가 마음에 드는 영상이 아니라, 다른 집에서 대박 났다는 영어책이 아니라, 바로 내 아이가 좋아하는 영상과 책을 꾸준히 찾아서 들려주고 보여줍니다. 하루에 영어책을 세 권 읽기로 한 아이도 재미있으면 한 번 더 읽어달라고 하고요. 영상 보는 시간이 끝났어도, 재미있으면 한 편만 더 보여달라고 조르거든요. 그렇게 정해진 양보다 더 많이 보고 들으면, 아웃풋도 더 빨리 나오게 됩니다.

둘째는 꾸준함입니다. 비가 오나 눈이 오나 꾸준히 영어 소리를 들려준 경우입니다. 꾸준한 반복은 엄청난 힘이 있어요. 오늘 아이가 영어책을 읽다가 'apple(사과)'이라는 단어를 인지했다면, 이 단어가 최대한 빠른 시간 내에 반복될수록 'apple'이라는 단어가 장기기억 장치로 넘어갑니다. 반복되는 횟수가 늘어날수록 우리 뇌는 중요하다고 판단하기 때문입니다. 솔직히 스스로 꾸준히 하는 아이는 드물어요. 결국 아이가 영어를 스스로 즐길 때까지, 엄마가 얼마나 꾸준히 자연스럽게 이끌었느냐가 중요합니다.

셋째는 엄마의 칭찬 반응입니다. 말은 자꾸 입 밖으로 꺼내 놓아야 유창해지는데, 열 살 전후만 되어도 아이들은 틀리는 것을 신경 쓰기 시작합니다. 그러니 아이가 틀리는 것에 신경 쓰지 않도록 칭찬을 많이 해주세요. 어떤 집은 아이의 아주 작은 아웃풋에도 환호하고, 어떤 집은 아이가 유창하게 영어로 말을 해도 시큰둥합니다. 오히려 아이의 아웃풋이 정확하지 않다며 어른의 기준으로 아이의 흥을 깨버리기도 합니다. 우리말도 처음부터 완벽하게 구사한 아이는 없어요. 아이가 처음 모국어를 배울 때처럼 대해주세요. 엄마의 칭찬이 아이를 한 번이라도 더 말하게 한답니다.

아이가 영어로
말하고 싶어 해요

영어 소리를 충분히 들은 아이들에게서 나타나는 공통점이 있습니다. 옹알이를 시작으로 조금씩 영어로 말을 한다는 겁니다. 제 블로그에 꾸준히 오던 한 엄마는 1년 동안 열심히 아이의 영어 인풋에 신경 썼어요. 아이의 아웃풋은 언제가 나오겠지 하면서 기다리고 또 기다린 거죠. 외동인 여섯 살 아이에게《ORT》를 꾸준히 챙겨 읽어주었더니, 1년이 채 되기도 전에 아이가 책에 나오는 대사를 말하며 놀았습니다. 하루를 보내며 수시로《ORT》의 내용을 꺼내 놓아 엄마를 놀라게 했어요. 또 다른 엄마는 일곱 살 아이가 한동안 영어 영상에 푹 빠져서 시청하더니 '영어로 혼자 말하기'를 시작했다고 했습니다.

영어로 말을 걸어주지도 않고, 누가 옆에서 대화를 받아주지도 못하는데 정말 혼자서도 가능한 걸까 의문을 갖는 분들도 많습니다. 정말 나옵니다. 신기하게도 충분히 들은 아이들은 영어라는 말을 어느 순간 폭발하듯이 꺼내 놓았습니다. 이런 순간이 오면, 어떻게 해야 할까요? 자연스럽게 하면 됩니다. 아이가 영어로 혼자 말하고, 노래하는 것을 즐기면 그냥 두면 되고요(그저 잘한다고 칭찬만 하면 됩니다). 자신이 알고 있는 영어를 직접 사용해보고 싶어 하는 아이라면, 방법을 찾아 도와주면 됩니다.

쌍둥이들 아홉 살 때, 엄마인 저의 영어 실력을 좀 높이고자 전화 영어를 한 적이 있어요. 당시 옆에서 호기심을 갖고 지켜보던 쌍둥이는 자기들도 영어로 말해보고 싶다고 했어요. 화상영어라면 모를까, 목소리로만 대화해야 하는 전화영어를 했다가 자칫 아이들이 제대로 대화하지 못해 상처를 받게 될까 걱정돼 처음에는 반대했어요. 대화라는 것이 단순히 말을 주고받는 것도 있지만, 얼굴을 보고 눈 맞추고, 몸짓이나 손짓을 보면 더 많은 내용을 이해할 수 있기 때문에 나중에 화상영어 쪽으로 이끌어주려 했거든요. 하지만 아이들의 원하는 마음이 너무 강해서 결국 전화영어를 시켜주었는데, 결과는 완전 놀라웠습니다. 물론 영어 선생님이 아홉 살 아이의 수준에 맞추어 말을 걸어주었겠지만, 아이들은 어느새 교재에 나와 있는 이야기를 넘어 일상 대화를 주고받고 있었어요. 그것도 웃으며 말입니다. 웃으며 자신의 오늘 일과를 이야기하고, 좋아하는 피아노와 태권도, 축구에 대해 이야기했어요.

그렇게 몇 개월간 전화영어를 통해, 지금까지 진행해온 엄마표 영어에 확신을 갖게 되었습니다. 그래서 계속했냐고요? 그렇지는 않았어요. 그 몇 개월로도 충분하다고 판단했습니다. 쌍둥이라서 둘이서 영어로 대화를 할 수 있으니까요. 다양한 놀이를 하면서 수시로 영어로 대화하는 아이들이기에, 충분히 놀기에도 부족한 날들이라 전화영어를 더 신청하지는 않았어요. 이렇게 방법은 있습니다. 아이가 영어로 대화하는 것을 원한다면, 처음에는 화상영어를 추천합니다. 꾸준히 진행해도 좋고, 아이가 한 번 해봤는데 이 정도면 괜찮은 것 같다고 하면 그만해도 됩니다. 이 부분 역시, 우리 집과 내 아이에게 맞춰 유연하게 진행해보세요.

Q 아이의 잘못된 영어 발음, 고쳐주어야 하지 않을까요?

그저 묵묵히 영어라는 소리를 들려주면, 어느 날 아이가 영어로 말하기 시작할 거예요. 당연히 어설플 거고요. 이때, 아기가 '엄마'라는 말을 처음 했을 때처럼 감탄하고 칭찬해주세요. 칭찬을 받은 아이는 엄마가 좋아하는 행동, '말하기'를 더 열심히 할 거예요. 반면에 발음이 틀렸으니 다시 말해봐라, 무슨 뜻인 줄은 아느냐고 다그친다면, 아이의 '영어 말하기'는 쏙 들어가버릴 거예요. 언제 다시 나올지 기약도없이 말입니다.

아이의 아웃풋에는 '무조건 칭찬만' 해주세요. 그래도 틀린 부분은 고쳐주어야 하는 거 아닌가 하는 생각이 들 수도 있어요. 그런 생각이 들 때마다 모국어 습득 과정을 떠올려보세요. 이제 두 돌 된 아이가 할아버지를 보고 '하부지'라고 불렀어요. 정확하게 발음할 때까지 고쳐주셨나요? 아니지요. 엄마가 특별히 신경 쓰지 않았는데도, 아이의 발음은 자라는 동안 자연스럽게 수정되었습니다. 마찬가지예요. 수없이 많은 영어 영상과 책을 읽어주는 음원의 소리를 들으며, 시간이 지남에 따라자연스럽게 수정될 것이니 걱정하지 마세요.

06

듣고 말한다면
'읽기'를 준비하세요

'충분한 듣기' vs. '적당한 듣기'

아이에게 영어책을 읽어주고 영어 영상을 보여주다 보면, 유혹이 하나 찾아옵니다. 바로 '읽기'입니다. '엄마가 언제까지 영어책을 읽어주어야 하는 걸까?' 하고 지친 마음에 의문이 생깁니다. 옆집 혹은 온라인상의 다른 집 아이들을 보니, 영어 원서를 술술 읽고 있어요. 우리 아이도 저랬으면, 하고 부러운 마음이 찾아옵니다. 어찌 그리 잘 아느냐고요? 제가 그랬습니다.

누구나 한 번쯤 거쳐 가는 과정일 뿐이더라고요. 저는 이 유혹이 쌍둥이 일곱 살 때 찾아왔어요. 인터넷에서 쌍둥이 또래 아이들이 영어책을 술술 읽는 모습을 보니 부럽더라고요. 또 쌍둥이가 스스로 영어책을 읽을 수만 있다면, 오디오 CD나 전자펜이 필요하지 않으니 영어책 구입 비용이 줄어들 거라는 기대도 한몫했습니다.

하지만 어떻게 영어를 떼고 '읽기 독립'을 할 수 있는지 방법을 전혀 몰랐기에 이런저런 방법을 시도하고 실패하기를 반복했어요. 새로운 방법을 아이들이 싫어하면, 전자펜으로 재미난 영어책을 읽고 영어 영상을 신나게 시청하는 예전으로 돌아갔어요. 저와 달리 이 시기에 아이에게 '읽기'를 강경하게 진행하다가, 엄마표 영어가 '습득'에서 '학습'으로 변질되는 모습을 종종 봤습니다.

서두르지 마세요. 엄마가 열심히 푸시 하면 당장은 조금 더 앞서 나가는 것처럼 보일 수 있습니다. 잠시나마 영어책을 읽어내는 모습에 뿌듯할 수도 있어요. 하지만 이 아이들은 얼마 가지 못해 '학습'으로 변질된 영어에 지치고, 한계에 부딪히게 됩니다. '듣기'는 조금 되지만 '말하기'는 안 되고, 영어 문장을 읽을 수는 있지만 내용 이해를 위해 단어와 문법 공부를 해야만 하는 상황. 어쩐지 좀 익숙하지 않으신가요?

우리는 지금 그 정도를 바라고 열심히 영어책을 읽어주고, 영어 영상을 보여주는 것이 아니잖아요. 그 정도는 부모의 도움도 사교육도 없이, 중학교부터 공교육으로만 영어를 배운 우리도 이루었던 수준입니다. 우리가 우리 부모님들보다 더 많은 공을 들이고 있는 이유는 아이들이 영어의 압박으로부터 자유로워지길 바라기 때문이잖아요. 모국어를 습득했던 순서(듣기, 말하기, 읽기, 쓰기)대로 진행하면 영어도 한국어처럼 자유롭게 구사할 수 있습니다.

'적당한 듣기'가 아닌 '충분한 듣기'를 한 후에 '읽기'로 넘어가야 합니다. 당장은 조금 느린 듯 보일 겁니다. 하지만 영어책과 영상을 통해 즐겁게 영어 소리를 충분히 들은 아이들은 영어를 좋아하게 됩니다. 조금만 더 기다려 주세요. 충분히 들은 아이들은 때가 되었을 때, 약간의 스킬만 알려주면 자연스럽게 '읽기'로 넘어갈 수 있습니다.

'읽기' 시작 시점의 판단은
'말하기'로

좀 더 구체적으로 '충분한 듣기'인지 '적당한 듣기'가 되고 있는지 확인할 수 있는 방법을 알려드리겠습니다.

첫 번째는 아이가 영어로 말을 하는 경우입니다. 아이가 영어로 말을 할 수 있다는 건, 영어라는 언어의 구조가 자리 잡았다는 겁니다. 두 번째는 아이가 영어책과 영상을 보며 깔깔 웃는 경우입니다. 영어로 말은 잘 안 하더라도 영어책과 영상을 보며 웃는다면, 그것은 내용을 이해하고 있다는 뜻이니까요. 영어책과 영상의 단계를 조금씩 높여 보세요. 단계가 올라가는데도 잘 듣고 본다는 것은 잘 이해하고 있다는 확실한 증거입니다. 다만, 둘 중 하나의 경우라고 해도 '읽기'는 최소한 6세 이후, 그리고 한글을 뗀 이후에 진행하시길 추천합니다. 일찍 시작하면 고생문이 훤하고, 한글 떼기도 아이에게는 쉬운 일이 아니기에 시간 간격을 두고 진행하는 것이 좋습니다. 다음 질문에 Yes or No로 대답하면서, 아이가 '영어 읽기'를 시작해도 되는지 체크해보세요.

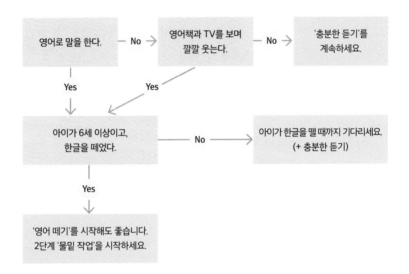

단, '영어 떼기'를 시작할 준비가 되었고, 아이가 영어책을 조금씩 읽는다고 해서 '듣기'를 멈추면 안 됩니다. '읽기 독립'이 완성될 때까지 '듣기'는 계속되어야 합니다. 아이가 '영어 읽기 독립'을 끝내고 나면, 아마도 영어책 음원을 들을 일은 거의 없을 거예요. 그 자리는 '영어 영상 보기'가 혼자 끌고 갈 겁니다.

그럼, 본격적인 '읽기'를 위한 '물밑 작업(2단계)'을 시작하겠습니다.

초2부터 활용하는
따라잡기 기술 ①

· · ·

1단계(충분히 듣기)와
2단계(물밑 작업) 함께 진행하기

한글책 독서 수준이 높거나 초등 고학년인 아이에게 아주 쉬운 영어책은
시시할 수 있어요. 이 아이들의 경우, 1단계와 2단계를 함께 진행해 조금
빠르게 3단계에 진입할 수 있도록 도와줄 수 있습니다. 아이가 갖고 있는
언어 능력 중에 가장 빠르게 발달하는 '듣기'를 적극 활용하면, 아이가 원
하는 수준의 영어책을 들으며 읽을 수 있거든요. 비록 '들으며 읽기'일지라
도 자신의 수준에 맞는 영어책을 읽을 수 있기 때문에, 영어책에 대한 흥미
를 잃지 않을 수 있는 거죠.

다만, 아이가 영어를 재미있는 존재로 받아들이기 위해서는 쉽고 만만해
야 합니다. 쉽고 만만하려면 아주 쉬운 단계부터 천천히, 한 단계씩 올라가
는 것이 좋습니다. 그러니 한글책 독서 수준이 높거나 초등 고학년생 등 상
황이 긴박한 경우에만 이 방법을 활용해주세요. 진행하는 중에라도 아이
가 힘들어하면 바로 멈추고 1단계부터 천천히 진행해주세요.

그럼 구체적인 진행 방법을 알려드리겠습니다. 언제나 아이에 맞게 적절히 변형하여 진행해보세요(단, 뒤에 나오는 2단계와 3단계 내용을 충분히 읽어본 후에 적용해주세요).

> **1) 1개월**
> 1단계(충분히 듣기) 진행 + 기초적인 영어 단어 인지시키기
>
> **2) 1~3개월**
> 같은 책을 가지고, 1단계(충분히 듣기)와 2단계(물밑 작업) 함께 진행하기
> ⓐ 첫 번째는 엄마가 편안하게 읽어주기(아이는 편안하게 그림을 봅니다) : 1단계
> ⓑ 두 번째는 영어 문장을 손가락으로 짚어가며 읽어주기(아이도 문장을 따라가요) :
> 2단계
>
> **3) 1~3개월**
> 같은 책을 가지고, 1단계(충분히 듣기)와 3단계(들으며 읽기) 함께 진행하기
> ⓐ 첫 번째는 엄마가 편안하게 읽어주기(아이는 편안하게 그림을 봅니다) : 1단계
> ⓑ 두 번째는 음원을 들으며 문장을 따라가기(엄마 손으로 문장을 짚어주세요) :
> 3단계
>
> **4) 본격적으로 3단계(들으며 읽기) 진행**

● 우선 첫달은 아이가 낯선 영어에 익숙해질 수 있도록 쉬운 영어책을 즐겁게 읽어주세요. 이때 책의 내용 외에 가족, 물건, 과일, 음식 등의 그림이 등장할 때마다 상호작용(1단계 84페이지 참고)을 통해 기초적인 영어 단어(명사 위주)를 인지시켜 주세요. 아이의 부담을 줄이기 위해 재미나게 진행해주세요.

● 그다음 달이 되면, 1단계(충분히 듣기)와 2단계(물밑 작업)를 함께 진행합니다. 예를 들면 《Reading Adventures Level 1 Disney Princess》나

《ORT》처럼 쉬운 영어책을 한 번은 그냥 읽어주고, 그다음에는 같은 책을 영어 문장의 단어 하나하나를 손가락으로 가리키면서 읽어주는 거예요. 이렇게 하면 아이가 영어 소리를 들으면서, 끊어 읽기까지 할 정도로 익숙해질 수 있어요. 단, 이제 영어를 시작한 지 얼마 안 되었기 때문에 정말 쉬운 한 줄짜리 영어책으로만 진행해야 합니다.

● 이렇게 몇 달을 진행하고 나면, 아직 영어를 읽을 수는 없지만 기초적인 영어 단어와 문장을 인지하고 영어는 단어를 구분해서 끊어 읽는다는 걸 알게 됩니다. 그러면 3단계(들으며 읽기)를 진행해볼 수 있어요. 아직 영어가 낯선 시기이니 음원이 있는 쉬운 영어책을 골라 엄마가 먼저 편안하게 읽어준 다음에, 같은 책을 음원을 들으며 아이가 눈으로 영어 문장을 따라갈 수 있도록 엄마가 곁에서 손가락으로 짚어주세요.

● 이렇게 또 몇 달을 진행하고 나면 본격적으로 3단계(들으며 읽기)로 진입할 수 있어요. 여기서부터는 다른 아이들과 같은 방법으로 리더스북, 얼리 챕터북, 챕터북 순으로 진행하면 됩니다.

물밑 작업

: '영어 떼기' 효과를 높이는 작업

물밑 작업

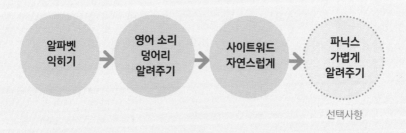

쌍둥이 여덟 살 즈음에 '영어 떼기'를 본격적으로 진행하면서, '한글 떼기'를 할 때 '영어 떼기'도 함께 진행했다면 얼마나 좋았을까 생각했습니다. 그랬다면 스스로 읽을 수 있는 한글책의 수준과 영어책의 수준이 같았을 텐데, 하면서요. 그런데 그건 저의 큰 오산이었더라고요.

'충분한 듣기'가 이루어져야 '읽기'로 자연스럽게 넘어갈 수 있는데, 두 언어의 듣는 양은 너무도 다릅니다. 모국어인 한국어는 집에서는 물론, 유치원과 학교 그리고 바깥세상으로 나가면 종일 들을 수 있지만, 영어는 엄마가 환경을 만들어주는 만큼만 들을 수 있습니다. 결국 '충분한 듣기'가 먼저 이루어지는 모국어부터 글자를 떼는 것이 자연스러운 겁니다(아이 스스로 영어 글자를 자연스럽게 인지하는 것은 괜찮습니다).

또, 문자를 인지하는 것은 학습의 영역이라 아이에게 스트레스를 주기 마련입니다. 언어의 소리와 문자를 연결해 가는 과정은 고되다는 것을 인정하고 시작하는 것이 편합니다. 그 고된 과정을 한 번에 두 언어에서 함께할 이유는 없는 거죠. 오히려 한국어 소리와 문자 연결의 성공으로 엄마는 엄마대로, 아이는 아이대로 성공 공식을 알게 됩니다. '한글 떼기' 할 때 아이가 좋아했던 방법 혹은 싫어했던 방법을 잘 기억해두세요. 내 아이의 '영어 떼기'에서 가장 빛을 발할 정보가 될 테니까요.

1단계(충분히 듣기)를 지나온 아이는 꽤 많은 영어 단어(의미와 소리)와 문장의 구조를 모국어처럼 자연스럽게 인지한 상태입니다. 모국어만큼은 아니지만, 충분히 들었으니 문자 인지를 시도할 차례입니다. 본격적인 '영어떼기'는 3단계(들으며 읽기)에서 진행됩니다. 2단계(물밑 작업)에서는 '영어떼기'의 효과를 높임과 동시에 아이에게 '읽기'에 대한 자신감을 심어줄 수 있는 몇 가지를 미리 익혀둘 거예요. 이 과정에서 영어는 단어를 구분해 끊어 읽는다는 걸 알게 되고, 사이트워드를 포함한 기초적인 단어를 읽을 수 있게 됩니다. 또, 파닉스를 별도로 진행하지 않아도 간단한 알파벳 음가 정도는 익힐 수 있습니다(파닉스는 선택사항이에요).

저는 아이들의 본격적인 배움 전에 '물밑 작업'하는 걸 좋아합니다. '학습'인 줄 모르고 엄마와 놀면서 가볍게 진행한 활동들 덕에, 본격적인 '학습'에 들어갔을 때 빠른 효과를 보면서 자신감까지 얻게 되거든요.

알파벳부터
가볍게 시작해볼까요?

영어라는 언어의 문자를 인지하기 위해 가장 기초가 되는 것은 알파벳입니다. 엄마 입장에서 보면 너무 쉽지만, 아이에게는 알파벳을 인지하는 것도 큰 도전일 수 있어요. 무엇보다 '영어 떼기'에서 가장 쉬운 단계인 알파벳을 통해 작은 성공 경험을 심어주고 시작하면 좋습니다. 작은 성공을 맛본 아이는 스스로 영어를 읽을 수 있다는 생각에 자신감이 생겨 영어책 읽기를 해볼 만하다고 생각하게 되거든요.

알파벳을 처음 배우는 아이라면 동네 문구점에서 몇천 원 하는 알파벳 포스터를 하나 구입하세요. 아이 눈에 잘 보이는 곳에 붙여둔 후에, 알파벳 하나하나를 가리키며 노래를 불러주면 됩니다. 아이는 알파벳을 익히는 동안 이 포스터 앞에 와서 종종 확인할 거예요. 때론 알파벳을 맞히고, 때론 음가(알파벳 소리)까지도 이야기할 수 있어요. 그리고 아이의 아웃풋에는 무조건 칭찬하는 거 아시죠?

요즘 유튜브에는 아이들에게 보여줄 만한 영어 영상이 많이 있습니다. 그중에는 알파벳은 물론, 사이트워드와 파닉스까지 알려주는 영상들이 있어요. **[영어 독립 꿀정보]**(157페이지)중에 알파벳부터 기본적인 음가까지 재미나게 익힐 수 있는 영상을 선별해 정리했습니다. 잘 보는 아이들은 초등학교 저학년 때까지도 좋아하는 영상이니, 시간을 두고 차례로 영상을 보여줘 보세요. 그러다가 아이가 좋아하는 영상을 만나면 꾸준히 보게 하면 되고, 아이가 그만 보겠다고 하면 멈추면 됩니다.

쌍둥이는 [Alphablocks^{알파블럭스}] 영상을 취학 전에 몇 번 본 적이 있어요. 이 책의 부록을 만들기 위해 오랜만에 영상을 확인하고 있는데, 옆에 와서 보더니 재미있다며 10분 정도 시청하고 갔습니다. 이때가 쌍둥이 초등학교 4학년 때예요. 취학 전 시청 시간은 좀 더 길었지만, 그때도 오래 보지 못했고 많은 영상을 보지도 못했거든요. [Alphablocks]는 영상이 굉장히 많아요. 이 많은 영상을 다 볼 필요는 없습니다. 물론 아이가 잘 본다면 상관없지만 짧게 영상 몇 개만 봐도 괜찮고, 영상 하나를 5분이나 10분만 봐도 괜찮아요. 이 영상들은 화려하고 신나는 음악으로 최대한 재미있게 보이려고 노력하지만, 결국은 알파벳과 음가의 단순한 반복이기 때문에 초등 아이들이 오래 시청하기는 어렵거든요.

다만 아이가 단 한 번도 시청하지 않으려 한다면, 엄마가 잠깐 요리를 하거나 설거지할 때 슬쩍 **[영어 독립 꿀정보]**(157페이지) 중 강추 영상을 틀어두세요. 초등학교 4학년 쌍둥이처럼, 지나가다가 혹은 간식을 기다리는 동안 '이게 뭐지?' 하고 보게 될 수도 있으니까요. 잠깐이라도 보면 알파벳과 음가를 익히는 데 도움이 된답니다. 만약 영어 영상 보는 시간이 하루에 한 시간이라면, 알파벳 등의 영상을 보는 시간은 제외해주세요(어차피 오래 못 볼 거예요).

이 영상들은 알파벳은 물론 파닉스를 익힐 때도 활용하면 좋습니다. 아이의 반응이 별로 안 좋다면 알파벳을 익힐 때 잠깐 활용하고 멈추세요. 시간이 좀 흘러 파닉스 배울 때 또 슬쩍 보여주시고요. 중요한 건 언제든 아이가 싫어하면 과감하게 내려놓는 겁니다. 영어는 재미있다는 이미지를 심어주기 위해 아이가 싫어하는 건 초지일관하지 않아야 해요. 부담 없이 편하게 진행하세요. '보면 좋고, 아니면 말고' 이런 마음으로요.

실전 노하우 '조회 수'를 활용해 아이의 시청 확률을 높여 보세요

추천 영상 말고도 영상은 많이 있어요. 유튜브에 'abc song', 'alphabet song', 'phonics song'이라고 검색해보세요. 조회 수가 많은 영상 몇 개를 엄마가 먼저 시청한 후에, 아이가 좋아할 만한 영상이 있다면 보여주면 됩니다.

시리즈 영상의 경우에도 영상이 너무 많아서 어떤 영상부터 시청할지 고민된다면, '조회 수'를 활용해보세요. 아이가 한번 보겠다고 한 기회를 최대한 잡아야 합니다. 예를 들어 〔Alphablocks알파블럭스〕영상을 보여준다면, QR코드를 찍고 들어가서 조회 수가 높은 영상 순으로 정렬하세요(동영상→정렬 기준→인기 동영상). 전체 영상 중에서, 전 세계 아이들에게 인기 있는 영상부터 보여주는 겁니다(조회 수가 높다는 건 그만큼 재미있을 확률이 높다는 거니까요). 아이가 두 편 보고는 더 안 본다고 해도, 두 편이라도 봤으니 다행이고요. 그 이상을 봐준다면 정말 감사한 일이겠지요.

알파벳과 음가를 익히는 재미난 영상

❶ 짧은 영상 한 편

The ABC Song
26개 알파벳의 대문자와 소문자를 잔잔한 음악과 함께 익힐 수 있어요.

The Alphabet Is So Much Fun
26개 알파벳의 대문자를 익힙니다.

Alphabet Song
평소에 듣던 알파벳 송과 달리, 초등 아이들이 재미있어 하는 랩 형식입니다.
신나는 비트에 맞춰 인지해야 할 문자(대문자, 소문자)만 화면에 딱 보여준 후
대문자 음가, 소문자 음가를 차례로 알려줍니다.

Phonics Song ✛강추
알파벳 대문자와 소문자를 동시에 보여주고, 예시 단어와 함께 해당 알파벳의
음가도 들려줍니다. 쌍둥이 초등학교 4학년 영어 시간에 활용되었는데
저희 아이들은 재미있고 효과도 좋다고 하더라고요. 3분이 안 되는 짧은 영상이고,
멜로디가 따라 부르기 좋아요.

See It, Say It, Sign It with Letter Sounds
알파벳 대문자와 소문자를 보여주고, 음가를 알려줍니다. 샘플 단어도 보여주고요.

❷ 시리즈 영상

Alphablocks알파블럭스 ✦강추

영국 BBC가 운영하는 미취학 아동 대상 텔레비전 채널 CBeebies의 히트작이에요. 의인화된 26개의 알파벳 블록이 자신이 갖고 있는 알파벳 소리(음가)를 알려줍니다. 또 블록들이 서로 손을 잡고 말할 때마다, 단어를 만들어내고요. 덕분에 알파벳 음가와 단어 조합을 알 수 있습니다. 무료로 볼 수 있는 영상이 많으니 '조회 수'를 기준으로 인기 영상부터 보여주세요. 아래 두 영상은 알파블럭스 소개 영상이에요.

**Alphablocks
– Learn to Read | ABC**

**Learn to Read
The Alphabet from A-Z**

Numberblocks넘버 블럭스 ✦강추

알파 블럭스보다 더 좋아하는 아이들이 있을 정도로 재미있어요. 알파벳과는 상관없지만 아이가 잘 보면 영어 소리 듣기 시간을 확보할 수 있으니, 적극 활용해보세요.

Super WHY슈퍼 와이

'아기 돼지 삼형제', '잭과 콩나무'처럼 아이들이 이미 잘 알고 있는 동화 속으로 4명의 주인공들이 들어가 사건과 문제를 해결해 나가는 과정이 흥미로워요. 알파벳과 음가, 알파벳의 조합을 통한 단어, 단어와 문장 읽기 등으로 파닉스 익히기에 좋아요.

WordWorld

미국 교육부의 지원을 받아 개발된 교육용 DVD로 전문가들에게 인정받은 파닉스 프로그램이에요. 알파벳이 서로 조합되어 단어를 만들어내는 원리도 배울 수 있고, 캐릭터화된 다양한 단어를 통해 '글자-소리-단어-의미'의 연결 고리를 자연스럽게 이해할 수도 있습니다. 말이 살짝 빠른 감이 있지만, 내용과 중간중간에 나오는 노래가 재미있습니다.

Preschool Prep프리스쿨 프랩

알파벳부터 사이트워드, 파닉스까지 배울 수 있는 영상이에요. 단순 반복이라 아이만 잘 봐준다면 효과는 좋지만 좀 단조로워서 조금 큰 아이들은 지루해할 수 있어요.

02

영어 소리 덩어리
알려주기

TV를 시청할 때 우리는 눈으로는 화면을 보고 귀로는 소리를 들으며 특별한 노력 없이 편안하게 시청합니다. 반면에 독서는 책 속의 글자를 스스로 읽어야 합니다. TV 시청이 수동적인 활동이라면 독서는 능동적인 활동입니다. 그동안 엄마나 전자펜(혹은 오디오 CD)이 읽어주는 이야기를 들으며 책의 그림을 봐 온 아이에게, 이제부터 영어책을 새롭게 읽을 거라는 걸 알려주세요. 저의 경우, 영어를 사용하는 나라가 많아서 재미난 책이 정말 많은데, 전자펜이 안 되는 책이 많아 쌍둥이들이 다 읽지 못하고 있다고 말해주었어요. 영어도 한글처럼 스스로 읽을 수 있으면 재미난 책을 더 많이 읽을 수 있다고 동기 부여를 했습니다. 이때가 아이들 일곱 살 때였어요(방법을 몰라 헤매다가 본격적으로 '영어 떼기'를 진행한 건 아이들 여덟 살 때였고요).

사실 아이들은 아직 어리기 때문에 엄마의 이런 말에 처음에는 혹합니다. 하지만 '영어 떼기' 진행에 들어가면, 금방 '학습'이라는 걸 눈치채고는 도망치려 합니다. 영어책을 편안하게 보던 때로 돌아가고 싶어 하지요. 아이의 거부를 방지하기 위해, 학습적인 부분은 최소한으로 줄이고 편안하게 문자를 습득할 수 있는 방법을 찾아야 합니다.

3단계(들으며 읽기)에서 좀 더 자세히 설명하겠지만, '들으며 읽기'란 귀로는 원어민이 읽어주는 음원을 들으며 눈으로는 영어책의 글자를 따라가는 읽기 방법입니다. 그동안 아이가 영어책을 보던 방법과 비슷한데, 딱 하나만 달라요. 바로 그림 대신 글자를 보는 겁니다(하지만 아이들은 틈틈이 그림도 본답니다). 스스로 소리 내어 영어책을 읽는 것보다 부담은 훨씬 적으면서, 문자 인지 효과도 좋고 굉장히 많은 장점이 있어요(3단계에서 자세히 설명해드릴게요). 우리는 바로 이 방법으로 '영어 떼기'를 완성할 겁니다.

다만, 3단계에서 '들으며 읽기'를 진행하려면 아이가 단어와 단어를 구분해서 끊어 읽을 줄 알아야 합니다. 그래야 영어 단어 하나하나의 소리와 문자를 제대로 연결해 '영어 떼기' 효과를 볼 수 있거든요.

'끊어 읽기'부터
알려주세요

본격적인 '물밑 작업'에 앞서 희망적인 것은 아이가 '한글 떼기'를 완성했기 때문에 소리와 글자를 연결해본 경험이 있다는 겁니다. 다만 한글과 영어의 차이점 때문에 혼란스러워할 수 있어요. 그래서 어른에게는 당연하지만 아이에게는 어려울 수 있는 부분을 먼저 알려주고 시작해야 합니다.

이 것 은 사 과 입 니 다.

위 문장을 한번 읽어보면 '이거슨 사과임니다'와 같이 발음됩니다. 학문적으로 깊이 들어가면 조금 다를 수 있지만 간단하게 설명해보겠습니다. 우리말은 글자 하나에 소리가 하나입니다. 그래서 손가락으로 한 자씩 가리키면서 읽기가 쉽습니다. 하지만 영어는 다릅니다. 한글처럼 소리가 딱딱 떨어지지 않습니다.

This is an apple.
❶——
❷————

위의 문장을 엄마가 '디스 이즈 언 애플'이라고 읽어주었을 때, ① This까지가 '디스 이즈'인지 ② This is까지가 '디스 이즈'인지 아이는 모릅니다. 엄마인 우리는 영어를 배울 때, 단어 교육부터 받았기 때문에 당연히 알고 있지만 아이는 알 수가 없어요(많은 엄마들이 이점을 쉽게 놓치곤 하지요). 그래서 친절하게 읽는 법을 알려주고 시작하면 아이의 문자 인지에 도움이 됩니다. 'This' 읽고 쉬고, 'is' 읽고 쉬고, 'an' 읽고 쉬고, 'apple'을 읽는 겁니다.

음이 모여 만든 의미 덩어리, 단어까지만 알려주면 됩니다. 음절, 음소 등 더 세세하게 들어갈 필요는 없어요. 우리는 지금 영어라는 언어를 연구하는 것이 아니니까요. 어떻게 하면 우리 아이가 영어를 쉽게 떼고, 즐겁게 영어책을 읽을 수 있는지 그 방법만 알면 됩니다. 너무 많은 정보는 엄마에게도, 아이에게도 혼란만 야기할 뿐입니다.

또 한 가지 차이점은, 영어는 단어별로 띄어쓴다는 겁니다.

'이것은'을 보면 대명사 '이것'과 조사 '은'이 합쳐져 있고, '사과입니다'는 명사 '사과'와 동사 '입니다'가 합쳐져 있습니다. 영어는 어떨까요?

대명사 'This' 다음에 한 칸 띄고, 동사 'is' 다음에 한 칸 띄고, 관사 'an' 다음에 한 칸 띄고, 명사 'apple'이 나옵니다. 문장을 구성하는 단어 하나하나마다 띄어쓴니다. 그래서 한글은 글자 하나하나를 짚어가며 읽고, 영어는 띄어쓰기를 구분해서 읽으면 문자를 인지하는 데 효과가 좋습니다. 이 과정을 무수히 반복하다가 자연스럽게 영어를 떼는 아이가 있을 정도입니다.

엄마가 먼저 띄어쓰기를 구분해, 단어 하나하나를 손가락으로 짚어가며 읽는 시범을 보여주세요(아이가 영어 문장을 끊어 읽을 수 있도록 한동안만 시범을 보이면 됩니다). 이때 아이의 흥미와 재미를 유발하기 위해 예쁜 볼펜이나 웃긴 인형 막대를 사용해도 좋습니다. 중요한 것은 천천히 끊어 읽기 하는 것을 보여주는 겁니다.

쉬운 책을 골라 엄마가 시범을 보여주면, 나도 할 수 있다며 해보는 아이도 있고 그렇지 않은 아이도 있을 거예요. 먼저 해보는 아이는 칭찬과 함께 앞으로 매일 한 권씩 소리 내어 읽어보자고 제안해보시고요. 그렇지 않은 아이라면 앞으로 하루에 한 권씩 영어책을 소리 내어 읽으면 어떤 보상을 해줄 것인지 이야기해보세요(어떻게든 또 낚아봐야죠!).

한동안만 '소리 내어 읽기'를 진행해주세요

엄마가 시범을 보였으니, 이제 아이 차례입니다. 달걀 프라이하는 방법을 아무리 잘 시범을 보인다 해도 아이 스스로 직접 해봐야 더 확실하게 터득할 수 있는 것처럼, 아이가 직접 끊어 읽기를 해보면 더 확실하게 단어를 구분해서 읽을 수 있게 됩니다.

'소리 내어 읽기'를 꾸준히 하면 발음도 좋아지고 말하기도 유창해지기 때문에, 아이가 힘들어하지만 않는다면 계속해도 괜찮습니다. 하지만, 아이가 힘들어한다면 단어를 구분해서 읽을 수 있을 때까지만 진행하세요. 아무리 장점이 많아도 내 아이가 싫어하는 방법이라면 유지해야 할 이유가 없습니다. 효과 좋은 '소리 내어 읽기'를 최대한 오랫동안 진행할 수 있도록 다음 몇 가지에 주의해주세요.

✿ '읽기'에 대한 자신감이 먼저예요

영어도 한글처럼 스스로 읽을 수 있다는 자신감을 심어주는 것이 우선이에요. 그래야 아이가 '한번 해볼까?' 하는 생각이 들어 도전하거든요. 쌍둥이는 만만하게 보고 자신 있게 도전했다가 모르는 단어가 나와 막히면 크게 실망했어요(한바탕 떼를 부리기도 했고요). 그러니 아이가 어릴 적에 읽었던 책이나 쉬운 단어가 반복되는 영어책을 준비해주세요. 아이가 내용을 충분히 알고 있어서 살짝만 이끌어주면 자신 있게 읽을 수 있는 책을 고르는 것이 핵심입니다.

한동안은 엄마가 먼저 소리 내어 읽기 시범을 보인 책을 읽게 해주세요(같은 책을 며칠 동안 반복해도 좋아요). 아이가 무조건, 자신 있게 읽어낼 수 있는 환경을 만들어주어, '영어책 읽기'에 자신감을 쑥쑥 올려주는 겁니다.

✿ 충분한 시간을 갖고, 유연하게 진행해주세요

아이는 그동안 엄마나 전자펜(혹은 오디오 CD)이 읽어주는 영어 소리를 들으며 영어책을 봤습니다. 영어 그림책이든 리더스북이든 그림의 양이 글보다 더 많은 책이었지요. 엄마가 책을 읽어줄 때 글자를 보는 아이는 드물어요. 대부분의 아이는 그림을 봅니다. 그래서 더 재미있는 거예요. 엄마는 영어책을 읽어주느라 글에 집중하지만, 아이는 그림에 집중합니다.

그동안 그림을 보며 영어책을 즐겁게 읽어오던 아이에게 글을 보며 책을 읽으라고 하면 거부할 수 있어요. 거부의 강도는 아이마다 다를 거고요. '소리 내어 읽기'나 '손가락으로 가리키며 읽기'는 적당히, 무엇보다 유연하게 진행해야 합니다.

당시에 쌍둥이는 영어책을 하루 세 권 소리 내어 읽기로 약속했어요. 하지만 아이들이 힘들어하는 날이면 한 권만 소리 내어 읽고, 나머지 두 권은 그동안처럼 전자펜이 읽어주는 음원을 들으며 자유롭게 읽도록 했습니다(당시 쌍둥이에게는 전자펜이 제일 편하고 익숙했거든요). 그러다 또 쌍둥이의 기분이 좋거나 영어책이 잘 읽히는 날에는 세 권 모두 소리 내서 읽었어요.

✿ 영어에 대한 재미 놓치지 않기

끝으로 꼭 챙겨주어야 할 부분이 하나 있습니다. 영어책 읽기의 재미를 놓치지 않는 거예요. 당시에 '영어 떼기' 방법을 잘 몰랐던 저는 이 부분을 놓쳤어요. 그저 빠르게 '영어 떼기'를 완성한 다음에, 쌍둥이의 정서 수준에 맞는 영어책을 스스로 읽으면 될 거라 생각했어요(영어만 떼면 음원이 없는 재미난 영어책을 실컷 사려고 마음먹고 있기도 했어요). 그러나 아이들은 영어를 빨리 떼지 못했고, 쉬운 책의 반복으로 영어책이 시시하다는 생각을 가지게 되었습니다.

소리 내어 읽기 쉬운 책은 솔직히 시시할 확률이 높습니다. 그때 첫째는 자신의 정서 수준에 맞는 재미난 영어책을 엄마나 전자펜이 읽어주길 바랐고, 둘째는 스스로 영어책을 읽을 수 있다는 사실에 뿌듯해했어요. 아이마다 다르지만(일란성 쌍둥이도 이렇게 다른 걸요), '소리 내어 읽기'만으로 단기간에 영어를 떼기는 어려워요. 하루아침에 끝날 일이 아니니, '아이의 나이와 정서 수준에 맞는 영어책 읽기'를 병행해야 합니다. 그렇지 않으면 영어책에 대한 흥미를 잃어버릴 수 있거든요.

우선 매일 책 한 권은 '소리 내어 읽기'를 하고, 나머지 읽어야 할 책은 그동안처럼(엄마가 읽어주거나 음원 활용) 읽을 수 있게 해주세요. 그러다가 소리 내어 읽는 책의 권수를 조금씩 늘려보는 겁니다. 아이가 부담스럽지 않은 선에서 한 권, 두 권, 세 권 정도까지 늘려보세요. 그러다가 '소리 내어 읽기'를 진행할 책의 글이 전보다 많아진다면 한 권 읽기나 한두 쪽 읽기로 변형해서 진행하는 겁니다.

소리 내어 읽기 진행 예시

ORT 1단계(정말 쉬운 책, 8문장 정도) 한 권 → 두 권 → 세 권

ORT 2단계(조금 문장이 길어진 책, 16문장 정도) 두 권 ←

I Can Read My First: Little Critter

(문장이 더 길어진 책, 50문장 정도)

한 권을 엄마랑 번갈아 읽기 or 혼자 1/2권 읽기

무엇보다 '물밑 작업'의 가장 큰 장점은 '끊어 읽기'를 소리 내어 하다가 기초적인 영어 단어는 물론 사이트워드까지 자연스럽게 읽을 수 있게 된다는 겁니다. 덕분에 3단계(들으며 읽기)에 들어갔을 때 '읽기 독립'에 가속이 붙게 됩니다. 이것이 어떻게 가능한지 다음 장에서 자세히 알아보겠습니다.

03

영어책의 절반을 차지하는
사이트워드Sight Word

사이트워드sight word란 단어 그대로 해석해보면, 눈에 자주 보이는 단어를 말합니다. 'the, a, of, is, that'처럼 영어 문장에 자주 등장하는 단어로, 본격적인 '읽기' 전에 익혀두면 영어책을 수월하게 읽을 수 있습니다.

다음 글은 초기 리더스북인 《Arthur Starter아서 스타터》 시리즈 중 《ARTHUR's Birthday Surprise》의 일부입니다. 사이트워드의 비중을 알아보기 위해, 4쪽 분량의 글을 옮겨보았습니다. 글은 총 71개의 단어로 구성되어 있고, 그중 색깔로 표시된 37개가 사이트워드입니다(Dolch Sight Word 315 기준).

It was D.W's birthday. Her party was about to start.
"More balloons!" D.W. ordered.
"Yes, Your Highness," said Dad.

"More streamers!" D.W. demanded.
"More streamers, please," Mom reminded her.

Ding-dong!
"My guests!" cried D.W. She ran to the front door.

"Happy birthday, D.W.!" said Emily.
The Tibble twins were right behind her.
"Where's the cake?" asked Tommy.
"Where's the ice cream?" asked Timmy.
"When do we eat?" they asked together.

- 책 제목 **ARTHUR's Birthday Surprise**
- 리딩 레벨(AR) **2.0**
- 총 단어 **71개** 사이트워드 **37개**

　이 시리즈는 초등학교 3학년인 주인공 Arthur아서를 통해 또래 아이들의 일상생활을 흥미진진하게 풀어낸 이야기로, 영어책 읽기 초기 단계에서 재미나게 읽을 수 있는 책이에요. 만약 아이가 사이트워드를 숙지한 상태로 3단계(들으며 읽기)로 넘어가 이 책을 들으며 읽는다면, 절반 이상의 단어를 알고 시작하는 셈이 됩니다. 이미 알고 있는 사이트워드는 복습하게 되니 더 단단하게 다질 수 있고, 새로운 단어는 익히면 됩니다. 그래서 2단계(물밑 작업)를 통해 기초적인 영어 단어와 영어책의 절반을 차지하는 사이트워드를 알고 난 후에, 본격적인 문자 인지에 들어가면 '읽기 독립'에 가속이 붙을 수밖에 없는 겁니다.

영어책 읽기 전에,
암기하고 시작해도 될까요?

가장 일반적으로 사용되는 돌치 사이트워드Dolch Sight Words 목록은 에드워드 윌리엄 돌치 박사Edward William Dolch, PhD가 당시의 아동 도서에 자주 등장하는 220개의 기본 단어(service words)와 95개의 명사를 정리해 만든 것입니다. 엄마의 기준으로 보면 그렇게 어려운 단어도 없는 것 같고 얼마 되지도 않아 보입니다. 그래서 본격적인 '영어책 읽기'로 들어가기 전에 암기해두면 영어책도 더 빨리 읽고, 더 빠른 성과가 나올 것만 같을 겁니다.

그동안 영어 소리를 충분히 들어온 아이라면 사이트워드를 포함한 기초적인 단어의 소리와 의미(또는 쓰임새)를 알고 있는 상태일 테니, 사이트워드를 보자마자 읽을 수 있도록 연습해도 좋습니다. 하지만 아직 영어 소리를 충분히 듣지 못해, 사이트워드의 의미나 쓰임새를 잘 모를 경우에는 사이트워드 읽기 연습이 자칫 암기라는 '학습'

으로 변질될 수도 있습니다.

빠른 이해를 돕기 위해 단순하게 설명해볼게요. 사이트워드 중 'blue'라는 단어를 보고 '블루'라고 읽지는 못하지만 '블루'라는 소리가 '파란, 푸른'을 의미한다는 걸 알고 있을 때 사이트워드 읽기를 연습해야 합니다. 그렇지 않으면 아이는 'blue'라는 단어를 '블루'라고 읽을 수 있도록 연습함과 동시에, '파란, 푸른'이라는 뜻을 암기해야 합니다. 문제는 이뿐만이 아니에요. 여기에는 놓치기 쉬운 두 가지 위험이 숨어 있습니다.

✿ 문법에 대한 설명

만약 사이트워드를 빠르게 읽는 연습만 한다면 읽을 줄은 알지만 뜻은 모르는 상태가 되어 영어책 읽기에 큰 도움이 되지 않을 겁니다. 그렇다고 뜻과 함께 암기하려고 하면 문법을 설명할 수밖에 없는 단어를 만나게 됩니다.

사이트워드에는 'a, an, the' 등의 관사가 포함됩니다. 아이에게 이 단어들의 뜻을 뭐라고 알려주면 될까요? "명사 앞에서 그 명사가 하나인지 또는 특정하거나 유일한 것인지 등을 말해주는 것을 관사라고 해"라고 설명해주면 될까요(이 관사들을 각각 어느 때 사용하느냐는 더 복잡하니 생략하더라도요)? 그냥 단어 앞에 오는 단어이니, 우선은 읽을 줄만 알면 된다고 이야기하면 될까요? 그렇다면 다음 두 문장에서 'that'은 어떻게 설명하면 될까요?

① That is my bag.
　저것은 나의 가방이다.

② She thinks that her son is a genius.
　그녀는 아들이 천재라고 생각한다.

　①번 문장에서 'that'은 대명사로 '저것'으로 해석하면 되지만, ②번의 'that'은 접속사이니 '저것'으로 해석하면 안 됩니다. 단어와 문법 암기부터 시작한 우리 세대에게 사이트워드는 쉬워 보일 수도 있습니다. 이 정도는 그냥 후루룩 암기하고 본격적인 '영어책 읽기'로 들어가면 될 것 같습니다. 그러나 문법을 배우지 않은 아이들에게 사이트워드는 그렇게 만만한 단어가 아닐 수 있습니다. 결국 사이트워드의 뜻을 알려주기 위해서는 관사, 접속사, 전치사, 동사의 현재와 과거 등 문법 설명을 피할 수 없습니다.

　아이가 영어를 자유롭게 구사하기 전까지는 문법 설명을 굉장히 주의해야 합니다. 아직 영어를 자유롭게 구사하지 못하는 상태에서 문법을 알게 되면 생각이 많아지기 때문이에요. 사이트워드를 암기하려다 문법을 습득한 아이는 머릿속이 복잡해집니다. 사이트워드 중 'go, goes, went'의 의미를 알고 있는 아이에게 다음의 세 문장을 영어로 말해보라고 하면 어떻게 될까요?

나는 학교에 간다.　→　I **go** to school.

그는 학교에 간다.　→　He **goes** to school.

나는 학교에 갔다.　→　I **went** to school.

'그는 학교에 간다'를 영어로 바꿀 때, 아이는 머릿속으로 '그는'이 니까 'He'이고, 그다음은 '간다'니까 'go'인데, 'He'는 3인칭 단수니까 'goes'로 말해야지.'라고 생각할 겁니다.

이렇게 'go, goes, went'를 문법적으로 배운 아이는 이 가운데 어떤 단어를 사용해야 할지 고민하고 말하게 됩니다. 그래서 우리가 10년간 영어를 배웠어도 말하기가 어려운 것이지요.

모국어로 말할 때, 우리는 이런 식의 생각을 하지 않습니다. 어떤 말을 할 것인가는 생각해도, 할 말에 문법적 검증을 하지는 않습니다. 모국어처럼 영어를 습득한다면 영어 역시 문법을 생각하지 않고 말해야 합니다. 문법은 자유로운 말하기에 걸림돌이 됩니다. 그래서 영어를 자유롭게 구사하기 전까지는 문법 설명을 하지 않아야 하는 겁니다(우리말 문법도 정규 교육이 시작되고 한참이 지나서야 겨우 배우기 시작합니다).

결국, 사이트워드를 암기하려다 아이가 문법을 조금이라도 알게 되면, 영어를 모국어처럼 자연스럽게 말하는 것이 어려워지고, 늦어질 수 있습니다.

✿ 영어는 어렵다는 선입견

아직 'play'의 뜻을 모르는 아이에게 영어 문장에 자주 등장하는 사이트워드라며 그 뜻을 외우게 한다면, 최소한 다음의 세 가지 뜻은 알려주어야 할 겁니다(아이가 앞으로 읽게 될 영어책에 자주 등장하는 문장을 예로 들었습니다).

play [pleɪ]

1. 놀다   예문) Let's play together. 같이 놀자.
2. 경기를 하다   예문) Let's play soccer. 축구하자.
3. 연주하다   예문) Let's play the piano. 피아노 치자.

이 아이가 영어책을 읽다가 'play'를 만난다면, 암기한 세 가지 뜻 중에 어떤 뜻으로 'play'가 사용되었는지 고민해야 합니다. 우리 세대가 했던 것처럼 이 뜻인지, 저 뜻인지 대입하고 추측해야 한다는 겁니다. 결국 아이는 '영어는 어렵다'는 선입견을 갖게 됩니다.

보통 이런 문제들을 해결하기 위해, 사이트워드를 암기할 때 예문과 함께 익힐 것을 권합니다. 아이가 거부하지 않고 잘 따라온다면 좋은 방법이라고 생각합니다. 다만 여기서 문제는 재미가 빠져 있다는 것과 예문 한두 문장으로는 영어의 감을 잡기가 쉽지 않다는 겁니다.

단어는 문장을 통해 그 쓰임을 익혀야 정확한 뜻을 알 수 있습니다. 'play' 뜻을 암기하기보다는 다양한 영어책을 재미나게 읽으며 'play'의 뜻을 습득해 나가야 합니다. 물론 처음에는 암기하는 것보다 느려 보일 겁니다. 하지만 그것이 더 오래, 더 확실하게 단어의 뜻을 기억할 수 있는 방법입니다.

사이트워드를
자연스럽게 익히는 방법

    사이트워드는 영어를 충분히 들은 아이들에게는 별도의 설명이 필요 없는 단어입니다. 우리는 아이에게 모국어를 익히게 하면서 '은, 는, 이, 가'와 같은 조사는 물론, '가다, 갔다'처럼 현재와 과거형에 대해 문법적인 설명을 한 적이 없습니다. 그럼에도 아이들은 우리 말을 아무 문제 없이 자유자재로 구사합니다. 우리말을 수없이 들어 한국어의 문장 구조와 단어를 자연스럽게 습득했기 때문이에요. 외국어라고 다르지 않습니다. 모국어처럼 영어를 사용하기 위해서는 충분히 들어 자연스럽게 익히는 방법을 선택해야 합니다.

    이와 더불어 사이트워드의 쓰임새를 더 정확하게 알고, 더 오래 기억할 수 있도록 암기보다는 영어책에서 짚어줄 것을 권합니다. 꾸준한 '영어책 읽기'와 '영상 보기'를 통해 영어 인풋이 쌓이면, 아이는 사이트워드를 포함한 수많은 영어 단어(의미와 소리)를 자연스럽게 인지하게 됩니다(사이트워드의 뜻을 알고 있는지 따로 확인할 필요는 없습니다. 아이가 알아야 할 것은 사이트워드 하나하나의 뜻이 아니라, 문장 전체의 내용입니다). 이때, 쉬운 영어책을 반복해서 소리 내어 읽게 하면 됩니다. 아이는 콕 집어 정확하게 설명할 수는 없더라도, 어느 순간 쓰임새를 잘 알게 된 사이트워드의 소리를 문자와 연결할 수 있게 됩니다.

✿ 같은 단어나 문장이 반복되는 책

저는 쌍둥이의 '영어 떼기'를 어떻게 진행해야 할까 고민하다가, '한글 떼기'처럼 해야겠다고 생각했어요. '한글 떼기'를 할 때, 오늘 '가'라는 문자를 배웠다면 최대한 빨리 책이나 간판, 과자 봉지 등에서 '가'를 반복해서 볼수록 기억을 더 잘했습니다. 특히 '엄마 사랑해요', '아빠 사랑해요', '할머니 사랑해요'처럼 한 권 안에서 '사랑해요'가 자연스럽게 반복되는 책은 '읽기'의 자신감은 물론 '읽기'의 원리를 스스로 터득해 나갈 수 있게 해주었습니다.

그래서 영어도 그런 책을 찾았습니다. 아이들이 어렸을 때 읽었던 그림책과 리더스북에서 열심히 찾았어요. 그렇게 찾은 책 중에서, 쌍둥이가 사이트워드를 자연스럽게 습득할 수 있도록 큰 공을 세운 영어책 두 질이 있어요. 바로 《Reading Adventures Disney Princess LEVEL 1, 10권》과 《Sight Word Readers, 25권》입니다. 두 질 모두 저렴한 페이퍼백이고, 내용도 간단해서 실물은 좀 허술해 보이기도 합니다. 하지만 이 35권을 꾸준히 읽으면 사이트워드를 89개나 익히게 되니, 읽기 연습 시작 초기에 진행하기 딱 좋습니다.

아직 공주를 좋아하는 마음이 남아 있던 여덟 살 쌍둥이는 디즈니 공주를 주인공으로 한 《Reading Adventures Disney Princess》를 엄청 좋아했어요. 덕분에 꾸준히 소리 내어 읽었고, '영어책 읽기'에 자신감을 갖게 되기도 했습니다. 10권 중 한 권만 샘플로 조금 살펴볼게요.

(2쪽) Rapunzel can run.
She can run with her feet.

사이트워드
can, run, she, with, her, feet, sing

(4쪽) Rapunzel can swing.
She can swing with her hair.

그 외 단어
Rapunzel, swing, hair, voice

(6쪽) Rapunzel can sing.
She can sing with her voice.

사이트워드: Dolch Sight Word 315 기준

《Rapunzel Can》 책의 일부입니다. 사이트워드(초록색으로 표시한 단어)를 제외한 단어들도 기초적인 단어고, 'Rapunzel can ~'과 'She can ~'이 반복되어 아이들이 만만하게 읽을 수 있습니다. 만약 여기 등장하는 사이트워드의 문자를 다른 책에서 이미 익힌 아이들이라면, 훨씬 더 쉽게 느껴질 겁니다.

우선 아이가 책의 내용 전체를 파악할 때까지, 엄마가 띄어쓰기를 구분해 단어 하나하나를 손가락으로 짚어가며 충분히 읽어줍니다 (단어가 쉽고 문장도 적어 시간이 오래 걸리지 않을 거예요). 그다음에 아이가 손가락으로 짚어가며 '소리 내어 읽기'를 시작합니다. 처음에는 엄마와 한 문장씩 번갈아 읽어도 좋습니다. 아이는 글자를 몰라도 엄마가 여러 번 읽어주어 외워서 읽기도 하고, 그림을 보고 눈치로 맞히기도 하면서(그림에서 라푼젤이 뛰면 'run'으로, 노래하면 'sing'으로 읽는 거죠) 읽을 겁니다. 어느 쪽이든 상관없어요. 내용을 충분히 알고

있는 영어책의 단어를 꾸준히 손가락으로 짚어가며 '소리 내어 읽기'를 반복하다 보면, 결국 문자를 인지하게 됩니다. 그러니 엄마는 그저 옆에서 칭찬만 하면 됩니다. 혹 아이가 잘 몰라 힘들어하면 부드럽게, 슬쩍 가르쳐주면 됩니다.

이렇게 단어나 문장이 반복되는 쉬운 영어책을 소리 내어 꾸준히 읽으면, 사이트워드는 물론 기초적인 영어 단어들까지 읽을 수 있게 되어, '영어책 읽기'에 자신감과 성취감까지 얻게 됩니다. 무엇보다 쉽기 때문에 부담이 없어요. 당시에 쌍둥이는 매일 영어책 세 권을 읽어야 했는데, 이 책은 너무도 쉽게 한 권이 끝나니 신이 나서 읽었답니다.

실전 노하우

'영어 읽기 독립' 1단계(충분히 듣기)에서 아이가 재미나게 읽었던 영어책 중, 같은 단어나 문장이 반복되는 책을 활용하면 좋습니다. 이미 내용을 다 알고 있어서 시시해할 것 같지만 오히려 '충분히 듣기' 단계와 달리 영어책을 직접 읽어보는 거라 쉬울수록 자신감이 붙어 좋아했어요.

✿ 초기 리더스북 중에서 내 아이가 좋아하는 책

같은 단어와 문장이 반복되는 영어책이 지루해 흥미를 느끼지 못한다면, 아이가 좋아할 만한 초기 리더스북을 찾아보세요. 초기 리더스북은 그림책처럼 그림의 양이 많으면서 글은 적거든요. 초기 단계이니 어려운 단어도 많지 않습니다. 다음은 쌍둥이가 읽었던 초기 리더스북 중에서 반응이 좋았던 책(시리즈)만 골라본 것이니 참고해보세요.

제목	리딩 레벨(AR)	쪽수	출판사
ORT 1단계, 2단계	1.0 이하	8, 16	Oxford University Press
Elephant & Piggie	0.5-1.3	57	Hyperion Books for Children
Little Critter (I Can Read My First)	0.9-1.5	32	HarperCollins
Pete the Cat (I Can Read My First)	1.2-1.3	32	HarperCollins
FLY GUY	1.3-2.1	30	Scholastic

　쌍둥이가 정말 좋아했던《FLY GUY》에는 반복되는 단어가 많아요. 덕분에 여러 번 읽다 보면 꽤 많은 사이트워드를 자연스럽게 습득할 수 있습니다. 저는 쌍둥이 일곱 살 때 이 책을 구입했는데, 읽어주기가 좀 벅차더라고요. 쌍둥이는 너무 재미있다며 자꾸만 읽어 달라고 가져오는데, 모르는 단어가 많아서 한 권씩만 읽어주곤 했습니다. 나중에는 숨겨두기까지 했고요! 하지만 찾아보니 책을 읽어주는 오디오 CD가 있었네요. 책을 읽어주는 게 힘들다면 CD를 활용해보세요.

　《FLY GUY》는 블로그 이웃은 물론 지인에게도 많이 소개했고, 추천으로 읽은 아이들 대부분이 좋아했던 책입니다. 총 15권 중에 다섯 권만 골라 사이트워드를 세어보니 'Dolch Sight Word 315'를 기준으로 총 125개가 나왔습니다. 만약 아이가 신나서 이 책을 반복한다면 사이트워드 125개 이상을 자연스럽게 습득하게 되겠지요(이 책을 예로 들어 설명했을 뿐, 다른 초기 리더스북도 비슷합니다). 이렇게 초기 리더스북 몇 권을 반복해서 읽다 보면 자연스럽게 습득할 수 있는 단어가 사이트워드예요. 결국, 중요한 것은 내 아이가 무수한 반복에도 버틸 수 있는 재미있고 쉬운 책을 찾아주는 거랍니다.

사이트워드만을 집중해서 암기하는 것에 비해, 영어책을 읽으며 익히는 것은 다소 느려 보일 수 있습니다. 하지만, 영어를 모국어처럼 습득하려면 많이 듣고 많이 읽어야 합니다. 평소에 영어 음원을 많이 듣고 영어책도 꾸준히 읽다가 아이가 사이트워드를 익혀야 하는 순간이 왔을 때, 쉬운 책 몇 권을 반복해 읽으면 됩니다. 모든 단어는 이야기 속이나, 문장 속에서 익힐 때 훨씬 쉽게 익혀지고 오래 기억되니 되도록 천천히 진행해보세요. 사이트워드 200개를 단기간에 암기하는 것보다 더 단단하게, 자연스럽게 익히는 방법을 선택해야 합니다. 그것이 모국어처럼 습득하는 방법이니까요(**영어 독립 꿀정보**에 220개의 돌치 사이트워드 목록을 실어두었으니, 지금 갖고 있는 초기 리더스북에서 한번 찾아보세요. 꽤 많은 단어들이 포함되어 있어 놀라실 거예요).

파닉스를 꼭 해야 하는지에 대해서는 다음 장에서 자세히 설명하겠지만, 파닉스 전에 사이트워드 먼저 인지할 것을 권합니다. 사이트워드에는 파닉스 규칙을 따르지 않는 단어가 많기 때문에, 미리 익혀두면 파닉스를 공부하다 찾아오는 혼란을 방지할 수 있습니다. 이미 아는 단어는 그냥 읽으면 되고, 모르는 단어는 파닉스 규칙을 적용해 읽으면 되니까요.

① 같은 단어나 문장이 반복되는 쉬운 영어책 목록

1단계(충분히 듣기)에서 봤던 책

아이가 내용을 충분히 알고 있는 책

반복되는 단어나 문장으로 구성된 책

영어 그림책

《 Brown Bear, Brown Bear, What do you see?, Henry Holt 》

《 Polar Bear, Polar Bear, What Do You Hear?, Henry Holt 》

《 What's the Time, Mr Wolf?, Child's Play 》

《 Silly Sally, Red Wagon Books 》

《 Go Away, Big Green Monster!, LB Kids》

《 Where Is the Green Sheep?, Houghton Mifflin Harcourt 》

《 My Friends, Chronicle Books 》

《 Time to Sleep, Sheep the Sheep!, Balzer & Bray 》

《 Cat the Cat, Who Is That?, Balzer & Bray 》

《 Let's Say Hi to Friends Who Fly!, Balzer & Bray 》

《 What's Your Sound, Hound the Hound?, Balzer & Bray 》

전집 또는 시리즈

《 Sing Sing English씽씽 잉글리쉬, 헤르만헤세 》

* Who did it, This is my family, How do you feel?, Try some food 등

《 Now I'm Reading나우 아임 리딩, INNOVATIVE KIDS 》

《 Reading Adventures Disney Princess LEVEL 1, Disney Press 》✦강추

《 JFR (JY FIRST READERS), 제이와이북스 》

사이트워드 책

《 Sight Word Readers사이트워드 리더스, 25권, Scholastic 》✦강추

② 돌치 사이트워드 220개 목록(출처 www.dolchword.net)

All 220 Dolch sight words in alphabetical order

a	better	don't	get	I	many	out	she	these	wash
about	big	done	give	if	may	over	show	they	we
after	black	down	go	in	me	own	sing	think	well
again	blue	draw	goes	into	much	pick	sit	this	went
all	both	drink	going	is	must	play	six	those	were
always	bring	eat	good	it	my	please	sleep	three	what
am	brown	eight	got	its	myself	pretty	small	to	when
an	but	every	green	jump	never	pull	so	today	where
and	buy	fall	grow	just	new	put	some	together	which
any	by	far	had	keep	no	ran	soon	too	white
are	call	fast	has	kind	not	read	start	try	who
around	came	find	have	know	now	red	stop	two	why
as	can	first	he	laugh	of	ride	take	under	will
ask	carry	five	help	let	off	right	tell	up	wish
at	clean	fly	her	light	old	round	ten	upon	with
ate	cold	for	here	like	on	run	thank	us	work
away	come	found	him	little	once	said	that	use	would
be	could	four	his	live	one	saw	the	very	write
because	cut	from	hold	long	only	say	their	walk	yellow
been	did	full	hot	look	open	see	them	want	yes
before	do	funny	how	made	or	seven	then	warm	you
best	does	gave	hurt	make	our	shall	there	was	your

04

파닉스,
꼭 해야 하나요?

아이의 초등학교 입학이 다가오면 엄마의 마음이 분주해집니다. '우리 아이가 학교생활에 잘 적응할 수 있을까?', '아직 혼자서 화장실 뒤처리를 못 하는데 어쩌지?'처럼 기본적인 생활에서부터 공부 방법까지 많은 걱정을 하게 됩니다. 이때가 되면 아이는 그저 잘 놀고, 잘 먹고, 잘 자는 게 최고라고 말했던 엄마들조차 불안해합니다.

'그동안 내가 너무 무심했나?', '학교 가서 우리 아이만 뒤처지면 어쩌지?' 등 수많은 불안감 중에서도 영어 걱정은 단연 가장 큰 비중을 차지합니다. 우리나라 공교육에서는 초등학교 3학년 때부터 영어 교육이 시작되지만, 엄마들의 영어에 대한 걱정은 초등학교 입학 즈음에 최고조에 달합니다. 불안한 엄마들은 소문난 영어 학원을 찾아 아이를 보내고, 많은 학원에서 영어 교육의 시작으로 파닉스부터

가르칩니다.

그동안 특별히 사교육을 시키지 않았던 제 친구 역시, 아들이 초등학교에 입학할 때가 되자 불안한 마음에 아이를 영어 학원에 보내기 시작했습니다. 영어 교육을 처음 받는 아이였어요. 학원에서는 파닉스부터 시작했고, 매일 영어 단어 20개 암기 숙제가 주어졌습니다. 이제 겨우 여덟 살 된 아이는 단어 외우는 걸 굉장히 힘들어했고, 친구는 학원에 이야기해줄 테니 숙제를 안 해도 된다고 말해주었어요. 하지만 아이는 자기 혼자만 안 하면 창피하다며 울면서 숙제를 했습니다.

수많은 아이들이 이렇게 파닉스 규칙과 단어 암기를 시작으로 끝없는 공부 속으로 들어갑니다. 정말 영어는 이렇게 힘들고 재미없게, 열심히 공부해야 하는 과목일까요?

《라틴어 수업》은 한국인 최초의 바티칸 대법원 로타 로마나 변호사, 한동일 작가가 서강대학교에서 5년간 강의했던 내용을 엮어 만든 책입니다. 그의 라틴어 강의는 다른 학교 학생과 교수들, 일반인들까지 청강하러 찾아오는 최고의 명강의였거든요. 그는 학생들에게 '언어는 공부가 아니다'라고 말했습니다. 언어는 다른 학문처럼 분석적인 공부법으로 학습할 수 있는 것이라기보다는 꾸준한 습관을 통해 익힐 수 있는 성질이 있기 때문이라고 말입니다. 또한 그는 언어를 학습하는 가장 쉬운 방법은 아기들이 말을 배울 때처럼 공부하지 않고 자연스럽게 흡수하는 것이라고 알려줍니다.

불안한 마음에 아이에게 영어를 흡수가 아닌 공부로 접근하게 하고 있지는 않은지, 한 번쯤은 멈추어서 진지하게 점검해봐야 합니다. 파닉스가 도대체 무엇인지, 정말로 꼭 해야 하는 건지, 효과를 보기 위해서는 어떤 과정으로 진행해야 하는지를 말입니다.

파닉스가 영어 교육의 시작이 되는 순간 찾아올 수 있는 위험

어떤 아이는 파닉스를 일주일 만에 마스터했다고 하고, 또 어떤 아이는 1년에서 2년이 걸렸다고도 합니다. 이제 막 영어 교육을 시작하는 엄마도, 그동안 엄마표 영어를 진행해온 엄마도 아이가 일곱 살 전후가 되면 파닉스 교육을 시작해야 하는 게 아닌지 궁금해집니다. 과연 무엇이 정답일까요?

파닉스를 해야 할지, 말아야 할지를 고민하기 전에 파닉스가 무엇인지부터 알아야 합니다. 파닉스는 영어를 모국어로 사용하는 나라에서 아이들에게 문자를 좀 더 빨리 인지시키기 위해 발음의 규칙성과 구조를 알려주는 교수법입니다. 즉, 아이가 이미 의미를 알고 있는 단어의 소리와 문자를 효과적으로 연결해 영어를 떼 주는 방법이에요. 여기서 우리가 주목해야 할 것은 교육 대상입니다. 파닉스의 교육 대상은 영어를 모국어로 사용하는 아이인 것이지요.

영어를 모국어로 사용한다는 것은 무슨 의미일까요? 오랜 시간 동안 영어라는 소리에 충분히 노출되어 영어로 의사 소통이 가능하고, 알고 있는 영어 단어(의미와 소리)가 많으며, 영어의 문장 구조를 이해하고 있다는 겁니다. 영어를 모국어처럼 습득하기 위해서는 우리도 이런 상태가 되었을 때 파닉스를 교육해야 합니다.

이해를 돕기 위해 '한글 떼기'를 생각해보겠습니다. 우리는 이제 막 태어난 아이에게 문자를 알려주지 않습니다. 또 다섯 살이 되었다고 해도 말이 느린 아이라면 '한글 떼기'를 진행하지 않습니다. 우리말을 충분히, 자연스럽게 구사할 수 있을 때 시작하지요. 빠르면 다섯 살 전후이고, 늦어도 본격적인 교육이 시작되는 여덟 살 전후입니다.

만약, 영어라는 언어를 알려주는 시작 단계에서 알파벳을 가르치고, 바로 파닉스를 통해 영어를 읽게 한다면 어떻게 될까요? 아이는 의미를 알고 있는 단어의 소리와 문자를 연결하는 것이 아니라, 난생처음 보는 문자 읽는 법을 배우게 되는 겁니다. 파닉스를 배운 아이는 영어책을 읽어냅니다. 하지만 무슨 뜻인지 내용을 이해하지는 못합니다. 영어라는 문자를 읽는 방법을 빠르게 배웠을 뿐이니까요.

다음 페이지에서 쌍둥이가 초등학교 4학년 때 재미나게 읽은《A to Z Mysteries딩크 던컨과 미스터리 수사대》영어 챕터북의 일부를 보여드리겠습니다. 리딩 레벨(AR) 3.2-4.0으로 미국의 3, 4학년 아이들이 읽을 수 있는 책입니다. 여기서 '책을 읽는다'의 진정한 의미는 소리 내어 읽을 뿐 아니라, 읽은 문장의 내용을 이해할 수 있다는 것이겠죠.

Dink felt the wood that covered the chute. "It feels old," he said. "Back away, you guys. I'll smack it with the shovel."
"How will you hit anything?" Ruth Rose asked. "I can't even see you!"
Dink felt the chute again, judging its distance. He raised the shovel over his head, swung, and missed.
"Pretend you're blindfolded and you're swinging at a piñata," Josh said. "It's filled with candy, money, cookies..."

– 《A to Z Mysteries THE PANDA PUZZLE》 72쪽

초등학교 3학년 아이에게 파닉스를 가르친 후, 아이의 나이에 맞는 이 책을 준다면 어떨까요? 파닉스를 마스터한 아이는 소리 내어 이 글을 읽을 수는 있을 겁니다. 읽는 법을 배웠으니까요. 하지만, 소리 내어 읽은 글의 내용을 파악하기는 어려울 겁니다. 어른인 저도 모르는 단어가 꽤 있습니다. 이제 막 파닉스를 마스터한 아이도 마찬가지입니다. 모르는 단어가 많으니 내용을 이해하지 못하고, 내용을 이해하지 못하니 책에 흥미를 느끼지 못합니다(그래서 영어 공부를 파닉스로 시작하는 학원에서는 많은 양의 단어를 암기시키는 것 같습니다).

그럼, 단어만 열심히 외우면 이 내용을 이해할 수 있을까요? 제 기준으로 아예 모르거나, 애매한 단어를 추려 사전을 찾아봤습니다.

chute 명사 활송 장치(사람들이나 물건들을 미끄러뜨리듯 이동시키는 장치)
smack 동사 (손바닥으로, 특히 벌로) 때리다

shovel 명사 삽, 부삽

judge 동사 판단하다 명사 판사

raise 동사 들어올리다

swung swing의 과거, 과거분사

blindfolded 형용사 눈가리개를 한

pretend 동사 ~인 척하다

swing 동사 휘두르다, 흔들다

piñata 명사 피냐타(미국 내 스페인어권 사회에서 아이들이 파티 때 눈을 가리고 막대기로 쳐서 넘어뜨리는, 장난감과 사탕이 가득 든 통)

단어의 뜻을 보면서 다시 해석해보세요. 어떤가요? 단어 뜻을 다 알아보았는데도 자신 있게 해석이 안 됩니다(학창 시절의 답답함이 되살아나 괴로웠습니다). 솔직히, 저는 첫 번째 문장부터 고민했어요. 첫 번째 문장의 'that'이 '저것'이라는 대명사인지, 접속사인지 말입니다.

Dink	felt	the wood	that covered the chute.
주어	동사	목적어	wood를 꾸미는 형용사절

해석 딩크는 슈트를 덮고 있는 나무를 느꼈다.

주어와 동사, 목적어와 형용사절을 표시해보니 이해가 되더군요. 'Dink는 느꼈다. 나무를. 슈트를 덮고 있는.' 최종적으로 '딩크는 슈트를 덮고 있는 나무를 느꼈다'로 해석이 되었습니다. 어떤가요? 파닉스 규칙과 단어 암기를 통해 영어 문장을 해석하기 위해서는 문법도 알아야 합니다. 결국, 우리가 걸어온 이 모든 과정을 아이도 걸어가야 한다는 겁니다.

쌍둥이는 초등학교 4학년 때, 《A to Z Mysteries》를 원어민이 읽어주는 음원에 맞춰 글씨를 따라가며 읽었습니다. 한 권을 읽자마자 너무 재미있다며 환호했고, 이 재미있는 책이 총 몇 권 있는지 궁금해했어요. 지금까지 쌍둥이는 단 한 번도 단어를 외우거나, 문법을 공부한 적이 없습니다. 즐겁게 영어책을 읽고 영어 영상을 보며 자연스럽게 단어의 뜻을 알게 되고, 문법을 모르고도 문장의 내용을 이해합니다. 영어를 모국어처럼 흡수한 덕입니다.

엄마의 급한 마음 때문에 파닉스가 영어를 배우는 시작이 되어서는 안 됩니다. 파닉스를 급하게 진행해야 할 이유는 하나도 없습니다. 그저 결과를 빨리 보고 싶은 어른들의 조급함 때문에 파닉스부터 시작할 뿐입니다. '듣기, 말하기, 읽기, 쓰기' 중에서 겉으로 결과를 보여주기 가장 쉬운 것이 '읽기'이기 때문이에요.

파닉스를 진행하기 가장 좋은 때는 아이 스스로 문자에 관심을 보일 때입니다. 그럼 아이가 관심을 보일 때까지 기다려야 할까요? 아이의 관심을 살짝 앞당길 수 있는 방법이 있습니다. 바로 영어라는 문자를 자주 노출해주는 겁니다. 자주 보면, 관심이 생기거든요. 한글을 빨리 뗀 아이들을 보면 어려서부터 꾸준히 한글책을 읽어준 경우가 많습니다. 꾸준히 책을 읽어주면 아이는 이야기의 재미에 빠지게 되고, 그 시간이 소복이 쌓이면 자연스럽게 이야기를 구성하고 있는 글자에도 관심을 갖게 됩니다.

다음에 나오는 3단계(들으며 읽기)를 천천히 진행하면 아이는 자연스럽게 문자를 자주, 많이 보게 됩니다. 덕분에 아는 단어(의미와 소리)와 문장이 더 많아지고, 어떤 단어는 스스로 문자를 인지하기도 합니다. 그렇게 때가 되었을 때, 내 아이에게 무리가 되지 않는 선까지만 파닉스를 살짝 짚어주고 넘어가면 됩니다(파닉스의 양이 워낙 방대해서 하고자 하면 끝이 없거든요). 그러면 '읽기'는 물론 '쓰기'에까지 좋은 영향을 줄 수 있습니다.

때가 되었을 때, 한 번 짚어주고 넘어가기

쌍둥이에게는 초등학교 3학년 때까지 파닉스를 가르치지 않았습니다. 파닉스를 배우면 영어책 읽기가 쉽다는 말에 한두 번 들이밀어 보았지만, 그때마다 쌍둥이는 파닉스를 거부했기 때문에 '싫으면 할 수 없지'라며 포기했습니다(솔직히 시간과 체력이 부족한 워킹맘이다 보니 아이들의 거부를 빨리 수긍한 결과이긴 합니다). 대신 '한글 떼기'처럼 해주면 되겠지 하는 막연한 마음으로 아이들이 영어책을 즐겁게, 꾸준히 읽을 수 있도록 노력했어요.

쌍둥이는 2단계(물밑 작업)를 통해 알파벳을 인지하고, 사이트워드를 포함한 기초적인 영어 단어를 읽을 수 있게 된 후에, 3단계(들으며 읽기)를 꾸준히 진행했습니다. 그랬더니 기존에 의미와 소리만 알고 있던 단어는 문자를 인지했고, 새로운 단어는 의미와 소리 그리고 문자까지 인지해 나갔습니다. 그렇게 읽을 수 있는 단어가 점점 늘어나면서 파닉스 원리도 조금씩 스스로 터득하더라고요. 이대로 쭉 진행하면 아이들이 영어를 자연스럽게 떼고 영어책을 스스로 읽을 수 있겠구나, 하는 믿음이 생겼습니다.

그러던 어느 날, 한 가지 의문이 찾아왔어요. 블로그를 꽤 오래 운영하다 보니 주기적으로 한 번씩 받는 질문이 있어요. 바로 '쌍둥이는 파닉스를 했나요?', '파닉스 꼭 해야 할까요?'였습니다. 그저 쌍둥이는 파닉스를 별도로 진행하지 않고도 조금씩 읽고 있다고 솔직하게 대답했어요. 그러다가 쌍둥이 초등학교 4학년 때, 그러니까 이 책의 원고를 쓰고 있을 때, 파닉스 효과에 대한 궁금증이 찾아왔습니다.

'파닉스가 '읽기'에 어떤 영향을 미칠까?'

호기심이 발동한 공대 출신 엄마는 실험에 들어갔습니다.

당시 쌍둥이가 들으며 읽고 있던 챕터북은《Geronimo Stilton》과《Captain Underpants캡틴 언더팬츠》였는데, 이 책들의 80%를 스스로 읽을 수 있었습니다. 실험을 위해《Smart Phonics스마트 파닉스》라는 책을 구입했어요(이 책을 선택한 이유는 음원을 편하게 들을 수 있는 앱 때문이었어요). 책이 도착한 후, 준비해 둔《Smart Phonics》앱을 실행시켜 게임 부분을 보여줬습니다. 아무래도 파닉스는 학습의 영역이라 게임을 통해 낚아보려 했습니다. 다행히 게임을 처음 본 아이들은 굉장한 관심을 보였고, 친구 누구도 학원에서 파닉스를 배우고 있다며 자기들도 도전해보겠다고 하더군요. 그래서 때는 이때다 싶어, 미끼를 던졌습니다.

"스마트 파닉스 1권이랑 워크북 1권 다하면 배스킨라빈스 간다!"

엄마의 미끼(?!)와 게임에 낚인 아이들은 도전하기로 했습니다. 첫날만 앱 활용 방법을 알려주었고 나머지는 모두 스스로 했어요. 전 그냥 아이들이 오늘 했는지 여부만 확인했어요. 하지만 워크북 한 권을 해보더니 너무 지루해해서, 2권부터는 본 책으로만 진행했습니다. 스마트 파닉스 1권, 2권, 3권까지 끝내는 데는 딱 3주가 걸렸고, 파닉스 앱에 있는 게임에 흥미가 떨어지기 시작하면서 4권, 5권은 참 지지부진하게 끌고 갔어요. 이 두 권을 끝내는 데는 약 3개월이 걸렸습니다. 이왕 시작했으니 한 번은 끝을 내고 싶었지만, 아이들이 싫어하니 억지로 시키기 어려워 오래 걸렸어요.

파닉스를 진행한 결과, '읽기'에 도움이 된다는 걸 알 수 있었습니다. 이 과정을 통해 쌍둥이는 알파벳 하나하나가 어떤 소리를 가지고 있는지 알게 되었어요. 이미 읽을 수 있는 단어는 복습하는 기회를, 긴가민가했던 단어는 확실하게 아는 기회를, 처음 보는 단어는 익히는 기회를 얻었습니다. 특히, 학교 영어 시험에 맞춰 '쓰기'에도 관심을 보이며, 그동안 알던 단어(의미, 소리, 문자)를 써보는 좋은 기회가 되기도 했어요.

파닉스가 영어 교육의 시작이 되어서는 안 되지만, 아이가 영어 소리를 충분히 들었을 때 발음의 규칙성을 알려줌으로써 좀 더 잘 읽고, 잘 쓸 수 있도록 도와주는 도구로는 사용해도 좋습니다. 단, 아이가 동의했을 때 진행해야 합니다. 물론 "엄마, 나 파닉스 하고 싶어요"라고 말하는 아이는 드물 테니, 아이가 파닉스를 배울 준비가 되었는지 한 번씩 확인해보세요. 3단계(들으며 읽기)를 꾸준히 진행하면서 "파닉스 한번 해볼까? 파닉스를 배우면 영어책을 더 잘 읽을 수 있대"라고 가끔 아이를 낚아보는 겁니다. 물론 아이가 하겠다고 해서 진행한다고 해도, 아이가 너무 힘들어하거나 싫어하면 잠시 멈추세요. 아직 때가 되지 않았을 수 있거든요.

영어책을 꾸준히 읽다가 자연스럽게 영어를 떼는 아이들도 있습니다. 그러니 무리할 필요는 없습니다. 파닉스는 필수가 아니라 선택이에요. 영어를 모국어처럼 습득하려면 충분히 들어야 하고, 충분히 들으며 읽다 보면 자연스럽게 문자를 인지해 나갑니다. 그러니 아이가 파닉스 원리를 편안하게 받아들일 수 있는 때를 기다려보세요. 당장은 느린 것 같아도 더 멀리, 더 잘 갈 수 있는 방법이니까요.

실전 노하우

파닉스를 한다고 해도 너무 복잡한 규칙까지 알 필요는 없습니다. 어차피 파닉스 규칙에 맞지 않는 단어도 많고, 아이가 기억할 수 있는 발음 규칙에도 한계가 있거든요. 쌍둥이는 처음에 했던 자음과 단모음은 너무 쉽다며 웃었지만, 이중 자음이나 이중 모음 부분은 진도도 잘 안 나갈 뿐더러, 나중에 기억도 잘 못했어요. 그러니 아이가 파닉스 학습을 별로 좋아하지 않는다면 스트레스 받지 마시고, 기본적인 원리(자음과 단모음) 정도만 가볍게 가르쳐주세요. 나머지는 3단계(들으며 읽기)를 통해 자연스럽게 습득할 수 있습니다.

파닉스 학습의
효과를 높이는 방법

아이가 파닉스를 배워보겠다고 해도 저처럼 파닉스를 배워본 적이 없는 엄마라면 어디서부터, 어떻게 가르쳐야 할지 막막할 겁니다. 이런 경우 엄마에게 가이드가 필요해요. 시중에 나와 있는 파닉스 교재 중 하나를 골라 구입해도 되고, **[영어 독립 꿀정보]**(157페이지)에 정리한 알파벳과 음가를 익히는 재미난 영상을 활용해도 좋습니다.

이때, 파닉스 학습과 쉬운 영어책 읽기를 병행하면 효과를 높일 수 있습니다. 예를 들어, 아이가 오늘 알파벳 'a'가 '애' 소리가 난다는 걸 배웠다면, 최대한 빨리 'a'로 시작하는 단어들을 책 여기저기에서 계속 만나게 해주는 겁니다. 반복은 장기기억 장치로 넘어가는 핵심이니까요.

이때, 한 가지 주의할 점은 첫째도 쉬운 책, 둘째도 쉬운 책, 무조건 쉬운 책을 준비해야 한다는 겁니다. 파닉스 규칙을 배웠다고 해도 영어책을 읽으면서 바로 적용하기까지는 시간이 좀 걸리기 때문이에요. 파닉스 교재에서는 친절하게 'apple, ant'처럼 같은 소리가 나는 단어를 주르륵 나열하기 때문에 자신 있게 읽었던 아이라도, 책의 'There are too many ants.' 같은 문장에서 'ant'를 만나면 오늘 배운 그 'ant'인지 헷갈릴 수 있거든요. 이런 상황에서 어려운 책으로 진행하면 아이는 '읽기'에 자신감을 갖기 어렵습니다. 쉬운 영어책으로 아이의 자신감과 성취감을 높여주어야 합니다. 쉬운 책으로 성공을 맛보면 신이 나서 계속 읽게 될 테니까요.

　추천하는 책은 얇은 페이퍼백 시리즈로 보통 한 쪽에 한 문장으로 구성되어 있고, 쉬운 단어의 반복이 많은 책입니다. 다음 페이지에 나오는 **[영어 독립 꿀정보]** 중에서 아이의 취향에 맞는 책을 선택해 보세요. 파닉스 책이라고 해도 모든 문장에는 사이트워드가 나오고, 사이트워드 책에도 파닉스 원리를 적용해서 읽을 수 있는 단어들이 나온답니다. 2단계(물밑 작업)의 **[영어 독립 꿀정보]**(181페이지)에서 소개한 책들을 손가락으로 짚어가며 소리 내어 읽다 보면 영어 소리 덩어리, 사이트워드, 파닉스 모두를 자연스럽게 익힐 수 있습니다.

파닉스를 자연스럽게 익힐 수 있는 영어책 목록

Phonics Readers는 파닉스 규칙을 자연스럽게 적용해볼 수 있는 책입니다. 다음의 목록을 보고, 인터넷 서점 등에서 책의 내용을 살펴보세요. 글의 양이 적은 책부터, 내 아이가 좋아하는 캐릭터가 있다면 관련 책부터 활용하면 좋습니다. 다음 책들은 작고 얇은 페이퍼백으로 10권 정도의 세트로 구성되어 있어요. 막상 받아보면 허술해서 당황스러울 거예요. 대신에 가격이 저렴해 부담이 적습니다.

보통 도서관에 비치되어 있지 않은 경우가 많으니, 우선 한 시리즈만 구입해서 아이의 반응을 지켜보세요. 아이가 재미있어한다면 한 시리즈를 추가로 구입해 진행하면 되고, 아이가 이런 스타일의 책을 싫어한다면 더 구입할 필요가 없겠지요.

○ Phonics Readers

《 I Can Read! Phonics Biscuit, HarperCollins 》

《 I Can Read! Phonics Pinkalicious, HarperCollins 》

《 I Can Read! Phonics Fancy Nancy, HarperCollins 》

《 I Can Read! Phonics Little Critter, HarperCollins 》

《 I Can Read! Phonics The Berenstain Bears, HarperCollins 》

《 I Can Read! Phonics Pete the Cat, HarperCollins 》

《 Peppa Pig Phonics, Scholastic 》

《 LEGO City Phonics, Scholastic 》

《 Paw Patrol Phonics, Random House Books for Young Readers 》

《 Fly Guy Phonics Readers, Scholastic 》

《 The Magic School Bus Phonics Fun, Scholastic 》

초2부터 활용하는
따라잡기 기술 ②

-
-
-
-

어휘력을 조금 빠르게 올리는 방법

영어는 초등 시기에 시작해도 충분히 모국어처럼 습득할 수 있습니다. 다만 종종 앞서가는 다른 아이들을 보며 내 아이만 조금 늦은 것은 아닌지 걱정이 될 때가 있어요. 수많은 영어책을 읽다 보면 자연스럽게 습득할 수 있는 것이 영어 단어이지만 조급함이 찾아와 힘든 엄마들을 위해, 아이의 영어 어휘력을 조금 빠르게 올릴 수 있는 방법을 몇 가지 알려드리겠습니다. 언제나 그렇듯 아이가 좋아하는 것을 찾아 천천히 진행해보세요.

1) Scholastic 출판사의 《I Spy》
《I Spy》책은 일종의 게임북이에요. 엄마가 책의 단순한 문장(단어)을 읽어주면 아이는 해당하는 영어 단어를 주어진 사진이나 그림 속에서 찾는 거예요. 재미난 게임으로 아이가 기초적인 영어 단어를 습득할 수 있도록 도와줍니다. 은근히 재미있어요. 저희 아이들도 엄청 좋아했지만, 서로 하겠다고 다퉈서 자주 못했던 아쉬운 책이기도 합니다. 얇은 페이퍼백으로 종류가 다양하니, 온라인 서점에서 내용을 보고 천천히 골라 활용해보세요.

2) 영어사전

저희 집에는 다음 두 권의 영어사전이 있어요. 처음에는 제가 아이들에게 영어 단어의 소리와 뜻을 인지시키는 용도로 활용했고, 나중에는 아이들 스스로 그림을 구경하다 문자를 보기도 했습니다. 모두 우리말 설명은 없지만 그림이 풍부해 내용을 이해하기 쉬워요.

ⓐ Disney English My First 1000 Words

아이들에게 친숙한 디즈니 캐릭터가 등장하는 영어사전이에요. 2쪽마다 Cinderella^{신데렐라}, Aladdin^{알라딘} 등의 캐릭터를 중심으로 큰 그림이 하나 주어지고, 그림 속에 등장하는 영어 단어를 따로 빼서 그림과 문자를 알려줍니다. 워낙 기초적인 단어를 다루어 쉽고 만만합니다. 또 매 그림마다 'Can you find?', 'Three apples.'처럼 어떤 그림을 찾아보라는 과제를 하나씩 던져요. 쌍둥이는 이 숨은 그림 찾기를 특히 좋아했어요.

ⓑ The Cat in the Hat Beginner Book Dictionary

유명한 닥터 수스$^{Dr. Seuss}$의 책이에요. 실생활에서 자주 접하는 1,350여 개의 어휘가 재미난 그림과 함께 수록되어 있어요. 그림을 얼마나 잘 그렸는지, 그림만 보고도 단어의 뜻을 짐작할 수 있어요. 덕분에 엄마가 특별한 설명을 하지 않아도 되니 편합니다.

3) 워크북

단어의 그림과 문자 연결하기, 색칠하기, 숫자 쓰기, 단어 읽고 써보기 등 다양한 활동을 해볼 수 있는 워크북이 있어요. 워크북 푸는 걸 좋아하는 아이라면 매일 1~2장 정도 꾸준히 진행해보세요. 영어책을 읽고 유추하는 것보다 영어 단어를 좀 더 빠르게 인지할 수는 있지만, 아무래도 학습적인 느낌으로 아이가 싫어할 수도 있어요. 그러니 무리하지는 마세요.

ⓐ Brain Quest Workbook

알파벳 쓰기, 반대말 찾기, 색칠하기 등의 활동으로 기초적인 영어 단어를 인지할 수 있어요. 종류가 다양하니 온라인 서점에서 내용을 보고 천천히 골라 활용해보세요.

ⓑ 100 Words Kids Need To Read

Scholastic 출판사에서 제작했어요. 색칠하기, 미로 찾기, 단어 찾기, 문장 만들기 등의 활동으로 사이트워드^{sight word}를 익힐 수 있는 워크북이에요.

들으며 읽기

: 소리와 문자를 연결하는 단계

3단계 '들으며 읽기'에 활용되는 영어책

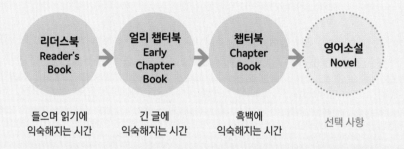

리더스북
Reader's
Book

얼리 챕터북
Early
Chapter
Book

챕터북
Chapter
Book

영어소설
Novel

들으며 읽기에
익숙해지는 시간

긴 글에
익숙해지는 시간

흑백에
익숙해지는 시간

선택 사항

지금까지 영어 소리를 충분히 듣고, 기초적인 단어와 사이트워드를 자연스럽게 인지하는 '물밑 작업'까지 끝난 아이라면, '읽기' 능력보다 '듣기' 능력이 당연히 우수할 겁니다. 이것은 언어를 습득하는 자연스러운 과정으로, 모국어 습득 과정을 생각해보면 이해가 쉽습니다.

특별히 가르치지 않아도 모국어를 자연스럽게 구사했던 아이도 '한글 떼기'에는 별도의 학습이 필요했고, '읽기 독립'에도 공을 들여야 했습니다. 쌍둥이가 처음 한글을 뗐을 때, 엄마인 저는 기대에 차 있었어요. '드디어! 책을 읽어달라고 가져오지 않고 스스로 읽겠구나!' 하고요. 하지만 쌍둥이는 변함없이 책을 읽어달라고 가져왔습니다. '무슨 일이지?', '아직 한글을 덜 뗀 건가?' 꼬리에 꼬리를 무는 의문 속에서 이유를 찾기 시작했습니다. 태어나서 지금까지 우리말은 계속 들었지만(한글책도 엄마가 읽어주었지요), '읽기'는 이제 막 한글을 떼고 시작한 상태입니다(100% 완벽하게 뗀 것도 아니고요). 이처럼 '듣기'와 '읽기'는 출발점부터가 다릅니다. 엄마나 전자펜이 읽어주면 듣기만 하면 되니 편하게 그림책의 내용을 파악할 수 있는데, 스스로 읽으면 한 글자, 한 글자 읽느라 시간이 너무 오래 걸립니다. 영어도 비슷합니다. 2단계(물밑 작업)까지 진행한 아이는 스스로 읽는 것보다 엄마나 음원이 읽어주는 것이 훨씬 더 편안합니다(사이트워드를 포함한 기초적인 영어 단어를 읽을 수 있는 정도의 수준일 뿐이니까요). 아이는 지금 모국어를 습득했던 그 순서대로 영어를 흡수하고 있는 거예요.

3단계는 계속해서 영어 소리를 충분히 들려주면서, 아이의 '읽기' 능력을 올려주는 시간입니다(영어 듣기 환경은 계속 제공되어야 해요). 핵심은 '들으며 읽기' 딱 하나입니다. 참 단순하면서도 효과 좋은 방법으로, 꾸준히 실천하면 듣기 능력이 더 우수한 아이의 읽기 능력을 서서히, 무엇보다 자연스럽게 끌어올릴 수 있습니다. 이 단계에서 엄마의 역할은 두 가지예요. 하나는 아이가 재미나게 들으며 읽을 수 있는 영어책을 찾는 거고요. 또 하나는 격려와 응원을 통해 아이를 다독이며 계속 가는 겁니다. 새로운 책을 들으며 읽을 때마다 칭찬을 아끼지 말아주세요. 아직 완전히 스스로 읽는 것은 아니지만, 아이가 발전하고 있는 것은 맞습니다. 저는 이때 스티커 판을 적극 활용했고, 그에 따른 칭찬과 보상도 열심히 했답니다.

'들으며 읽기'

'영어책 들으며 읽기' 방법에 확신을 갖고 기다릴 수 있었던 것은 모두 '한글 떼기'와 '읽기 독립'의 경험 덕분입니다. 쌍둥이는 한글을 어느 정도 뗀 이후에도 계속해서 책을 읽어달라고 가져왔지만, 워킹맘이었던 저에게는 책을 읽어줄 체력이 남아 있지 않았어요. 미안한 마음에 전자펜이 가능한 한글 전집을 구입하기 시작했고, 아이들은 아쉬운 대로 전자펜이 읽어주는 소리를 들으며 한글책을 계속 읽었습니다.

문제는 전자펜이 가능한 책의 부담스러운 가격과 빨리 성과를 내고 싶은 저의 조급한 마음이었어요. 다행히 경제적 부담은 중고 전집으로 줄일 수 있었고, 조급한 마음은 바쁜 일상과 아이들이 싫어하는 것은 강요하지 않는 성격 덕분에 내려놓을 수 있었습니다.

그렇게 전자펜과 함께한 지 1년 6개월 정도의 시간이 흐르고 나니, 한글책을 조금씩 눈으로 읽기 시작했어요. 시간은 좀 걸렸지만, 우리는 서로에게 무리가 되지 않는 선에서 즐겁게 '읽기 독립'을 완성했습니다. 쌍둥이는 스스로 한글책을 읽어야 한다는 부담감에서, 엄마인 저는 책을 읽어주어야 한다는 부담감에서 자유로웠으니까요. 이 경험 덕분에, '영어 읽기 독립'도 확신을 갖고 기다릴 수 있었습니다(역시 외국어는 모국어보다 시간이 좀 더 걸리더군요).

'들으며 읽기'의
놀라운 효과

아이의 '읽기' 능력을 올리는 방법은 다양합니다. 엄마가 읽어주는 시간을 조금씩 줄이면서 아이 스스로 읽는 시간을 늘려가는 방법도 있고, 아이 혼자서만 책을 읽게 하면서 그 시간을 조금씩 늘려가는 방법도 있습니다. 물론 아이 스스로 읽는 것에도 눈으로 읽는 방법도 있고, 소리 내어 읽는 방법도 있고, 음원을 들으며 읽는 방법도 있습니다.

이렇게 다양한 방법 중에서, 아이가 가장 무리 없이 할 수 있는 것은 무엇일까요? 30쪽짜리 영어책이 있다고 할 때, 엄마가 읽어주는 것과 스스로 읽는 것 중에 아이는 어느 쪽을 더 좋아할까요? 아이들 대부분이 엄마가 읽어주는 쪽을 선택합니다. 그게 편하니까요. 하지만 엄마 역시 힘들기 때문에 영어책을 읽어주는 데는 한계가 있습니다(얼리 챕터북 단계만 들어가도 50쪽이 훌쩍 넘어갑니다).

그래서 이 책에서는 시간과 체력이 부족한 엄마와 아이에게 크게 부담되지 않으면서도 영어 듣기까지 잡을 수 있는 '들으며 읽기'를 추천합니다. '들으며 읽기'란 원어민이 읽어주는 음원에 맞추어, 눈으로 글자를 따라가며 영어책을 읽는 방법입니다. 꾸준히 책을 읽음과 동시에 단어의 소리와 문자를 연결할 수 있어요. 아이는 이 과정을 통해 그동안 의미와 소리를 알고 있던 단어는 문자를 알게 되고, 새로운 단어는 의미, 소리, 문자를 모두 알게 됩니다.

예를 들어, 1단계(충분히 듣기)를 통해 '자전거'라는 단어가 영어로는 '바이크'처럼 소리가 난다는 걸 알게 된 아이가 있다고 가정해 보겠습니다. 소리와 뜻은 알지만 아직 문자는 모르는 상태로, '들으며 읽기'를 진행하고 있지요. 영어책을 이용해 귀로는 "디스 이즈 마이 바이크"라는 소리를 듣고, 눈으로는 'This is my bike.'를 따라갑니다.

우선 'This, is, my'는 2단계(물밑 작업)를 통해 충분히 반복한 사이트워드sight word이니 이것을 복습하는 시간이 될 거고요. 뜻과 소리만 알고 있던 '바이크'는 문자 'bike'와 연결하게 됩니다. "아! 바이크가 bike구나" 하고요. 이처럼 '들으며 읽기' 과정을 반복하다 보면, 수많은 영어 단어의 소리와 문자를 연결하면서 자연스럽게 '영어 떼기'를 완성하게 됩니다.

엄마들 대부분은 내 아이가 하루라도 빨리 음원 도움 없이 영어책을 술술 읽기를 바랍니다. 하지만 급하게 서두르다 보면, 그동안 즐겁게 받아들이던 영어를 싫어하게 될 수도 있어요. 아이들은 공부 느낌이 나면 귀신같이 눈치채는 신비로운 존재거든요! 서두르지 말고, 오히려 이 시간을 즐겨보세요. '들으며 읽기'는 다양한 장점과 효과가 있어 적극 추천합니다.

'들으며 읽기'의 효과

1. '영어 떼기' 완성
2. 새로운 단어 습득
3. 영어 단어의 정확한 발음 인지
4. 집중력 향상
5. 영어 인풋 시간 확대
6. 아이 나이 수준에 맞는 영어책 읽기 가능

'영어 떼기' 완성과 함께 '들으며 읽기'의 가장 큰 효과는 새로운 단어의 습득입니다. 영어를 모국어처럼 구사하려면 알고 있는 단어가 많아야 합니다. 영어책을 충분히 읽으면서 서서히 단계를 올리면, 한 페이지에 모르는 단어가 한두 개 정도 등장할 겁니다. 이때, 아이들은 그림이나 문맥을 통해 뜻을 유추하며 새로운 단어를 습득해 나갑니다. 예를 들어,《ORT》시리즈 중《Look Smart》책 16쪽에는 강아지 플로피Floppy가 진흙이 잔뜩 묻은 발로 주인공 칩Chip에게 달려드는 그림과 함께, 다음 두 문장이 나옵니다.

Floppy ran in with muddy paws.
플로피가 진흙이 묻은 발로 달려들어 왔어요.

He jumped up at Chip.
그는 칩에게 달려들었어요.

16쪽에서 아이가 모르는 단어가 'paw' 하나라면, 플로피의 발에 진흙이 묻은 그림을 통해 'muddy paws'를 '진흙이 묻은 발', 최종적으로 'paw'를 '발'로 유추할 수 있습니다. 며칠 후, 아이는《ORT》시리즈 중《Wet Paint》를 읽다가 paw를 또 발견합니다. 이 책의 3쪽에는 아빠가 방금 페인트칠을 해둔 문에 강아지 플로피가 발을 올려놓는 장면과 함께 다음의 문장이 나옵니다.

He jumped up.
그(플로피)는 점프했어요.

He put his paws on the paint.
그는 페인트칠을 한 곳에 그의 발을 올려놓았어요.

이 글을 통해, 아이는 얼마 전 자신이 유추했던 'paw'의 뜻이 '발'이라는 것을 확신하게 됩니다. 이해를 돕기 위해 그림을 통해 단어를 유추하는 과정을 설명했을 뿐, 문맥을 통해 유추하는 것도 비슷합니다. 쌍둥이는 'cafeteria'라는 단어의 뜻을 처음에는 잘 몰랐다고 해요. 그런데 여러 책에서 'cafeteria'가 등장할 때마다 학교 급식 식당이 배경이더라는 거죠. 그래서 'cafeteria'가 '식당'을 의미한다는 걸 알게 되었다고 합니다. 이처럼 꾸준히 책을 읽는 아이들은 모르는 단어를 만났을 때, 그림이나 문맥을 통해 뜻을 유추하고, 자신이 유추한 뜻을 다른 책을 읽으면서 확인하게 됩니다.

미국의 언어학자 크라센Stephen Krashen은 '독자들은 문맥을 통해서 모르는 단어의 의미를 알게 된다'고 말했습니다. 그의 저서《크라센의 읽기 혁명》에는 영어를 외국어로 배우는 성인 학습자들을 대상으로 진행한 흥미로운 연구 결과가 나옵니다. 이 연구에서 한 그룹은 《동물농장Animal Farm》에 나오는 단어를 기계적으로 암기했고, 다른 그룹은 책을 읽기만 했습니다. 일주일 후에 시험을 본 결과(연구대상자들은 나중에 어휘 시험을 본다는 것을 사전에 알지 못했어요), 첫 시험에서는 단어를 외운 그룹의 점수가 더 높게 나왔습니다. 하지만 3주 후에는 두 그룹 간에 차이가 없었습니다. 시험을 두 번 보는 동안 단어를 기계적으로 외운 그룹은 단어를 잊었지만, 독서를 한 그룹은 실질적으로 어휘력이 향상되었습니다. 이렇게 영어책을 재미나게 읽으면 단어의 뜻을 자연스럽게 유추할 수 있을 뿐 아니라, 기억도 더 오래 갑니다.

세 번째 효과는 영어 단어의 정확한 발음 인지입니다. 새로운 단어는 처음부터 정확한 발음과 함께 습득하게 되고, 그동안 책을 엄마가 읽어주는 과정에서 살짝 정확하지 않은 발음으로 알고 있던 단어는 '들으며 읽기'를 통해 아이 스스로 교정하게 됩니다. 단어 하나하나를 천천히 짚어가며 원어민의 정확한 발음을 듣기 때문에, 교정과 습득에 확실히 효과가 좋습니다.

네 번째, 다섯 번째 효과는 집중력 향상과 영어 인풋 시간의 확대입니다. 단계가 올라가면서 점점 이야기의 재미에 빠진 아이는 한 시간까지도 '들으며 읽기'를 진행할 수 있게 됩니다. 집중력까지 향상되는 거죠. 집중력이 향상된 만큼 꾸준하게 인풋 시간을 확대하다 보면, '들으며 읽기'의 효과를 다시 한번 확인하게 됩니다. 처음처럼 엄마가 읽어주거나 혹은 아이 스스로 소리 내어 읽게 했다면, 매일 한 시간씩 읽기는 어려웠을 겁니다. 하지만 기계는 가능합니다. 한 시간이든 두 시간이든 지치지 않고, 친절하게 처음 그 속도, 그 발음으로 영어책을 읽어줍니다(저는 '책 읽어주는 보모'를 들였다고 말하고 다닌답니다). 덕분에 아이가 이야기의 재미에 빠지기만 하면, 전보다 많은 양의 영어 소리를 듣게 됩니다. 물론 아이가 지치지 않게 시간을 조금씩 늘려야 하고, 건강을 위해 한 번에 들으며 읽는 시간은 최대 한 시간 정도로 제한을 두는 것이 좋습니다(아이가 그 이상을 원한다면, 충분한 휴식 후에 진행하면 좋겠지요).

마지막 효과는 아이 나이 수준에 맞는 '영어책 읽기'가 가능하다는 겁니다. 영어를 모국어처럼 습득할 수 있는 환경을 만들어주면,

가장 먼저 '듣기'가 두각을 나타내는 걸 볼 수 있습니다. 언어 능력에서 가장 빠르게 발달하는 '듣기'를 활용해 아이의 정서 수준에 맞는 영어책을 읽을 수 있게 도와주어야 합니다.

예를 들어 초등학교 3학년 아이가 이제 막 엄마표 영어를 시작했다면, 번역서인 《엽기 과학자 프래니》는 재미있게 읽어도, 이 책의 원서인 《Franny K. Stein, Mad Scientist》는 읽기 어려울 겁니다. 아이는 자신의 정서 수준이 아닌, 영어 수준에 맞추어 《ORT》 1단계를 읽어야 하지요. 이런 경우, 하루라도 빨리 아이의 정서 수준에 맞는 영어책을 읽을 수 있도록 도와주어야 합니다. 그렇지 않으면 아이가 영어책 읽기에 흥미를 잃어버릴 수 있거든요. 이를 위해 자연스럽게, 좀 더 빠르게 발달하는 '듣기'를 활용해야 합니다.

이렇게 반짝반짝 빛나는 많은 효과를 지닌 '들으며 읽기' 과정의 핵심은 무수한 반복입니다. 무수히 많은 영어 단어의 소리와 문자를 연결하는 일은 하루아침에 끝나지 않거든요. 'bike'를 한두 번 봐서는 내 것이 되기 어려워요. 다양한 책을 두루두루 읽으며, 보고 또 봐야 내 것이 됩니다. 또 A라는 책에 없는 단어가 B라는 책에 나오고, B라는 책에서 못 본 단어가 C라는 책에 나옵니다. 우리말의 경우 거리의 간판에서, 학교나 유치원 등 세상 곳곳에서 만나고 또 만나기 때문에 책만으로 한글을 떼지는 않습니다. 하지만 영어는 어떨까요? 영어는 오롯이 책밖에 없습니다(책에 대한 의존도가 굉장히 높지요). 알고 있는 단어는 물론 새로운 단어의 소리와 문자를 연결하기 위해서는 영어책을 꾸준히 읽어야 합니다.

실전 노하우

'영어 읽기 독립'을 조금 더 앞당기는 효과를 보고 싶다면 '들으며 읽기'를 중심으로 '소리 내어 읽기'를 살짝 병행해보세요. 아이가 크게 거부하지 않는다면 아주 적은 분량을 해보는 겁니다. 매일 들으며 읽는 책의 분량이 적을 때는 한 권 정도를, 분량이 많을 때는 마음에 드는 한두 쪽만 소리 내어 읽게 해보세요. 조금 더 문자를 빨리 인지하게 될 거예요. 다만, 아이가 싫어하면 진행하지 마세요. 어차피 충분히 들으며 읽으면 '읽기 독립'을 완성할 수 있으니까요.

단계별 영어책을
충분히 읽어야 하는 이유

쌍둥이 일곱 살 초반에 〔Arthur내 친구 아서〕 시리즈 영상을 영어로 보여주었어요. 재미있게 시청하는 모습을 보고는 리딩 레벨(AR) 1.5-2.2의《Arthur Starter아서 스타터》책을 구입했고, 이 책을 재미있게 읽는 모습을 보고는 신이 나서 계획을 세웠습니다. '《Arthur Starter》다음에는《An Arthur Adventure아서 어드벤처》를, 그다음에는《An Arthur Chapter Book아서 챕터북》을 읽으면 되겠구나' 하고요. 하지만 아이들은《Arthur Starter》와 달리《An Arthur Adventure》는 어렵다며 읽지 않았어요.

이유를 찾기 위해 두 책을 천천히 비교해 보았습니다.《An Arthur Adventure》의 경우, 아직 그림은 많지만 눈으로 따라가야 할 글의 양이 확연히 늘어나 있었고, 전체 페이지도 많아졌더라고요. 리딩 레벨(AR)을 보면 최대 2.2에서 3.2로 점프합니다. 결국《Arthur Starter》수준의 다른 영어책을 두루두루 꾸준히 읽게 했고, 그렇게 1년 정도가 지난 후에야《An Arthur Adventure》를 재미나게 읽을 수 있었습니다.

《An Arthur Adventure》를 재미나게 읽고 난 후에도《An Arthur Chapter Book》으로 넘어가지 못했어요. 부담을 덜어주려고 시리즈 중 리딩 레벨(AR) 3.0대 전후의 책 몇 권을 대출해왔지만, 아이들은 강하게 거부했습니다. 이번에는 다른 이유였어요. 그동안 알록달록 그림이 많은 영어책을 읽어 온 쌍둥이는 그림은 흑백인 데다 조금밖에 안 들어 있고, 글씨는 가득한《An Arthur Chapter Book》을 거들떠보지도 않았습니다(흑백만 보면 거부하던 쌍둥이 덕에 찾은 얼리 챕터북에 대해서는 뒤에서 자세히 이야기해 보겠습니다).

도서명	권수	페이지	녹음 속도(분당)	AR	구분
Arthur Starter	16	24	90~100단어	1.5-2.2	리더스북
An Arthur Adventure	21	32	110~120단어	2.2-3.2	리더스북
An Arthur Chapter Book	30	64	160단어	2.9-3.8	챕터북

초보 엄마는 이렇게 성공과 실패를 반복하며 깨달았습니다. 단계별로 유명한 영어책 한두 시리즈만 읽어서는, 다음 단계로 넘어갈 수 없다는 것을요. 영어를 모국어로 쓰는 사람들의 평균 어휘는 4만 단어라고 합니다('언어 습득에 필요한 정보량을 알아냈다' -한겨레

2019.4.3.). 우리 아이들이 4만 단어를 습득하려면 영어책을 몇 권이나 읽어야 할까요? 하루에 영어 단어 10개를 10년 동안 습득한다면, 총 36,500개의 단어를 알게 됩니다(한 번 외운 단어는 잊어버리지 않는다는 전제 하에 말입니다). 하지만 리더스북의 경우 시리즈마다 사용하는 단어가 제한적이기도 하고, 챕터북은 시리즈마다 혹은 작가마다 자주 사용하는 표현이 있다 보니, 한두 시리즈 읽어서는 다양한 단어를 습득하기 어렵습니다.

아이가 들을 수 있는 영어 소리는 모국어에 비해 턱없이 부족하다는 것을 잊으면 안 됩니다. 유명한 시리즈 한두 개가 아닌, 단계별 영어책을 두루두루 읽으면서 한 단계, 한 단계 천천히 올라가야 합니다. 단계별로 영어책을 충분히 읽으면서 아이가 알고 있는 영어 소리를 문자와 연결해 나감은 물론, 새로운 단어와 문장 구조도 습득해야 합니다.

리딩 레벨을 단단하게
효과적으로 올리는 방법

아이의 리딩 레벨을 단단하게 효과적으로 올리는 방법은 크게 두 가지가 있습니다. 하나는 '습관을 들여 리듬 타기'입니다. 우선은 적은 양으로 시작해 꾸준히 진행해서 리듬을 타는 것, 바로 '습관을 만드는 것'이 중요합니다. 그러다 보면 아이가 읽는 책의 양과 집중하는 시간은 앞으로 조금씩 늘어날 겁니다.

쌍둥이는 '하루에 영어책 세 권 읽기'로 시작했고, 처음에 들으며 읽었던 책은 《ORT》 1단계예요. 한 페이지에 한 문장, 총 페이지가 8쪽밖에 안 되는 책이지요. 당시에는 너무 적은 양이 아닐까 고민했지만, 전세는 금방 역전되었습니다. 《ORT》 5단계를 읽게 되면, 벌써 한 페이지에 두세 문장이고 총 페이지가 24쪽으로 늘어납니다. 또 얼리 챕터북 단계만 들어가도 한 권을 들으며 읽는 시간이 20분에서 30분 정도로 늘어납니다. 흥미와 보상으로 일정한 습관이 만들어지면, 나중에는 한 시간이 넘도록 들으며 읽는 것도 가능해집니다. 오히려 아이들의 건강을 위해 최대 한 시간까지만 읽을 수 있도록 제한했고, 새 책이 도착했거나 너무 재미있어서 더 읽고 싶다고 조를 때는 시간 간격을 두고 나눠서 읽을 수 있도록 했어요.

또 하나는 다양한 책을 충분히 읽을 수 있도록 환경을 만들어주는 겁니다. 이 책의 **[특별 부록] 종류별 영어책 목록**(347페이지)을 참고해 내 아이가 좋아할 만한 책을 골라보세요. 도서관에서 책을 대출한 후에 아이에게 하나씩 보여주는 겁니다. 원하는 책이 도서관에 없다면, 영어책 대여점을 활용하거나 사는 것도 생각해보세요.

다만, 하루하루 성장하고 변화하는 아이의 기호와 수준을 엄마가 정확하게 파악하기는 쉽지 않을 겁니다. 아이들의 영어 수준은 '계단식'으로 올라가지만, 골라 읽는 책의 수준은 위, 아래로 오르락내리락하면서 서서히 올라가더군요. '리딩 레벨(AR) 1.0대 책을 충분히 읽고 그다음은 AR 2.0대! 또 AR 2.0대 책을 충분히 읽고 그다음은

AR 3.0대!'가 아니라, AR 1.0대를 읽다가 AR 2.0대로 올라간 아이가 때론 AR 1.0대 책도 읽고, 때론 AR 3.0대 책도 읽더라는 겁니다. 결국 아이가 지금 AR 2.0대 책을 읽는 수준이라면, 집에 AR 1.0대부터 3.0대의 책까지 두루두루 갖추고 있어야 한다는 결론이 나옵니다. 중요한 것은 그때그때 아이가 읽고 싶은 책을 읽을 수 있게 해준다는 겁니다.

지금까지 '들으며 읽기'가 무엇인지, 어떻게 해야 하는지에 대해 알아보았습니다. 방법을 알았으니 이제 행동해야겠지요. 사랑하는 우리 아이가 '들으며 읽기'를 꾸준히 할 수 있도록 동기를 부여하고, 잘할 때는 한가득 칭찬과 보상도 해주고, 힘들어할 때는 다독이면서 한걸음, 한걸음 천천히 가는 겁니다. 아이는 어리고 시간은 충분하니까요. 그럼, 가볍게 리더스북부터 시작해보겠습니다.

리딩 레벨Reading Level
활용법

영어 원서에는 책의 난이도를 알려주는 리딩 레벨Reading Level이라는 것이 있어요. 많이 사용되는 리딩 레벨은 AR Accelerated Reader 지수와 렉사일Lexile 지수인데, 저는 이 중에서 AR 지수만을 활용했습니다.

르네상스 러닝 사Renaissance Learning Inc.가 운영하는 Accelerated Reader Bookfinder 사이트(www.arbookfind.com)에 접속해 책 제목을 검색하면 ATOS Book Level, Interest Level, 주제, 단어 수, 간단한 책 소개 등의 정보를 무료로 확인할 수 있어요. 일반적으로 참고할 만한 지표는 두 가지입니다. ATOS Book Level이 우리가 알고 있는 AR 지수인데, 평균 문장 길이, 평균 단어 길이, 단어 난이도 등을 고려한 지수로, 보통 1.0대에서 12.0대까지 소수로 표기합니다. Interest Level은 책의 주제와 장르, 내용 등을 고려하여 Lower Grades(LG K-3), Middle Grades(MG 4-8), Middle Grade Plus(MG+ 6 and up), Upper Grades(UG 9-12)의 네 가지로 분류합니다.

저는 이 지수 중에서도 ATOS Book Level만을 활용했어요. 대부분의 국내 온라인 서점에서 ATOS Book Level 정보를 제공하고 있어서 바로바로 확인할 수 있었고, 한 가지 기준만을 참고하는 것이 편해서였어요. 처음에는 ATOS Book Level을 참고해 아이의 영어 수준에 맞는 시리즈를 몇 개 찾아 도서관에서 대출한 후, 그중에서 아이 마음에 드는 책을 골랐어요. 시간이 흐르면서 ATOS Book Level과 아이의 취향을 고려해, 저 혼자 판단한 후에 구입하곤 했습니다(시간이 흐를수록 아이들의 취향을 저격할 확률이 높아졌어요).

The Adventures of Captain Underpants
Pilkey, Dav
AR Quiz No. 20251 EN

George and Harold have created the greatest superhero in the history of their elementary school, and now they are going to bring him to life.

AR Quiz Availability:
Reading Practice, Vocabulary Practice

ATOS Book Level: 4.3
Interest Level: Middle Grades (MG 4-8)

예를 들어 《The Adventures of Captain Underpants》를 검색해보면 위와 같은 화면이 나옵니다. ATOS Book Level은 4.3으로 미국 학생 기준으로 4학년 3개월인 아이가 읽기에 적합한 책을 의미하고요(1.0대의 책은 미국 1학년 학생이, 2.0대의 책은 미국 2학년 학생이 읽는 책이라고 생각하면 됩니다). Interest Level은 Middle Grades(MG 4-8)로 4학년에서 8학년까지 학생이 읽기에 적합한 책을 의미합니다. 쉽게 말해서 단어의 수준은 4학년 학생에게, 내용은 4학년에서 8학년까지 학생에게 적합하다는 겁니다.

보통 리딩 레벨을 기준으로 영어책을 골라주었지만, 꼭 리딩 레벨에 맞추어 책을 읽지는 않았어요. 쌍둥이는 리딩 레벨이 다소 높아도 자신의 취향에 맞으면 읽었고, 리딩 레벨이 낮아도 취향에 맞지 않으면 읽지 않더라고요. 단적인 예로 쌍둥이가 챕터북 단계에 진입했던 초등학교 3학년 때, 들으며 읽었던 책의 순서는 다음 표와 같아요. ATOS Book Level 기준으로 보면 역순으로 읽은 거고, Interest Level 기준으로 봐도 순서가 맞지 않습니다.

영어책 제목	ATOS Book Level	Interest Level	시리즈 제목
Lunch Walks Among Us	5.0	Lower Grades (LG K-3)	Franny K. Stein, Mad Scientist
The Adventures of Captain Underpants	4.7	Middle Grades (MG 4-8)	Captain Underpants
Rise of the Earth Dragon	3.1	Lower Grades (LG K-3)	Dragon Masters

아이들에게 리딩 레벨보다 더 중요한 것은 자신들의 취향이었습니다. 또 책의 컬러 여부, 그림의 양, 글씨 크기, 책을 읽어주는 음원의 재미 등도 중요한 선택 요소였어요. 아이들이 원하는 요소를 반영했을 때, 비로소 얼리 챕터북과 챕터북 단계에 진입할 수 있었습니다. 리딩 레벨은 무수히 많은 영어책 중에서 선택의 범위를 좁혀주는 역할을 합니다. 참고는 하되, 내 아이의 취향에 더 집중해야 한다는 것을 꼭 기억해주세요. 언제나 '정답은 내 아이'니까요.

'들으며 읽기'의 네 가지 방법

전자펜 활용 조작이 단순하고, 전자펜이 가능한 책을 편리하게 들으며 읽을 수 있어요. 음원 듣기 외에 다른 활동을 할 수 없기 때문에 아이가 '영어책 읽기'에만 집중할 수 있습니다. 다만 일부 시리즈를 제외하고, 원서 대부분에는 오디오 CD나 음원 파일이 제공돼서 사용할 일이 줄어들어요.

DVD 플레이어 활용(오디오 CD) 전자펜처럼 조작이 단순하고, 음원 듣기 외에 다른 활동을 할 수 없기 때문에 아이가 '영어책 읽기'에 집중할 수 있어요. 다만 책 한 권마다 해당하는 오디오 CD를 찾아서 플레이어에 넣어야 하는 수고가 있습니다. 솔직히 아이가 읽는 책의 단계가 낮을 때는 좀 번거로워요. 하지만 단계가 올라갈수록 음원의 양도 길어져 한 번만 CD를 넣어주면 30분에서 한 시간까지도 들으며 읽게 된답니다.

스마트폰 활용(음원 파일) 음원 파일이 제공되는 원서가 점점 늘어나고 있으니, 엄마, 아빠가 사용하지 않는 스마트폰을 활용해보세요. 음원을 넣고 사용하는 법이 단순해 편리하고, 용량도 걱정할 일이 없습니다. 단, 아이가 스마트폰을 가지고 놀 우려가 있어요. 쌍둥이들은 스마트폰을 사용할 줄 모르기 때문에 괜찮았지만 그래도 가끔은 스마트폰 속에 있는 사진첩을 눌러서 구경하더라고요. 그래서 사진 등의 자료와 모든 기능을 지워, 영어책 음원을 넣고 플레이하는 기계로만 사용할 수 있도록 했습니다.

유튜브 활용 책 제목을 검색하면 책 읽어주는 영상을 찾을 수 있습니다. 다만 엄마가 미리 영상을 찾아두시길 권합니다. 발음이 좋지 않거나, 잡음이 많아서 아이가 집중하기에 불편한 영상들도 있었거든요. 그래서 쌍둥이에게 책을 보여주기 전에 미리 영상을 찾아두었어요. 그리고 괜찮은 영상을 찾으면 '내 채널'의 재생목록에 저장해두었습니다.

리더스북Reader's Book

1단계(충분히 듣기)에서는 영어 그림책이든 리더스북이든 어떤 책을 읽어주어도 괜찮습니다. 하지만 본격적인 '읽기' 단계인 3단계에서는 리더스북으로 시작합니다. 물론 아이가 유독 좋아하거나, 읽고 싶어 하는 영어 그림책이 있다면 읽어도 좋습니다. 그런 경우에는 영어 그림책과 리더스북을 함께 진행해보세요. 아이가 원하는 것을 최대한 들어주면서 물 흐르듯 진행하는 것이 중요합니다. 책을 읽어야 하는 사람은 아이니까요.

리더스북Reader's Book은 아이 스스로 영어책을 읽을 수 있도록 '읽기'를 연습하는 책입니다. 보통 단계별로 구성되어 있어요. 예를 들면 1단계는 100 단어, 2단계는 250 단어 등 정해진 양의 단어로 이야기를 만들어놓은 겁니다. 단계별로 꾸준히 읽어 나간다면 영어를 체계적으로 습득할 수 있는 좋은 책입니다만, 정해진 단어와 읽기 쉬운 문장으로 구성돼 있어 이야기가 다소 재미없을 수도 있어요. 그래도 리더스북의 종류가 워낙 많아서, 잘 찾아보니 재미난 책도 있더라고요.

재미난 리더스북도 있어요

쌍둥이 여섯 살 때 구입한 리더스북은 《Oxford Reading Tree》입니다. 키퍼네 가족 이야기가 정말 재미있었습니다. 그림책처럼 페이지마다 그림이 가득하고, 1단계부터 12단계까지 300권이 넘는 책으로 이루어져 있습니다. 저는 5단계까지만 구입했고 6단계부터 9단계까지는 종종 도서관에서 대출했는데, 아이들은 그때부터 키퍼네 가족 이야기가 식상한지 흥미를 느끼지 못했어요(3년을 봤으니 질릴 때도 된 거죠).

3년 동안 꾸준히 활용한 《ORT》의 매력을 꼽아본다면, 바로 반전과 위트입니다. 그것도 짧은 글 속에요(글의 양이 적어 영어를 이제 막 시작한 아이가 읽기에 좋습니다). 책마다 그림이 가득하고 중간에 재미난 그림도 한 번씩 숨어 있으면서 이야기가 생각지 못한 반전으로 끝날 때가 많습니다. 예를 들어, 1단계 중에 《Go Away, Cat》이라는 책이 있어요. 하루는 키퍼네 가족이 키우고 있는 개 플로피가 고양이를 향해 다가가기 시작합니다. 페이지를 넘길 때마다 플로피가 점점 가까이 오고, 아이들은 고양이에게 도망가라고 말해줍니다.

"Go away, little cat(저리 가, 작은 고양이야)."

"A big dog is coming(큰 개가 오고 있잖아)."

하지만, 고양이는 꿈쩍도 하지 않아요. 마지막에 플로피가 고양이에게 가까이 다가온 순간, 고양이가 날카롭게 '야옹!' 하며 발톱을 세우자, 오히려 플로피가 겁먹은 표정으로 쫓기며 마무리가 됩니다. 이 짧은 글과 그림으로 이런 반전을 표현할 수 있다는 것에 놀랐어요.

또《The Sing Song》은 키퍼네 가족이 노래경연대회에 나가는 내용이에요. 아이들의 친구들도 만나고, 각자 준비한 노래를 부르는 평범한 이야기가 그려집니다. 그러다 마지막에 아빠가 나와서 엉성하게 록(rock)을 부르며 춤을 추는데, 이 장면이 효과음까지 더해져 좀 웃깁니다(이때, 저는 키퍼 아빠로 빙의되어 노래를 부르며 로큰롤 춤까지 추었어요. 그러면 쌍둥이도 덩달아 엄마 따라 춤추고 노래했어요). 쌍둥이는 이 장면만 몇 번씩 보며 웃곤 했어요. 이렇게 책마다 펼쳐지는 반전과 위트 덕에 쌍둥이는《ORT》를 6세부터 8세까지 재미나게 읽었어요. 물론 3년 내내 읽은 건 아니고, 한 번씩 쉬었다가 다시 읽고 또 쉬었다가 읽기를 반복했지요(저희 집 최장수 영어책 중 하나예요).

그다음에 구입했던《Read It Yourself, RIY》에는 명작 이야기가 많았어요. 쌍둥이는 명작이라면 신기하게도 읽고 또 읽었어요. 이미 다 알고 있는 내용인데도, 책마다 그림과 이야기를 풀어내는 과정이 달라서인지 재미있게 읽었습니다. 그런 아이들을 볼 때마다 '괜히 명작이 아니구나. 긴 세월 꾸준히 사랑받는 데는 이유가 있구나' 하고 느꼈어요. 《RIY》도 4단계까지 단계별로 구성되어 있어서, 조금씩 단계를 올리며 읽었습니다.

그 외에도 앞에서 언급했던《FLY GUY》시리즈는 아이들이 너무 좋아해서 지금까지도 한 번씩 반복해서 읽는 책이고,《Pete the Cat》시리즈는 흥미로운 이야기로 쌍둥이와 제가 한 문장씩 번갈아 '소리 내어 읽기'를 가능하게 해준 책이에요. 또《Froggy》는 그동안 쌍둥이가 들으며 읽어온 책보다 전체적으로 글의 양과 쪽수가 많아져서 큰 기대를 하지 않고 보여준 책이에요. 하지만 이야기의 재미에 푹 빠진 아이들은 10권이 넘는 책을 즐겁게 들으며 읽었습니다. 이렇게 리더스북 중에서도 재미난 책이 꽤 있으니, 내 아이의 취향에 맞는 책을 찾아 활용해보세요.

거절당할 용기

내 아이가 재미나게 들으며 읽을 수 있는 영어책을 찾으려면 어떻게 해야 할까요?

여유를 갖고 영어책을 하나씩 종류별로 보여주면서 어떤 책에 끌리는지, 어떤 책을 유독 재미있어하고 어떤 스타일의 책을 싫어하는지 등을 관찰해보세요. 한동안 내 아이의 취향을 알아보는 시간이 필요합니다. 취향을 알아야 아이를 영어책의 재미에 푹 빠지게 할 대박 책을 발견할 수 있으니까요.

아이가 영어책을 읽는 이유는 딱 하나, 바로 재미난 이야기이기 때문입니다. 아이는 스스로가 재미를 느끼는 이야기책만 읽게 되는데, 어떤 책에 흥미를 느끼는지 알 수 없기 때문에 이 시기에 영어책이 좀 많이 필요하더라고요. 저는 이때 도서관을 적극 활용했어요

아이들의 반응이 좋을 때는 정말이지, 엄마인 제 기분도 날아갈듯이 기뻐요. 먼 거리를 다녀온 보람도 있고, 왠지 돈도 절약한 것 같아서 뿌듯합니다. 반면에 반응이 안 좋을 때는, 왜 그리도 힘들게 느껴지던지요. 당시에는 '이렇게까지 해야 하나' 의문이 들기도 했는데, 시간이 흐르고 나니 그 시간이 꼭 필요했더라고요. 한창 빠르게 성장하고 있는 아이들의 취향도 함께 변하고 있다는 것을 알 수 있었고, 어떤 스타일의 책을 좋아하거나 싫어하는지 알게 되었습니다.

그 결과 쌍둥이는 그림이나 사진의 내용을 설명하는 리더스북보다 약간은 유치하고 그래서 웃을 수 있는 재미난 이야기가 있는 리더스북을 좋아한다는 걸 알게 되었어요. 또 흑백은 쳐다보지도 않는다는 것과, 아직은 그림이 많은 책을 원한다는 것도 알게 되었습니다. '그래도 이 책은 좀 유명한데, 좋아하는 아이들도 많다는데, 다른 집에서는 대박이 났다는데' 하면서 미련을 버리지 못했고, 그 미련에서 벗어나는 데 꼬박 1년이 걸렸습니다.

그렇게 1년간 방황하며 깨달은 점들을 조금씩 반영하면서, 아이들의 취향을 맞히는 승률이 올라가기 시작했습니다. 열심히 대출해 온 책, 아이가 싫다고 하면 다른 책을 꿋꿋이 빌려오고, 또 빌려오세요. 내 아이가 어떤 책을 좋아하고 싫어하는지 데이터가 필요합니다.

도전하지 않으면 실패는 없겠지만, 성공도 없습니다. 그러니 우리는 계속 도전해야 합니다. 언제 '대박 책'이라는 달콤한 열매를 맛볼지 모르니까요.

아이를 낚는
구체적인 방법

아이가 한 권이라도 제대로 읽어보기만 하면 분명 좋아할 책인데, 시도조차 하지 않을 때가 있습니다(그래서 저도 속을 좀 끓였어요). 몇 권이라도 읽어볼 수 있도록 쌍둥이들을 낚기 위해 사용했던 방법을 알려드릴게요. 우선 재미난 표지를 활용하는 방법입니다. 일명 '밑밥 던지기'예요. 저는 리더스북도 챕터북도 되도록이면 시리즈물을 활용했어요. 아이가 좋아하는 시리즈를 하나 찾아두면 한동안은 영어 책 걱정할 일이 없어서 좋더군요.

쌍둥이가 좋아할 만한 시리즈를 찾았다면, 여러 권 중에서 쌍둥이들이 제일 좋아할 만한 책 한두 권을 선정해 아이들을 낚는 겁니다. 예를 들어 《Froggy》 시리즈는 리딩 레벨(AR) 1.7-2.7의 책으로 엉뚱 발랄한 남자 개구리 프로기Froggy가 주인공이에요. 그림책처럼 그림도 넉넉하고, 아이들의 일상을 프로기를 통해 재미나게 풀어내어 여덟 살 쌍둥이가 좋아했답니다. 덕분에 '들으며 읽기'를 본격적으로 진행하던 초반에 열심히 읽었어요. 글의 양이 살짝 많기는 하지만 음원이 있어 부담이 없습니다(영어 못하는 엄마도 걱정 없는 정말 좋은 세상이에요).

처음에는 이 책을 어떻게 소개하면 좋을까 고민하다가, 표지가 제일 재미있어 보이는 《Froggy's First Kiss》책을 활용했어요. 쌍둥이 머리를 묶어줄 때, 무심한 듯 툭 옆에다 두었지요. 예상은 적중했습니다. 두 아이 모두《Froggy's First Kiss》표지와 책 속의 그림을 몇 장 보자마자 굉장한 관심을 보였고, 이 책을 시작으로 시리즈 전체를 잘 읽었답니다.

또 한 가지 방법은 아이에게 책의 내용을 살짝 알려주어 흥미를 유발하는 거예요. 우리도 '어떤 영화 볼까' 하고 고민할 때, 줄거리도 읽어보고 이미 본 사람들의 후기도 찾아보잖아요. 바로 그런 느낌입니다. 인터넷 영어서점을 보면 책 소개는 물론, 아이들이 어느 포인트에서 좋아하는지 리얼 후기도 종종 남겨져 있거든요. 이런 내용을 엄마가 먼저 읽어본 후에 아이에게 재미나게 이야기해주는 거예요.

예를 들어, 《Little Critter리틀 크리터》시리즈는 말썽꾸러기 리틀 크리터Little Critter가 주인공입니다. 책 소개와 후기를 읽어보니, 풍부한 삽화로 그림책처럼 읽을 수 있고, 가족과의 관계에서 벌어지는 다양한 해프닝으로 아이들이 공감할 수 있는 주제를 다루고 있더라고요. 시리즈 중에《JUST A BABY BIRD》책은, 리틀 크리터가 여동생과 마당에서 놀다가 아기 새를 발견한 후, 엄마 새를 찾아주기 위해 노력하는 이야기예요. 삽화가 풍부해서 그림책이 아닌가 하는 생각이 들 정도예요.

"여기 이 남자아이가 리틀 크리터인데 엄청 말썽꾸러기래. 그런데 여동생도 만만치 않아. 어? 마당에서 놀다가 아기 새를 발견했나 본데? 어머나! 엄마를 잃어버렸나? 엄마 찾아줄 수 있을까?"

이런 식으로 던져보는 겁니다. 리틀 크리터가 오빠인데 말썽꾸러기라는 것, 여동생이 있다는 것과 이 책에서는 엄마를 잃어버린 아기 새 이야기가 전개될 것이라는 배경지식을 미리 알려주어 호기심을 자극했지요. 결국 일곱 살 쌍둥이는 '말썽꾸러기'라는 단어와 엄마를 잃어버린 아기 새의 처지에 호기심을 느껴 책을 잡았습니다. 이런 식으로 서너 권 정도 진행하고 나면, 아이들은 캐릭터는 물론 전반적인 책의 흐름까지 이해하게 됩니다.

끝으로 소개하는 방법은 '영상 활용하기'입니다. 쌍둥이가 새로운 단계로 진입할 때 사용했던 방법으로, 우선 자극이 좀 더 강한 영상으로 아이를 낚는 겁니다. 그래서 몇 번 시청하다 보면 전체적인 이야기의 흐름을 이해할 뿐 아니라, 주인공을 친근하게 느끼게 되거든요. 그렇게 주인공을 좋아하고 영상을 재미있게 볼 때, 은근슬쩍 책을 보여주는 거예요. 자신이 재미있게 봤던 영상 속 주인공이라 관심을 갖고 책을 읽어보는 것은 물론, 이미 주인공과 그 주변 인물들의 특징을 알고 있기 때문에 책의 내용도 잘 이해할 수 있답니다.

쌍둥이들은 엄마가 바쁠 때 한동안 《ORT》만을 반복했어요. 그때 새로운 리더스북을 자연스럽게 받아들일 수 있도록 도와주었던 영상이 〔Arthur아서는 내 친구〕이고, 얼리 챕터북 진입을 도와준 영상이 〔Horried Henry호리드 헨리〕랍니다.

아이가 적응할 때까지
도움이 필요해요

쌍둥이의 경우 리더스북으로 처음 '들으며 읽기'를 시작했을 때, 엄마가 옆에 있어 주기를 원했습니다. 저 역시 아이들이 잘하는지 책의 반응은 어떤지 궁금해서 겸사겸사 함께했는데, 그러길 잘했더라고요. 어른 입장에서 보면 음원에 맞추어 글씨만 따라가면 되니 쉬울 것 같지만, 아이들이 방법을 숙지하는 데는 약간의 시간과 도움이 필요하다는 것을 알게 되었어요. 아이들이라 호기심이 많다 보니 글을 따라가다 말고 그림에 집중하기도 했고, 내용이 좀 길어지면 힘들어했거든요.

그래서 처음 보는 책은 아이가 그림을 충분히 살펴볼 수 있는 시간을 먼저 주었어요. '들으며 읽기'가 자리 잡을 때까지, 옆에서 음원을 함께 들으며 손가락이나 인형 막대를 사용해 글자를 따라가며 짚어주었어요(스스로 짚으라고 하면 안 하더라고요). 그러다 잠깐 그림을 구경하거나, 순간 듣기에 집중해 어디를 읽고 있는지 길을 잃은 듯하면, "자, 여기~"라고 부드럽게 말하며 단어를 짚어주었습니다. 그러다가 익숙해지면 살짝 놓쳐도 스스로 잘 찾아간답니다.

또, 아이가 힘들어진 것 같으면 제가 먼저 "오늘은 여기까지만 읽자" 하고 말해주었어요. 보통 아이들은 자신이 어느 시점에서 피곤해지는지 잘 모르거든요. 뛰어놀 때 온 힘을 다 쓰고, 에너지가 바닥나서 누가 업어 가도 모르고 자는 게 아이잖아요. 그래서 '들으며 읽기' 초기에 엄마가 함께하면서, 아이가 기분 좋게 집중할 수 있는 시간이 어느 정도인지 알아두는 것이 좋습니다. 리더스북 한 권 정도 읽고 나면 힘들어하는지, 세 권까지는 괜찮은지를 알아두면 꾸준히 진행할 수 있는 하루 양이 어느 정도인지 나오니까요.

그럼, 언제까지 엄마가 함께해야 하는 걸까요? 엄마의 도움 없이도 '들으며 읽기'를 잘 진행할 수 있을 때까지예요. 다만, 아이가 눈으로 잘 따라가고 있는 줄 알고 혼자 하게 두었는데, 알고 봤더니 귀로만 듣고 있는 경우도 종종 있습니다. 이런 경우 시간이 흘러도 아이의 읽기 실력이 오르지 않겠지요. 그래서 아이가 '들으며 읽기'를 잘하고 있는지 확인할 수 있는 기준이 필요합니다.

사실 옆에서 '들으며 읽기'를 함께하다 보면 아이가 점점 글을 따라가는 게 보여요. 엄마가 "자, 여기~"라고 말하는 횟수가 줄어드는 시점이지요. 다만, 엄마가 계속 옆에 있어 주기를 원하는 아이들도 있어요. 그럴 때는 되도록 아이의 마음이 충족될 때까지 함께 있어주면 좋습니다. 그러다가 한 번씩 아이가 혼자 읽을 수 있도록 환경을 만들어보는 거예요. "엄마 화장실 청소할 동안만 혼자 하고 있어 봐"와 같은 말로, 아이 혼자 시도해보는 횟수를 서서히 늘려가 보세요. 엄마가 곁에 없어도 괜찮다는 것을 아이가 느낄 수 있도록 기회를 주는 겁니다.

저는 '들으며 읽기'를 스스로 하는 쌍둥이에게 종종 "눈으로 따라가고 있지?" 하고 물어봤는데 그럴 때마다 "그럼요"라고 대답했어요 (사실은 안 따라가고 있다가 엄마 말에 번뜩 생각나서 얼른 다시 시작할 때도 있었지만 모른 척했어요). 좀 더 정확히 확인하고 싶다면 '소리 내어 읽기'를 활용하면 됩니다. "오늘도 영어책 읽었네. 장하다. 엄마랑 한 페이지만 읽어볼까?" 하고 슬쩍 낚아보는 겁니다(이럴 때 너무 유창하게 읽지 마시고 아이보다 살짝 부족하게 읽어주세요). 아이가 잘 읽는다면 칭찬 한가득 해주고, 좀 부족하다 싶으면 '들으며 읽기'를 다시 옆에서 좀 챙겨주면 됩니다. 그렇게 서서히 아이가 혼자 '들으며 읽기'를 할 수 있도록 도와주세요. 시간 차이가 있을 뿐, 결국 모든 아이는 혼자서 책을 읽게 되니까요.

실전 노하우 '들으며 읽기'를 좀 더 잘할 수 있는 방법

아이가 '들으며 읽기'를 할 때, 눈으로 글자를 따라가지 않고 멍하니 있을 때가 있다며 고민하는 분들이 계세요. 이럴 때는 엄마가 다시 곁에서 '들으며 읽기'를 챙겨주는 것이 좋습니다. 또 한 가지, 지금 아이가 들으며 읽고 있는 책이 아이의 취향인지 아닌지, 확인해 보세요.

아이가 '들으며 읽기'를 좀 더 잘할 수 있는 방법은 아이 스스로 이야기가 궁금해지는 영어책을 선택하는 거예요. 그러니까 읽어야만 하는 책이 아닌, 아이가 읽고 싶은 책을 주어야 합니다. 이야기가 궁금해지면, 아이는 영어 단어 하나도 놓치지 않으려고 자신이 갖고 있는 모든 능력을 총동원해 내용을 이해하려 노력합니다. 눈으로는 영어 문장을 따라가면서 귀로는 원어민이 읽어주는 영어 소리를 들으면, 어느 한쪽의 능력을 활용했을 때보다 내용을 훨씬 더 잘 이해할 수 있어요. 아이는 지금 영어를 모국어처럼 습득하는 중으로, 어떤 단어는 문자를 알고 있을 수도 있고, 어떤 단어는 소리를 알고 있을 수도 있으니까요.

정독 vs. 다독

엄마표 영어를 진행하다 보면 다양한 의문이 찾아옵니다(처음 해보는 거니까 당연한 일이겠지만요). 그중 하나가 정독과 다독에 대한 거예요. 어떤 전문가는 한 권을 읽더라도 꼼꼼히 읽어서 내 것으로 만드는 것, 즉 정독이 좋다고 하고요. 어떤 전문가는 두루두루 다양한 책을 읽는 다독이 좋다고 합니다. 두 아이를 키운 12년 차 엄마로서, 저는 두 가지 방법 모두 필요하다고 생각합니다. 또 엄마이기 이전에 독서는 지루한 활동이라고 생각했던 한 사람으로서, 책 읽는 재미에 빠져 자발적 독서를 하다 보니 정독과 다독 둘 다 하게 되더군요. 그렇지만 엄마들의 마음을 심란하게 만드는 다음 두 가지 경우를 볼까요?

우선 아이가 한 권의 책 혹은 한 시리즈만 반복하는 경우입니다. 처음에는 새로운 책을 잘 읽으니 기분이 좋습니다. 하지만 시간이 흐르면서, 아이가 다른 책은 거들떠보지도 않고 계속 같은 책만 읽으면 기분이 묘해져요. 다양하게 읽어야 영어 단어도 많이 알게 되고, 다양한 지식도 쌓고, 무엇보다 리딩 레벨을 올릴 수 있을 텐데 말입니다.

괜찮습니다. 아무리 재미있어도, 아무리 좋아해도 1년 내내 몇 년 동안 한 시리즈 책만 읽는 아이는 없어요. 그러니 자연스럽게 아이가 원하는 만큼 충분히 읽을 수 있도록 여유를 갖고 기다려주세요. 오히려 한 권의 책 혹은 한 시리즈에 충분히 몰입한 아이는 그 책의 많은 것을 흡수한답니다. 한두 번 읽었을 때는 기억하지 못할 단어까지 모두 머릿속에 차곡차곡 담아두는 거죠. 쌍둥이들의 경우, 《ORT》 시리즈를 무수히 반복하면서 영어의 기초를 튼튼하게 다질 수 있었습니다.

또 다른 경우는 다독하는 아이입니다. 아이가 정독할 때는 마음만 불편한데, 다독을 좋아하는 아이라면 엄마가 많이 바빠집니다. 계속 새로운 책을 알아본 후 구입하거나 도서관에서 대출해와야 하거든요. '우리 아이는 한동안 봤던 책은 안 읽어요', '한 번 본 책은 안 봐요'라며 종종 제 블로그에 하소연하는 분들이 계세요. 정말 두루두루 읽는 것을 좋아하는 아이라면 도서관을 적극 활용하면 됩니다. 역시나 걱정 마세요. 아이 스스로 정말 좋아하는 책을 만나면 반복해서 읽을 테니까요. 다만 주의해야 할 경우가 있습니다. 다독하는 아이인 줄 알고 엄마는 계속해서 새로운 책을 준비하지만, 읽는 책마다 아이가 시큰둥한 경우예요. 다독을 좋아하는 아이라면 다양한 책을 읽으면서 즐거워할 텐데 말이지요. 이런 경우, 아직 아이의 관심사를 엄마가 찾지 못했거나, 준비한 영어책의 수준이 아이에게 맞지 않아 이해하지 못하는 것일 수 있어요. 이럴 때는 아이의 관심과 취향 그리고 수준에 맞는 책을 찾는 것이 중요합니다.

쌍둥이들은 정독과 다독 두 가지를 모두 합니다. 지켜보니 유독 좋아하는 내용이나 주인공을 만나면 읽고 또 읽어요. 짧게는 몇 주, 길게는 몇 달을 그 이야기에 빠져 있다가 나옵니다(이 시기에 엄마는 너무 편합니다). 그러다가 또 어떨 때는 새로운 영어책을 한두 번만 읽고 더는 읽지 않을 때가 있어요. 표지나 주인공의 모습에 혹해서 읽었는데, 이야기 전개나 내용이 자신들의 취향이 아닌 경우도 있었고, 어린 동생들이 보는 내용이라 재미있게 한두 번 읽고는 더 읽지 않을 때도 있었어요. 이럴 때는 그저 묵묵히 하루에 읽어야 할 영어책을 형식적으로 읽었어요. 그러다 보면 완전히 푹 빠지는 책을 만나기도 하더라고요. 그럼 또 한동안 읽고 또 읽고를 반복하는 거죠. 쌍둥이의 다독은 정독을 할 수 있는 책을 찾는 시간이었습니다.

결국, 정독이든 다독이든 아이가 원하는 대로 진행하면 됩니다. 솔직히 엄마가 정독이 아무리 좋다고 설명해도, 재미없으면 아이는 읽지 않을 거고요. 다독이 중요하다고 강조하며 다른 책 좀 읽으라고 해도, 아이는 자신이 읽고 싶은 책이 있다면 계속 그 책을 읽을 겁니다. 독서가 즐거운 유희가 될 수 있도록, 묵묵히 뒤를 따라 걸어주세요. 즐거운 유희는 아이의 자발적 독서를 향한 첫걸음이랍니다.

얼리 챕터북 Early Chapter Book

리더스북으로 '들으며 읽기'를 충분히 진행했다면, 이제 다음 단계로 넘어갈 차례입니다. 아이마다 집중한 정도에 따라 다르지만, 보통 미취학의 경우 1~2년 정도의 시간이, 초등학생의 경우 6개월에서 1년 정도가 필요합니다(쌍둥이는 6세부터 2년 정도 리더스북 단계를 진행했어요). 많은 엄마들이 이때 챕터북으로 넘어가야 한다고 생각합니다. 물론 저도 그랬습니다만, 리더스북에서 챕터북으로 넘어가는 이 구간이 정말 힘들어요. '나만 이렇게 힘든 건가' 하고 주위를 살펴보고 인터넷도 검색해보니, 대부분 힘들어하는 구간이었어요. 어떤 엄마는 챕터북을 읽는 방법을 알려주려고 인터넷 강의를 듣게 했고, 어떤 엄마는 포기하고 아이를 학원에 보내기도 했습니다. 구체적인 해결 방법을 찾지는 못했지만, '우리 애들만 이런 건 아니구나' 하고 위로는 받을 수 있었어요.

저는 쌍둥이가 초등학교에 입학하는 시기에 맞추어 육아휴직을 1년 냈어요. 이때 목표가 쌍둥이의 '영어 떼기'와 '읽기 독립'이었어요. 그 시간을 지나고 보니 1년 만에 이루기에는 벅찬 목표라는 걸 알게 되었습니다만, 그때는 그랬습니다. 하루빨리 챕터북에 진입한 쌍둥이를 보고 싶은 마음도 굴뚝같았고, 1년이라는 제한된 시간 동안 최대한의 것을 해두어야 한다는 압박감도 컸거든요.

당시에 한글책의 수준이 급속도로 올라가고 있는 상황이어서, 영어도 이야기가 탄탄한 책을 읽어야 하는데 영어 실력이 부족하니 어림도 없는 일이었지요. 그때는 '이 정도 했으면, 챕터북 정도는 읽을 수 있어야 하는 거 아닌가. 왜 우리 쌍둥이는 챕터북으로 넘어가지 못하는 걸까? 도대체 어떻게 해야 하지?' 하며 답답했어요. 그래서 쌍둥이가 좋아할 만한 영어책을 열심히 찾았고, 덕분에 '영어 읽기 독립'의 초석을 다지는 소중한 시간을 보내게 되었습니다.

흑백만 보면
거부하는 아이들

방법은 모르고 마음만 앞섰던 초창기에는 어떻게든 챕터북을 읽혀보고 싶은 마음에, 도서관에 가면 유명하다는 챕터북을 한두 권씩 대출해오곤 했어요. 쌍둥이는 화려한 겉표지에 혹해서 책을 잡았다가도, 회색 갱지의 흑백 페이지들이 펼쳐지는 순간이면 뒤도 안 돌아보고 책을 덮어버렸어요. 여러 번 이런 상황을 반복하니, 도대체 우리 아이들은 언제쯤 챕터북을 읽을 수 있는 건지 막막하더라고요(저는 이 시기가 정말 힘들었어요. 그만 포기할까 생각했던, 엄마표 영어 최대의 위기였습니다). 흑백만 보면 거부하는 쌍둥이 자매 덕에(?) 참 많은 생각을 하며 보낸 시간입니다.

그러던 어느 날 인터넷을 검색하다가《HORRID HENRY Early Reader호기심 대장 헨리》를 발견했어요. 인터넷으로 책의 내용을 살펴보니, 재미있을 것 같더라고요. 하지만 그동안 읽어왔던 리더스북에 비해 전체 쪽수가 너무 많았습니다.

그래서 여덟 살이던 쌍둥이가 당시에 읽고 있던 대표적인 책,《An Arthur Adventure아서 어드벤처》와 비교해보았어요. 그때 얼마나 심각하게 고민했던지 아래와 같이 표까지 만들었어요. 솔직히 그냥 비교해서는 잘 모르겠더라고요. 그래서 좀 더 치밀한 비교분석으로 쌍둥이가 읽을 확률을 가늠해보았지요(공대 나온 엄마, 부족한 영어 실력을 이런 면에서 만회해본 거죠).

구분	제목	권수	한 권 음원 분량	쪽수	음원 여부	AR
당시에 읽던 책	An Arthur Adventure	21	8분 내외	32	전자펜 가능	2.2-3.2
새로운 책	Horrid Henry Early Reader	25	17분 내외	80	음원 있음	2.6-3.5

우선 '들으며 읽기'를 해야 하는 시간이 두 배 정도로 늘어나고, 쪽수는 80쪽으로 두 배 이상 늘어났습니다. 무엇보다 나행인 점은 리딩 레벨(AR)이었어요. 최대 지수를 비교해봤을 때, 3.2에서 3.5로 아주 조금만 늘어나더군요.

다시 《HORRID HENRY Early Reader》를 찬찬히 살펴봤습니다. 책 한 권은 6개의 챕터chapter로 구성되어 있었고 한 챕터당 적으면 7쪽, 길어도 20쪽 안팎이었어요. 하루에 챕터 하나씩 읽는다면, 기존의 '들으며 읽기' 하는 시간보다 줄어들기 때문에 무리가 없을 거라는 결론을 내렸습니다. 그렇게 조금씩 읽다 보면, 아홉 살쯤 되었을 때 한 권 전체를 들으며 읽을 수 있지 않을까 예상했어요.

그래도 불안한 마음에, 유튜브YouTube를 통해 살짝 영상을 보여주었습니다. 여덟 살 쌍둥이의 최대 관심사였던 똥, 방귀, 팬티 등에 맞추어 (Horrid Henry's Underpants)를 제일 먼저 보여주었더니 재미있다며 관심을 보였어요. 그렇게 맛보기 영상으로 아이들 흥미 끌기까지 성공한 후에 책을 주문했습니다.

책이 도착하자마자 가장 먼저 관심을 보인 책은 역시, 《HORRID HENRY'S Underpants》였어요. "아직은 어려우니까, 조금만 들어보자" 하고 일부분만 들려주었고, 옆에서 같이 페이지를 넘기면서 봤습니다. 조금 읽고 난 후, 이제 그만 읽자고 했더니 첫째가 더 듣겠다고 하더라고요. 늘 엄마인 제가 먼저 그만하라고 말하는 이유는 청개구리 심리를 이용하는 거예요. 하지 말라고 하면 더 하고 싶어지고, 하라고 하면 더 하기 싫어지는 오묘한 그 마음이요.

결국, 첫째는 한 권 전체를 '들으며 읽기'를 진행한 후에, 앞으로 이 책을 읽고 싶다고 했습니다. 옆에서 같이 본 제 소감은 '아직은 이르다'였거든요. 그래도 아이가 재미있다니 '그래, 해보자!' 마음먹었습니다. 대신 아이가 마음먹었을 때, 꾸준히 할 수 있도록 보상을 좀 더 걸었어요. 평소에는 영어책 한 권 읽으면 책의 양에 따라 칭찬 스티커를 1장에서 3장까지 주었지만, 《HORRID HENRY Early Reader》는 한 권 읽으면 무조건 스티커 6장을 붙이기로 했습니다(나름 파격적인 제안이었죠). 한 권 당 보통 6개의 챕터로 구성되어 있으니, 오전에 3개, 오후에 3개로 나눠서 진행하기로 했어요.

첫째가 재미있어하니 둘째도 덩달아 들으며 읽었고, 앞으로 자기도 이 책을 읽겠다고 했어요. 하다가 어려우면 그만하겠지 했는데, 쌍둥이는 계속 들으며 읽었습니다. 물론 내용이 길어서 단번에 익숙해지진 못했어요. 첫째는 글을 따라가고 있는 건지 어떤지, 순간순간 멍하고 글은 안 보고 그림을 보고 있을 때도 있었고요. 둘째는 의외로 글은 잘 따라가는데, 챕터 2개 정도 듣고 나면 몸이 뒤틀리더라고요(이럴 때는 언제나 오늘은 여기까지만 하고, 내일 또 하자며 끝냈습니다).

이 책은 어려운 거 같으니 다른 책을 들으며 읽자고 하면, 또 둘 다 이 책을 하겠다면서 포기하지 않았어요(내용이 완전 쌍둥이 취향이었거든요). 결국 《HORRID HENRY Early Reader》는 여덟 살 때부터 열 살 때까지 꾸준히 엄청난 사랑을 받았고, 《HORRID HENRY》 챕터북으로까지 넘어갈 수 있게 해준 우리 집 효자 책이랍니다(지금까지도 종종 꺼내어 읽고 있어요. 물론 이제는 눈으로 읽지요).

리더스북에서 챕터북으로
바로 넘어가기 힘든 이유

엄마표 영어에서는 챕터북 진입이 유독 힘들어요. 리더스북을 단계별로 꾸준히 읽어왔는데, 왜 챕터북으로 넘어가지 못하는 건지 알다가도 모르겠고, 고지를 코앞에 두고 이리저리 시도하다가 지쳐 포기하는 엄마도 있습니다. 도대체 이유가 뭘까요?

리더스북과 챕터북을 천천히 비교해보면 해답을 찾을 수 있습니다. 리더스북은 그림도 많고, 대부분이 컬러 책인데다가, 글씨도 크고, 글의 양과 전체 쪽수가 적어요. 반면에 챕터북을 펼쳐보면 깜짝 놀라게 됩니다. 모든 면에서 반대거든요. 그림은 거의 없고, 그 얼마 안 되는 그림마저 흑백이에요. 책장을 넘길 때마다 작은 글씨가 빼곡하고 전체 쪽수도 훨씬 많습니다(제가 봐도 숨이 턱턱 막히더라고요). 상황이 이렇다 보니, 알록달록 리더스북을 읽던 아이가 하루아침에 챕터북을 읽기란 당연히 힘듭니다.

솔직히 리더스북에서 챕터북까지의 거리는 너무 멀어요. 아이가 단번에 뛰어넘을 수 있는 거리가 아니에요. 중간에 징검다리가 되어줄 단계 하나가 더 필요합니다. 그런 책이 바로, 얼리 챕터북(Early Chapter Book, Early Reader, 초기 챕터북)입니다. 쌍둥이가 재미나게 읽었던 《HORRID HENRY Early Reader호기심 대장 헨리》가 얼리 챕터북이에요. 그동안 읽어왔던 영어 그림책이나 리더스북처럼 알록달록 컬러풀한 그림은 그대로 유지하면서, 글의 양은 늘어난 책이지요.

리더스북 vs. 챕터북

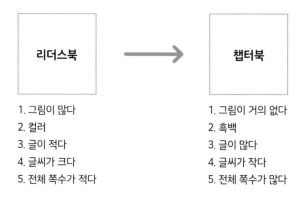

리더스북	챕터북
1. 그림이 많다	1. 그림이 거의 없다
2. 컬러	2. 흑백
3. 글이 적다	3. 글이 많다
4. 글씨가 크다	4. 글씨가 작다
5. 전체 쪽수가 적다	5. 전체 쪽수가 많다

인터넷 영어 서점을 보면 대부분 그림책, 리더스북, 챕터북의 순서로 분류되어 있어요. 보통 얼리 챕터북이라는 별도의 분류가 존재하지 않고, 책 제목에 'Early Reader' 정도로 표시되어 있을 뿐입니다. 그러다 보니 얼리 챕터북의 존재를 모르는 경우도 많고, 알고 있다고 해도 찾기가 어려워요.

이 책에서는 컬러풀한 그림이 많으면서도 본격적인 챕터북보다는 글의 양이 적은 책을 얼리 챕터북으로 분류합니다. 얼리 챕터북과 함께 조금 높은 단계의 리더스북을 충분히 읽다 보면, 자연스럽게 챕터북으로 진입할 수 있습니다.

챕터북으로 넘어가기 위해
필요한 두 가지

흑백의 갱지, 페이지 가득한 글씨, 100쪽이 넘는 분량의 챕터북으로 아이가 자연스럽게 갈아탈 수 있도록, 기본기 두 가지를 다지는 시간이 필요합니다. 이 기본기는 챕터북을 넘어 영어소설을 읽는 데도 필요한 요소들로, 앞으로도 계속 길러나갈 겁니다.

첫 번째 기본기는 긴 글을 읽어내는 힘입니다. 20-30쪽짜리 리더스북을 읽다가 하루아침에 100쪽짜리 챕터북을 읽으려면 힘들어요. 매일 매일 꾸준히 영어책을 읽으면서 아이가 한 번에 읽을 수 있는 글의 양을 조금씩 늘려두어야 합니다. 얼리 챕터북 역시 챕터북이기 때문에 챕터로 구성되어 있거든요. 저는 이 부분을 적극 활용했어요.

예를 들어, 《HORRID HENRY Early Reader호기심 대장 헨리》의 경우 보통 6개 챕터로 구성되어 있어요(리더스북과 달리 자연스럽게 끊을 수 있어서 좋더라고요). 하루에 딱 한 개의 챕터만 '들으며 읽기'를 진행해보는 겁니다. 한 달 동안은 하루에 챕터 하나를 들으며 읽고, 다음 달에는 하루에 챕터 두 개를 진행하는 식으로 조금씩 그 양을 늘려가 주세요. 한 권 전체를 한 번에 들으며 읽을 수 있을 때까지 말입니다. 어느 순간 이야기에 빠지면 한 권 전체를 한 번에 들으며 읽을 수도 있어요.

두 번째는 풍부한 어휘력입니다. 조금씩 꾸준히 영어책을 읽는 아이에게 한 번씩 챕터북을 소개하다 보면, 아이가 읽어보겠다고 하는 날이 올 거예요. 엄마 말대로 정말 재미있는 책인지 몇 장을 읽어볼 텐데요. 이때 낯선 단어가 한 페이지에 너무 많으면 책을 내려놓을 거예요. 모르는 단어가 많으니 내용을 이해하지 못해 흥미를 못 느꼈기 때문입니다. 챕터북으로 넘어가면 그림은 줄고 글의 양은 많아져서 그만큼 단어 양도 많아집니다. 그러니 아이가 챕터북 읽기를 시도하기 전에 풍부한 어휘력을 갖추도록 도와주어야 합니다.

새로운 단어를 습득해 나가는 가장 좋은 방법은 영어책을 꾸준히 읽는 겁니다. 그림은 많고 글은 적은 그림책이나 리더스북을 읽을 때는 주로 그림을 보고 영어 단어의 뜻을 유추하면서 새로운 단어를 습득합니다. 그보다 그림의 양이 적어지고 글의 양은 많아지는 얼리 챕터북에서는, 때론 그림을 통해 때론 앞뒤 문맥을 통해 영어 단어의 뜻을 유추하며 새로운 단어를 습득해 나갑니다. 덕분에 새로운 영어 단어 습득은 물론 문맥을 통해 뜻을 유추하는 능력도 기르게 되고, 좀 더 복잡해진 문장 구조도 익히게 됩니다. 여러 면에서 챕터북을 예행 연습한다고 보면 됩니다.

이해를 돕기 위해 두 가지로 구분했지만 복잡할 건 없어요. 그냥 아이가 좋아하는 영어책을 꾸준히, 충분히 읽으면 됩니다. 초점은 얼리 챕터북에 맞추되 아이가 원하면 리더스북을 활용해도 좋아요. 언제나 아이가 좋아하는 영어책은 필수니까요.

한글 번역본,
조금 아껴두세요

쌍둥이 초등학교 1학년 때, 영어는 '읽기 독립'을 완성해주고 싶었고 한글은 글의 양이 많은 책을 읽게 하고 싶었어요. 한글 그림책은 시키지 않아도 스스로 잘 보는 아이들이었는데, 저는 육아휴직 1년이라는 제한된 시간 때문에 마음이 조급해졌습니다.

한글 그림책을 졸업하고 글의 양이 많은 책을 읽게 하려고, 쌍둥이의 흥미에 따라 공주 이야기, 전래동화, 똥, 방귀, 자연에 관한 이야기책을 도서관에서 많이 대출해왔어요. 그중에 하나가《블랙 프린세스》였습니다. 아직 공주를 좋아하던 여덟 살 쌍둥이의 취향 덕분에 100쪽 가까이 되는 책을 단번에 읽어냈습니다. 당시에는 이 책이 번역본인 줄 몰랐어요. 그냥 도서관에서 책을 찾다가 발견했거든요.

나중에《The Princess in Black》이라는 영어 원서를 번역한 책이라는 것을 알게 되어 반가운 마음에 원서를 대출해서 쌍둥이에게 보여주었는데, 의외로 읽지 않았어요. 자신들의 강력한 무기인 모국어로 내용을 다 알아버렸기 때문에, 영어책을 읽을 이유가 없었던 거예요. 정말 아쉬웠습니다.《The Princess in Black》은 리딩 레벨(AR) 3.0-3.2로 높지 않은 데다가, 컬러풀한 그림이 많고 글은 좀 적거든요. 챕터북 전 단계인 얼리 챕터북으로 읽기에 제격인데, 그걸 모르고 한글로 읽어버렸다는 사실이 두고두고 아까웠습니다(이 책은 한글책 내용을 거의 다 잊어버린 초5 때 정말 재미나게 읽었어요).

그 후로, 나중에 '영어책 읽기'로 활용할 책은 번역본을 주지 않고 있어요. 번역본으로 읽어 이미 알고 있는 내용이면 영어책을 잡지 않는 아이들이어서 이 방법을 선택했습니다. 같은 책을 한글로도, 영어로도 잘 읽는 아이들도 있어요. 아이마다 다르니 내 아이 스타일에 맞게 적용하면 됩니다. 다만 시리즈 영어책을 읽기 전에, 한 권 정도만 한글책으로 읽고 나머지는 영어 원서로 읽는 방법은 활용해볼 만합니다. 예를 들어 총 10권으로 구성된 시리즈물이라면 앞의 1권만 한글책으로 읽어서 배경지식을 쌓아두는 겁니다. 그리고 2권부터는 원서로만 읽는 거죠.

영어 챕터북 중에는 우리말로 번역되어 있는 책이 꽤 많아요. 예를 들어《엽기 과학자 프래니》도 우리나라 초등학생들이 많이 좋아하는 책인데, 번역본입니다. 그래서 번역서를 주지 않고, 열 살 때 영어 원서《Franny K. Stein, Mad Scientist》를 주었어요. 아이들이 얼마나 재미있게 읽었는지 모릅니다. 당시 리딩 레벨(AR) 3.0대 수준의 영어책을 읽던 쌍둥이가 리딩 레벨(AR) 4.5-5.3의, 그것도 완전 흑백의 영어책을 읽을 수 있게 해준 효자 책이에요. 아마 한글책을 먼저 읽었다면 쌍둥이는 영어책을 잡지 않았을 겁니다.

보통 영어책 중에서도 아이들에게 인기가 좋은 책을 번역본으로 출간합니다. 그러니 쌍둥이처럼 이미 아는 내용은 읽지 않는 아이라면, 번역본은 조금 아껴두세요. 내 아이가 재미있게 읽을 영어책을 찾기란 쉬운 일이 아니니까요.

04

챕터북Chapter Book

리더스북과 얼리 챕터북을 거쳐, 드디어 챕터북 단계에 진입합니다. 챕터북에 진입한다는 건 큰 의미가 있어요. 그동안 읽었던 그림책, 리더스북, 얼리 챕터북과는 달리 책 전체가 대부분 흑백이면서 글의 양이 그림보다 월등히 많아진 책을 들으며 읽는다는 겁니다. 아이 스스로도 이런 책을 들으며 읽을 수 있다는 사실에 놀라고, 영어의 자신감과 성취감도 더욱 상승하게 됩니다.

영어소설 바로 전 단계로, 아이가 영어 챕터북까지 '들으며 읽기'를 할 수 있다면 이제 고지에 거의 다 온 겁니다. 이쯤 되면 아이의 영어를 걱정할 일은 없어요. 이제 필요한 건 시간뿐입니다. 다양한 챕터북을 들으며 읽다 보면 서서히 눈으로 읽기가 더 편해질 거예요. 또 아무리 '들으며 읽기'라고 해도, 그림의 양이 점점 줄어들기 때문에 아이는 이제 단어와 문장을 통해 영어책의 내용을 이해해야 합니다. 그동안 묵묵히 습득해온 긴 글을 읽어내는 힘, 단어와 문장 구조의 유추 능력이 빛을 발하는 순간인 겁니다.

그렇다면 언제쯤 챕터북 읽기를 시도해보면 좋을까요? 보통 추천하는 시기는 기본적으로 초등학교 3학년 이후입니다. 초등학교 저학년생이 흑백의 갱지 책을 읽기에는 글씨도 너무 작고, 글의 양도 너무 많아요. 아이 나이에 맞지 않게 성숙한 내용이 나올 때도 있고, 배경지식이 부족해 이해할 수 없는 내용도 있습니다. 아이가 초등학교 3학년 이후이고, 얼리 챕터북 단계에서 '들으며 읽기'를 6개월에서 1년 정도 꾸준히 진행해왔다면 챕터북 읽기를 시도해볼 만합니다. 이때부터는 한 번씩 챕터북으로 진입을 시도해보면 좋습니다.

흑백의 장벽을 넘은
아이의 취향

2020년 급작스런 코로나19 발생으로 학교를 안 가게 되면서, '이럴 때 '영어 읽기 독립'이라도 완성해야겠다'고 생각하고 있는데, 마침 첫째가 예쁜 잠옷이 갖고 싶다고 했습니다. 그래서 하루에 세 권씩 영어책을 꾸준히 들으며 읽고, 읽은 책이 총 100권이 되면 사주겠다고 미끼를 던졌어요. 영어책 100권을 읽으면 만원의 상금을 주던 때였는데, 예쁜 잠옷은 만원이 훌쩍 넘으니 아이들이 생각해도 나름 파격적인 제안이었던 거죠.

예쁜 잠옷이 너무 갖고 싶었던 첫째는 영어책 100권 읽기 레이스에 뛰어들었고, 잠옷이 필요 없는 둘째도 덩달아 함께하게 되었어요. 정해진 규칙은 딱 하나, 매일 스스로 읽고 싶은 영어책 세 권을 골라 들으며 읽는 거였어요. 저는 항상 같은 책을 몇 번을 읽든 횟수를 권수로 인정해줬어요. 같은 책을 세 번 읽으면 세 권으로 인정해주는 거지요. 쌍둥이가 반복해서 읽는다는 건 정말 재미있는 책이라는 뜻이고, 자발적인 반복은 영어를 습득하는 최고의 방법이니까요.

당시에 첫째의 의욕이 얼마나 넘쳤나 하면요, 권당 80쪽이나 되는 《HORRID HENRY Early Reader》를 선택해서 약속한 세 권을 읽고도 더 읽겠다고 할 정도였어요. 잠옷을 빨리 받으려는 마음에 말이죠. 그렇게 첫째는 잠옷을 향해 돌진했고, 둘째는 엉겁결에 같이 뛰었습니다(코로나19로 할 일도 별로 없었고요).

그렇게 한 달 정도 되었을까요? 《RIY》로 시작된 영어책 읽기의 불꽃은 《HORRID HENRY Early Reader호기심 대장 헨리》로 옮겨붙었고, 스스로 스티커를 빨리 붙이려는 욕심에 집중하다가 이야기에 빠져들어 버렸어요. 하루는 첫째가 "엄마! 호리드 헨리 책 더 없어?! 더 읽고 싶어"라고 하더라고요. 바로 인터넷 검색에 들어갔습니다. 《Horried Henry호리드 헨리》 챕터북을 찾았지만, 흑백이었어요(흑백의 갱지만 보면 책을 덮어버리는 쌍둥이로 인해 저도 흑백만 보면 작아졌던 시절이에요).

《Horried Henry》 챕터북은 권당 4개 챕터, 그러니까 4개의 다른 이야기로 구성되어 있는데, 거기서 재미있는 챕터 하나를 골라 책 한 권으로 만든 것이 《HORRID HENRY Early Reader》예요. 같은 이야기지만 아이들이 읽기 쉽도록 글씨 크기를 키우고, 공백도 더 넣어주고, 그림도 컬러로 만들어 더 추가한 책이랍니다.

어쨌든, 실패할 때 하더라도 우선 도전하기로 했습니다. 아이의 마음이 식기 전에 도서관에서 빠르게 대출한 후, 슬그머니 기존 책들 위에 올려두었어요. '오늘은 또 어떤 호리드 헨리를 읽을까' 하고 책장을 서성이다가 《Horried Henry》 챕터북을 발견한 첫째는 신이 나서 바로 읽겠다고 했습니다. 부푼 마음으로 오디오 CD를 들려줬는데, 실패했어요. 집에 있는 호리드 헨리는 배경음악도 나오는데 이건 음악도 없고 말도 빠르고, 재미없다며 그냥 기존 책을 읽겠다고 하더라고요(비교해보니, 내용은 똑같은데 배경음악과 효과음이 줄어들어 빨리 읽는 것처럼 느껴지더군요). 그래도 챕터 하나는 끝까지 들으면서 읽었으니 이게 어딘가 싶어 다음을 기약하기로 했습니다.

새 책을 보고 좋다고 달려온 둘째는 더 가관이었어요. 컬러 표지 한 장을 넘기자마자 흑백의 갱지가 나오니 바로 덮어버렸어요. 글의 양도, 내용도 모두 똑같은데 흑백만 나오면 시도도 하지 않고 덮어버리니, 엄마인 제가 트라우마가 생길 정도였습니다.

며칠 후, 《HORRID HENRY Early Reader》가 지루해진 첫째가 새로운 이야기가 궁금한지 《Horried Henry》 챕터북을 둘러보다가, 이건 재미있을 것 같다며 《Horried Henry Robs the Bank》를 꺼내 왔어요('얼리 리더'에 없는 이야기였어요!). 무심한 듯, 하지만 굉장히 민첩하게 설레는 마음으로 함께 '들으며 읽기'를 했습니다. 이번에는 재미있다며 앞으로 이 책을 들으며 읽겠다고 하는 것이었어요! 《Horried Henry》의 챕터 하나가 《HORRID HENRY Early Reader》한 권이니, 처음에는 한 챕터씩만 읽었어요. 《HORRID HENRY Early Reader》에 없는 이야기를 하나씩 찾아 읽으며, 《Horried Henry》 챕터북 전 권을 다 읽었습니다. 첫째가 배꼽을 잡고 깔깔거리며 읽으니, 호기심이 발동한 둘째도 읽게 되었습니다.

결국, 쌍둥이는 자신들이 가장 좋아하는 영어책으로 흑백의 세계에 진입했습니다. 가장 큰 성공 요인은 그동안 꾸준히 '들으며 읽기'를 해왔다는 것과, 이미 주인공의 성격과 이야기 전개 형식을 충분히 알고 있는 책으로 시도했다는 거예요.

변화는 작게,
적응 기간은 충분하게

챕터북도 종류가 정말 다양합니다. 어떤 챕터북은 그림이 많고, 드물기는 하지만 어떤 챕터북은 책 전체가 컬러이기도 합니다. 또 그림은 거의 없고 글만 가득한 것도 있어요. 보통 리딩 레벨을 기준으로 영어책을 골라주는데, 챕터북 진입 단계부터는 약간 다른 전략을 썼어요. 최대한 변화를 작게 주어 아이가 새로운 단계에 진입했는지 잘 못 느끼게 했고, 조금이라도 새로운 단계에 진입했다면 그 단계에 익숙해질 수 있도록 충분한 시간을 주었습니다.

　쌍둥이가《Horried Henry호리드 헨리》챕터북으로 흑백의 세계에 처음으로 진입했을 때, 한동안 새로운 단계로 넘어가지 않았어요. 흑백에 익숙해지도록, 단계를 높이지 않고《Horrid Henry》처럼 흑백의 그림이 가득한 챕터북을 더 찾았습니다. 한마디로 '다지기'를 했어요.

　그렇게 찾은 첫 번째 시리즈가《Dirty Bertie꼬질이 버티》였어요. 책을 읽어주는 음원 속도도 느리고, 리딩 레벨도 살짝 낮았지만, 흑백에 익숙해지는 것이 중요했습니다. 처음에는 음원 속도가 느리다며 시큰둥했던 아이들이 이야기에 빠지면서 깔깔거리며 재미있게 읽었습니다. 덕분에 쉽고 만만하게 읽으면서 기초를 다질 수 있었어요.

　두 시리즈를 읽는 모습을 보고, 물 들어올 때 노를 젓자는 심정으로 오랜만에 영어책을 세 질이나 구입했어요(물론 구입 후에 모두 숨겨두었답니다). 웬만한 아이들 다 거쳐간다는, 그 유명하고도 재미있다는《Magic Tree House마법의 시간여행》. 쌍둥이는 흑백의 갱지라서 거들떠보지도 않았던 책인데, 이제는 좀 읽을 수 있지 않을까 하는 마음으로 준비했고요.《Dragon Masters》는 영화 〔How To Train Your Dragon드래곤 길들이기〕를 재미있게 보기도 했고, 쌍둥이 나이에도 딱 맞는 책이라 조금 기대하고 사보았어요. 마지막으로《Franny K. Stein, Mad Scientist엽기 과학자 프래니》는 리딩 레벨은 다소 높았지만, 그림이 풍부했고 쌍둥이가 엄청나게 좋아했던《Horried Henry》느낌의 책이라 훗날을 기약하며 구입했습니다.

분류	주제	제목	권수	쪽수	음원	AR
챕터북	마법/모험	Magic Tree House	28	68~100	○	2.6-3.5
챕터북	마법/모험	Dragon Masters	14	96	○	3.1-3.5
챕터북	유머/재미	Franny K. Stein, Mad Scientist	7	112	○	4.5-5.3

초등학교 3학년이던 쌍둥이에게 시간 간격을 두고 세 가지 챕터북을 하나씩 보여주었고, 저의 예상을 깨고 쌍둥이의 마음을 사로잡은 책은《Franny K. Stein, Mad Scientist》였어요. 역시 중요한 건 아이의 취향이었습니다. 리딩 레벨(AR)이 무려 4.5-5.3으로 가장 높았지만 그림의 양이 가장 많았지요. 쪽마다 재미난 그림이 가득해서 내용을 이해하기 쉬웠던 거예요. 전체 쪽수가 100쪽 정도로 두껍지만, 챕터로 구성되어 있기 때문에 처음에는 3회 정도로 나누어 들으며 읽었다가 조금씩 양을 늘려 나갔어요. 결국 이야기에 빠진 아이들은 책 한 권 전체를 한 번에 들으며 읽게 되었습니다.

그렇게 6개월 정도 흑백에 익숙해졌을 때, 또 다른 변화를 주었어요. '글의 양 늘리기'였습니다. 흑백의 그림을 두려워하지 않게 된 아이들에게 이제 서서히 글의 양을 늘려주는 거죠. 그렇게 찾은 책이《Captain Underpants캡틴 언더팬츠》챕터북이에요. 글의 양도 전체 쪽수도 많이 늘어나지만, 여전히 그림이 가득한 책.《Captain Underpants》에 진입하기 전에 영화를 먼저 시청했어요. 영화를 통해 주인공의 특징과 전체 이야기 흐름을 이해해둔 상태에서 책을 읽었습니다. 〔Captain Underpants〕영화를 굉장히 재미있게 본 터라, 영상을 더 보고 싶어 했지만 영상이 없었거든요(나중에 보니 넷플릭스에 시리즈 영상이 있더군요). 아쉬워하던 아이들은 책을 보자마자 엄청 좋아했습니다(글의 양도 많고 책이 좀 두꺼워서 다시 내려놓았지만요). 글의 양과 책의 두께가 부담스러웠지만, 쌍둥이는《Captain Underpants》를 너무 궁금해했어요. 결국 챕터 단위로 끊어서 읽기 시작했고, 시간이 지나자 책 한 권 전체를 들으며 읽을 수 있게 되었답니다.

그렇게 챕터북에 안정적으로 진입했을 때, 재미와 유머를 살짝 뺐습니다. 쌍둥이의 가장 큰 취향인 재미와 유머로 기초를 잘 다진 상태였으니 이제 다른 분야의 책을 읽어도 되겠다 싶었거든요. 대신에 그림이 컬러인 책을 넣어주었어요(큰 걸 뺐으니, 보상이 커야 한다고 생각했어요). 그때 읽은 책이《Geronimo Stilton》이었고, 그다음에는 그림을 좀 빼는 대신에 글의 양이 좀 적은《A to Z Mysteries 딩크 던컨과 미스터리 수사대》챕터북을 주었습니다. 변화는 작게, 적응 기간은 충분하게 준 덕분에 쌍둥이는 영어를 좋아하는 마음을 유지하면서 챕터북 단계에 안정적으로 진입할 수 있었습니다.

첫째도 쉽게,
둘째도 쉽게

어떤 일이든 쉽게 시작하는 것이 중요합니다. 당장 어려운 것부터 시작하면 좀 더 높은 단계로 빨리 진입한 것처럼 보이지만, 뿌리가 튼튼하지 않은 나무는 작은 바람에도 흔들릴 수 있습니다. 다소 느린 듯 보여도 천천히 기초를 쌓아 올리면, 뒤로 갈수록 가속이 붙는답니다. 영어의 기초를 튼튼히 쌓는 방법은 책을 꾸준히 읽는 거예요. 아이가 영어책을 꾸준히 읽으려면, 첫째도 쉬운 책, 둘째도 쉬운 책을 준비해야 합니다. 쉬워야 오늘도 읽고, 내일도 읽을 테니까요.

✿ '이 책은 재미없어요'의 진짜 의미

아이의 '재미없다'는 말에는 두 가지 의미가 있습니다. 하나는 아이의 취향이 아니라는 거고, 또 하나는 어렵다는 거예요. 처음에는 저도 이 의미를 제대로 파악하지 못해 고생을 좀 했어요. 열심히 고르고 고른 영어책을 아이가 재미없다고 하면 같은 단계에서 다른 영어책을 찾았어요. 그러나 시간이 흐르고 보니, 저희 아이들이 말하는 '재미없다'는 '어렵다'는 뜻인 경우가 많았습니다.

이럴 때는 같은 단계가 아닌, 한 단계 아래로 내려가서 영어책을 찾아야 합니다. 예를 들어 리딩 레벨(AR) 3.0대의 책을 계속 거부한다면 2.0대로 내려가는 겁니다. 2.0대의 영어책을 충분히 읽은 뒤에 다시 올라오는 거죠. 그렇게 한 단계 아래의 영어책을 충분히 읽은 후, 그때 거부했던 책을 다시 꺼내줘 보세요(물론 이때도 재미없다고 하면 정말 재미없는 거예요).

쌍둥이의 경우, 초등학교 3학년 때 구입했지만 재미없다며 읽지 않은 시리즈가 있어요. 《Magic Tree House^{마법의 시간여행}》는 나중에도 읽지 않았고, 《Dragon Masters》는 3학년 때는 안 읽더니 4학년 때 정말 재미나게 읽었어요. 그냥 책꽂이에 꽂아두었는데, 어느 날 퇴근하고 돌아와 보니 눈으로 읽고 있더라고요. 음원을 들려주었더니, 한 권을 '들으며 읽기' 하자마자 "엄마 너무 재미있어!"라며 신나게 읽었답니다.

그러니 아이들이 재미없다고 하면 우선은 단계가 낮은 책을 읽게 해주세요. 만만한 책은 꾸준히 읽을 수 있고, 꾸준히 읽다 보면 영어 실력이 차곡차곡 쌓이니까요.

✿ 한 번씩 낮은 단계 책을 찾아주세요

아이들이 챕터북에 진입했을 때, 한 번씩 주기적으로 단계가 낮은 책 중에서 아직 한 번도 읽지 않은 책을 주었어요. 단계를 빠르게 올리는 것보다 한 번씩 쉬운 영어책을 보여줌으로써, 기초도 다지고 영어를 만만하게 여기게 해주려는 마음이었습니다.

초등학교 2학년 때 학교에서 처음으로 구구단을 외울 때, 쌍둥이는 정말 진지했어요. 입으로 외우고 또 외우기를 반복했고, 마침내 구구단을 다 외우자 성취감도 컸습니다. 시간이 흘러 초등학교 4학년이 되어 두 자릿수 곱하기를 하는데, 너무 힘들어하는 거예요. 그래서 꾸준히 하면 이것도 쉬워질 거라고, 구구단 외웠던 거 생각해보라고 이야기해 주었어요. 지금 구구단을 외워보라고 했더니, 너무 쉽다며 웃더라고요.

영어책을 한두 단계 내려가서 읽는 건, 바로 이런 느낌입니다. 다양한 영어책을 열심히 찾아서 보여주겠지만, 모든 책을 단계별로 착

착 준비해서 넣어주지는 못하잖아요. 그렇게 놓쳐서 아쉬운 책들, 이렇게 활용하니 좋았어요.

쉬운 영어책을 아이들이 재미있다고 읽으면, 고슴도치 엄마가 되어 어쩜 그리 잘 읽느냐고 열심히 칭찬해주세요. 덕분에 기초도 탄탄하게 다지고, 영어책은 재미있는 거라는 생각과 함께 자신감도 쑥쑥 올라간답니다.

《Captain Underpants캡틴 언더팬츠》 다음에 넣어준 책이 리딩 레벨 (AR) 2.3-2.7의《Dog Man도그맨》이라는 만화책이었어요.《A to Z Mysteries딩크 던컨과 미스터리 수사대》 다음에 넣어준 책은 모 윌리엄스 Mo Williams 작가의《Elephant & Piggie코끼리와 꿀꿀이》,《The Pigeon》등의 그림책과 만화책처럼 컬러 그림이 풍부한 얼리 챕터북《Kung Pow Chicken치키치키 쿵푸치킨》이에요. 챕터북을 읽고 있는 아이들에게 1.0에서 2.0대의 영어책을 넣어주니, 초등학교 4학년이 구구단을 외우는 느낌이랄까요. 아이들은 쉽고 만만한 영어책을 통해, 영어를 더 자신 있게 받아들였습니다.

05

영어소설

보통 엄마표 영어의 종착역을 영어소설 단계로 보곤 합니다. 좀 더 나아가면 고전문학까지 생각하기도 하지요. 그래서 챕터북 단계에 아이가 잘 적응하고 나면, 한 번씩 영어소설 진입 시기와 방법을 고민하게 됩니다.

이런 고민이 찾아왔다면, 우선 가까운 도서관이나 서점에서 아이가 읽었으면 하는 영어소설책을 한번 살펴보세요. 일반적으로 책의 크기는 챕터북 정도인데, 행간이 훨씬 좁고 글씨 크기도 작습니다. 또 200쪽이 훌쩍 넘는 분량에 그림은 거의 없어요. 아무래도 초등학생이 읽기에는 무리가 있습니다. 그러니 영어소설 진입 시기는 초등학교 고학년에서 중학생 정도로 생각하는 것이 좋습니다.

다만, 한글 독서 수준이 높거나 웬만한 챕터북을 다 읽은 아이라면 영어소설 진입을 생각해볼 수 있습니다. 이때 아이가 스스로 읽을 수 있다면 눈으로 읽으면 되고, 아직 스스로 읽기 부담스러워한다면 음원을 활용해 '들으며 읽기'를 진행하면 됩니다.

영어소설에 진입할 시기인지
판단할 수 있는 기준은?

아이가 영어소설에 진입할 때가 되었는지 가늠해볼 수 있는 몇 가지 기준이 있습니다. 첫 번째는 아이가 챕터북을 대략 얼마 동안 읽었느냐 하는 겁니다. 얼마나 깊이 몰입했느냐에 따라 다르긴 하지만, 보통 6개월에서 1년 정도 충분히 읽었다면 영어소설 진입을 시도해볼 만합니다.

두 번째는 아이의 한글 독서 수준입니다. 한글책으로 200쪽 이상 분량에, 글씨가 가득한 책을 자유롭게 읽을 수 있는지 확인해주세요. 그 정도의 책을 읽는다는 건, 긴 글을 읽고 그 내용과 구성까지 이해할 정도의 힘이 있다는 뜻이니까요. 외국어인 영어는 항상 모국어인 한국어의 뒤를 따라간다고 생각하면 이해가 쉽습니다. 아이가 지닌 언어 능력 중에 가장 강력한 모국어로도 읽지 못하는 수준의 책을 외국어인 영어로 읽기는 어려워요. 그러니 아이의 한글 독서 수준을 체크하는 것은 중요한 힌트가 됩니다.

끝으로 두 가지를 모두 만족한다고 해도, 최소한 초등학교 3학년은 지나서 시도해주세요. 행간이 좁고 글씨가 작아서, 아이에게 무리가 될 수도 있거든요. 영어소설 진입을 서두르지 마세요. 아이가 영어소설을 읽었다고 해서 영어책 읽기가 끝나는 건 아니에요. 영어소설을 읽는다고 해도, 아이는 앞으로 꾸준히 영어책을 읽어야 한다는 걸 기억해주세요.

초등학교 저학년이라면 우선 아이 나이에 맞는 챕터북을 충분히 읽을 수 있도록 해주세요. 챕터북을 충분히 읽은 아이들은 학년이 올라가면 자연스럽게 영어소설로 진입할 뿐 아니라, 동시에 '눈으로 읽기'에도 더 빠르게 적응한답니다.

문턱을 낮추어
가볍게 영어소설에 진입하기

앞의 세 가지 조건을 모두 만족한다면 영어소설을 시도해봐야겠지요. 언제나 새로운 단계에 진입할 때는 변화는 작게, 적응 기간은 충분히 주는 것이 좋습니다. 현재 아이가 읽고 있는 챕터북과 크게 차이가 없는 쉬운 소설책부터 도전해보는 것이 좋아요. 우리나라 소설책도 그렇지만 영어소설책도 그 수준과 종류가 다양합니다. 우선 리딩 레벨이 높은 챕터북과 리딩 레벨이 낮은 영어소설은 차이가 크지 않아 시도해볼 만하거든요. 관련 책에 대해서는 [영어 독립 꿀정보] (270페이지)에 좀 더 자세히 실어두었습니다.

✿ 챕터북 같은 영어소설 활용하기

쌍둥이가 챕터북에 진입한 지 1년 3개월 정도가 되었을 때, 읽을 만한 챕터북을 찾다가 우연히《THE LEGENDS OF KING ARTHUR》를 발견했어요. 영국 초등학교 현직 교사가 아서왕의 이야기를 일부 변형하여 초등학교 저학년 수준에 맞추어 쓴 10권짜리 소설인데, QR코드로 음원이 제공되었어요. 권당 100쪽 정도의 분량으로, 이미 100쪽에서 200쪽의 챕터북도 무난하게 들으며 읽고 있는 쌍둥이에게 무리가 없을 것으로 예상했고, 무엇보다 아이들이 좋아하는 아서왕의 이야기였기에 바로 주문했습니다. 이번에 안 읽으면 나중에 읽지, 하는 마음으로요.

흑백에다가, 글씨가 너무 많다며 거들떠보지도 않는 쌍둥이를 어르고 달래어 1권의 시작 부분 몇 장만 들으며 읽게 했어요. '아서왕'이라는 말에 낚여 음원을 들어보니 어렵지 않고, 오히려 흥미를 느끼게 된 아이들은 이야기에 홀리듯이 빠져들어 갔습니다. 결국 일주일 만에 10권의 책을 모두 들으며 읽었어요.

구분	주제	제목	권수	쪽수	음원	AR
당시 읽고 있던 챕터북	유머	Captain Underpants	12	138-301	○	4.3-5.3
	유머	Horrid Henry	23	96-112	○	3.1-3.9
	미스터리	A to Z Mysteries	26	114-132	○	3.2-4.0
새로운 책	신화/전설	THE LEGENDS OF KING ARTHUR	10	95	○	3.9-4.9

초등학교 4학년 쌍둥이가 영어소설 진입에 성공할 수 있었던 것은 변화를 아주 작게 주면서 아이들의 취향을 반영한 덕분이에요. 위

의 표지처럼 당시에 읽고 있던 챕터북을 보면, 100쪽이 훌쩍 넘었고 리딩 레벨(AR)도 4.0대 전후였어요. 《THE LEGENDS OF KING ARTHUR》는 전체 쪽수로 보나 리딩 레벨로 보나 큰 차이가 없었습니다. 흑백이긴 했지만, 그림도 꽤 많고 음원까지 있으니 챕터북의 연장선으로 보면 됩니다. 다른 점이라면 10권의 책 내용이 모두 이어진다는 거고, 그 덕에 긴 호흡의 장편소설을 읽을 수 있다는 가능성을 확인한 것이지요.

《THE LEGENDS OF KING ARTHUR》로 영어소설 진입에 우연히 성공한 후 찾아보니, 어린이를 대상으로 하는 영어소설이 꽤 있었어요. 이 소설들의 장점은 챕터북처럼 행간이 좀 넓고, 글씨의 크기도 크다는 거예요. 또 중간중간에 그림도 좀 있고, 아이들이 이해하기 쉬운 단어를 선택해 이야기를 풀어 나가기도 합니다. 때론 판형을 키우거나 컬러판으로 제작된 책도 있습니다.

✿ 음원이 있는 영어소설 활용하기

음원은 현재 아이의 읽기 수준보다 조금 더 높은 단계의 영어책을 읽을 수 있게 도와줍니다. 쌍둥이에게는 이 부분이 굉장히 중요했어요. 한글 독서 수준은 높은데 영어 읽기 수준이 그에 미치지 못해, 자칫 영어책에 대한 흥미를 잃을 수도 있었거든요. 첫 영어소설에 자연스럽게 진입한 후, '들으며 읽기'와 '눈으로 읽기'를 병행했습니다. 쉬운 단계의 책은 눈으로 읽고, 영어소설은 들으며 읽게 하면서 '영어책 읽기'에 대한 흥미를 높여주었습니다.

쌍둥이의 취향에 맞추어 그리스·로마 신화를 새롭게 구성한 《Hopeless Heroes》 시리즈를 두 번째 영어소설로 선택했어요. 이야기의 재미에 빠진 아이들은 권당 200쪽이나 되는 10권의 책을 굉장히 재미나게 읽었습니다. 특히 음원이 있는 다섯 권은 들으며 읽었지만, 나머지 다섯 권은 음원이 없어서 스스로 눈으로 읽었어요. 덕분에 '눈으로 읽기' 실력까지 쑥쑥 올려준 고마운 시리즈입니다.

그다음에는 뉴베리 수상작인 《The Tale of Despereaux^{생쥐 기사 데스페로}》를 들으며 읽었어요. 그림은 거의 없고 빼곡한 글씨가 가득한 책을 보자마자, 쌍둥이는 고개를 절레절레 저었습니다. 앞부분 몇 장만 들어보라고, 정말 재미있다고 간식과 함께 슬쩍 들이밀었어요(먹는 거에 약한 쌍둥이를 낚는 저만의 비법이에요). 고맙게도 간식 먹는 동안 몇 장을 들어보더니, 어느새 데스페로의 이야기 속으로 쏙 빠져들었습니다. 그동안 읽은 책보다 글씨가 작아서 무리가 되지 않도록 하루에 30분 정도만 들으며 읽게 했는데, 4일 만에 다 읽어버렸어요. 뒷이야기가 너무 궁금해서 못 참겠다며, 마지막 날에는 한 시간이 넘도록 들으며 읽었거든요.

다음으로 선택한 영어소설은 《Charlie and the Chocolate Factory^{찰리와 초콜릿 공장}》이에요. 도서관에 음원 CD와 함께 비치되어 있어서 바로 대출했는데, 그동안 읽던 책에 비해 행간도 좁고 글씨가 너무 작더라고요. 그래서 아이들이 흥미를 보이면 판형이 크게 제작된 컬러판을 구입하기로 하고 일단 앞부분만 살짝 들려주었어요. 아이들이 재미있다고 해서 컬러판을 주문했고 새 책이 도착하면 읽기로 했지만, 첫째는 이야기가 궁금해서 참을 수가 없다며 도서관 책으로 읽었습니다. "엄마, 요즘 보는 웬만한 영화보다 더 재미있어. 막 상상하며 읽게 돼"라며 그 작은 책으로 끝까지 들으며 읽었어요. 이렇게 음원 덕분에 호흡이 긴 이야기를 읽게 되면서, 쌍둥이는 영어소설의 재미를 알게 되었답니다.

✿ 한글 번역본 활용하기

앞의 두 가지 방법 외에도 활용할 수 있는 방법이 한 가지 더 있습니다. 한글 번역본을 활용해 영어소설을 읽을 수 있도록 도와주는 거예요. 이 방법은 특히 한글 독서 수준은 높은데 영어 실력이 다소 부족한 초등학교 고학년 아이들에게 추천합니다. 유명한 영어소설은 대부분 한글 번역본이 나와 있으니 아이 수준에 맞는 한글 번역본을 재미있게 읽은 후에 원서를 읽게 하는 겁니다. 번역본을 통해 전체 줄거리를 알고 있으니, 원서를 읽을 때는 사전을 찾지 않고 쭉쭉 읽게 해주세요(음원을 활용해도 좋아요). 번역본을 통해 내용을 다 알고 나면 원서에 재미를 느끼지 못하는 아이들이라면, 번역본의 일부만 읽게 한 후에 나머지는 원서로 읽게 해주세요.

쌍둥이가 초등학교 3학년 때, 무슨 영어 영상을 보여줄지 고민하다가 〔Harry Potter해리 포터〕 영화를 선택했습니다. 그런데 쌍둥이가 이 영화를 일곱 살 때 유치원에서 봤다고 하더라고요. 당시 쌍둥이는 어두운 영상이 무서웠지만 단체 생활이다 보니 시청할 수밖에 없었고, 그 기억으로 해리포터에 대한 이미지가 좋지 않았어요. 결국 조금 시청하다가 멈췄습니다. 나이가 어려도 재미있게 보는 아이들이 많다던데, 우리 아이들의 취향은 아닌가 보다, 하고 내려놨어요. 어차피 재미난 책과 영상은 많으니까요.

시간이 흘러 쌍둥이 초등학교 4학년 겨울 방학 때, 영어소설을 재미나게 읽는 모습을 보고 문득 《Harry Potter해리 포터》가 떠올랐어요. '혹시, 책은 재미있게 읽을 수도 있지 않을까?' 하는 생각에(그동안 아이들이 크기도 했고요), 도서관에서 번역본 한 권을 대출해 식탁 위에 올려두었습니다. 호기심 많은 둘째가 슬쩍 읽어보더니 "엄마! 이 책 완전 재미있어. 영화처럼 무섭지도 않고 흥미진진해!"라고 말하더라고요. 반가운 마음에 판형이 큰 하드커버 원서 1탄을 구입했고, 오디오 CD는 쌍둥이 친구네 집에서 빌렸습니다. 해리포터 원서 1탄을 우리나라에서는 두 권으로 번역해놓았어요. 그러니까 쌍둥이는 해리포터 원서 1탄 내용의 절반만을 번역본으로 읽은 상태였어요. 그 상태에서 원서가 도착했고, '들으며 읽기'가 시작되었습니다.

처음에는 '글씨가 너무 작다', '말이 너무 빠르다'라며 투정을 부리더니 챕터 하나를 들으며 읽자마자 전세가 역전되었습니다. 번역본과 원서의 내용이 다른 부분을 찾아 비교하기도 했고, 번역본보다 더 재미있어서 원서를 먼저 봤어야 했다며 아쉬워하기도 했습니다. 그래서 1탄의 2권 번역본은 읽지 않았고, 원서로만 끝까지 들으며 읽었습니다. 그렇게 해리포터에 폭 빠진 아이들은 책이 더 있는지 물어봤고 7탄까지 있다는 말에 더 읽고 싶어 했지만, 막상 받아보니 판형이 큰 하드커버 원서도 글씨 크기가 작은 편이라 시간을 갖고 천천히 한 권씩 들여줄 생각입니다. 아직 읽지 않은 재미난 챕터북과 어린이 대상 영어소설도 많으니까요.

언제까지
들으며 읽어야 할까요?

영어소설까지 '들으며 읽기'를 진행할지 말지는 선택사항입니다. 챕터북을 충분히 들으며 읽은 후에, 4단계(스스로 읽기)를 진행하다 보면 아이는 자연스럽게 눈으로 읽게 되거든요. 다만 아이가 챕터북보다 조금 더 높은 수준의 영어책을 읽고 싶어 하는데, 아직 눈으로 읽을 수 없는 경우라면 영어소설을 '들으며 읽기' 하는 것이 좋습니다.

보통 영어를 모국어처럼 습득하는 아이들의 공통점이 눈보다 귀가 더 앞서간다는 거예요. 이 아이들에게는 꾸준히 들으며 읽을 수 있는 책이 공급되는 것이 중요합니다. 원하는 수준의 영어책을 읽으며 만족감을 느낄 뿐 아니라, 충분히 듣고 읽을 수 있는 소중한 시간으로 기초를 탄탄하게 쌓게 되거든요.

앞으로 아이가 3단계를 지나 4단계(스스로 읽기)에 진입하게 되면, '들으며 읽기'와 '눈으로 읽기'를 병행하게 됩니다(구체적인 4단계 진입 조건과 진행 방법은 해당 단계를 참고해주세요). 이때 '들으며 읽기' 단계는 자신의 수준에 맞거나 그 이상인 책으로 진행하고, '스스로 읽기'는 자신의 수준보다 낮은 책으로 하는 것이 좋습니다. 예를 들어 아이가 챕터북 후반이나 영어소설에 진입해 4단계를 병행하고 있다면, '들으며 읽기'는 챕터북과 영어소설로, '스스로 읽기'는 리더스북, 얼리 챕터북, 그래픽 노블로 진행하는 겁니다.

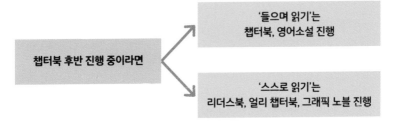

'읽기 독립'을 완성하면 다 좋은데 딱 하나 아쉬운 점이 있어요. '들으며 읽기' 단계까지 끝나고 나면, 아이는 이제 영어책을 눈으로 읽게 됩니다(귀로 듣는 것보다 눈으로 읽는 것이 더 빠르고 편하니까요). 그러면 영어 소리 듣는 시간이 줄어들 뿐만 아니라, 원어민이 읽어주는 정확하고 유창한 음원을 들을 일이 없어집니다. 물론 '눈으로 읽기'는 우리가 바라던 고지이고, 영어 영상은 계속 시청할 테니 '듣기'가 완전히 사라지는 건 아니지만, 단어 하나하나의 소리를 정확하게 연결해 들을 일은 없어집니다. 그러니 아이가 원하는 만큼 '들으며 읽기'를 충분히 진행할 수 있게 해주세요.

오롯이 '재미' 하나만으로
도착한 곳

쌍둥이가 영어소설에 진입한 때부터 5개월의 시간을 자세히 기록했습니다. 많은 엄마들이 마지막 목표로 생각하는 지점이라 좀 더 구체적으로 담으려 노력했어요. 혹시 쌍둥이가 처음으로 영어책을 읽는 순간부터 영어소설에 도착하기까지, 크게 가로지르는 맥을 발견하셨나요? 네, 바로 '재미'입니다.

아이들의 취향을 반영해 재미있게 읽을 수 있는 영어책을 찾고 또 찾았어요. 아무리 재미있는 책이라도 너무 오랜 시간 읽으면 지쳐 버리지요. 재미가 피곤함으로 전락하지 않도록, 아이들에게 무리가 되지 않는 선에서 멈출 수 있도록 도와줬습니다. 이렇게 걸어온 길을 되짚어보니, 공부는 재미로 하는 거라는 저만의 철학이 잘 반영된 것 같습니다.

이야기에 재미를 느끼면 책을 좋아하게 되고, 좋아하게 되면 많이 읽게 될 것이고, 그러다 보면 자연스럽게 영어에 깊이 파고들 거라 믿었거든요(이 경험은 또 다른 분야로 확장될 거고요). 그저 재미있어서 중·고등학교 시절에는 수학과 화학에 파고들고, 대학 시절에는 컴퓨터에 파고들고, 어른이 되어서는 글쓰기에 파고든 저처럼요.

쌍둥이는 오롯이 '재미' 하나만으로 영어소설에 도착했습니다. 재미로 영어책을 읽고 영상을 본 덕분에, 영어에 대한 무한한 사랑과 자부심을 품고 있어요. 쌍둥이에게는 두 가지 모두 늘 놀이였으니까요. 영어소설에 도착한 후부터는 칼데콧 상을 받은 영어 그림책과 뉴베리 상을 수상한 영어소설, 그리고 논픽션 영어책을 조금씩 읽어 나가고 있어요. 단계가 낮은 책은 눈으로, 단계가 높은 책은 음원을 통해 들으며 읽고 있습니다.

아이가 영어를 좋아하게 되고, 마침내 영어소설을 읽게 될 때까지는 눈가리개를 한 경주마처럼 내 아이만 봐주세요. 내 아이의 취향과 반응만 보는 겁니다. 다른 곳은 보지 마세요.

'작품성이 뛰어난 책도 좀 읽어야겠지.'

'너무 재미로만 책을 보면 안 될 텐데.'

'배경지식을 쌓을 수 있는 영어책도 읽어야 하지 않나?'

이런 걱정은 잠시 접어두세요. 폭력적이거나 선정적인 내용만 아니면, 아이가 원하는 취향으로 쭉 밀어주는 것이 영어를 모국어처럼 습득하는 가장 빠른 방법입니다.

영어 실력을 차곡차곡 쌓아야 할 시기에 교육적인 책이나 필독서들을 읽느라 에너지를 빼앗기면, 흥미도 떨어지고 지쳐서 끝까지 갈 수가 없어요(물론 아이가 좋아한다면 당연히 그쪽으로 밀어주어야겠지요). '영어는 정말 재미있는 거구나'라는 생각이 들 수 있도록 아이가 좋아하는 취향의 영어책을 쭉 공급해주세요. 영어의 재미에 퐁당 빠진 아이는 읽으라고 하지 않아도, 영어책을 스스로 읽고 결국 영어소설까지 선택하게 될 테니까요.

엄마도
독립을 준비해두세요

'영어 떼기'와 '읽기 독립'은 하루아침에 이루어지지 않습니다. '들으며 읽기' 과정에는 충분한 시간이 필요합니다. 쌍둥이들은 본격적인 '들으며 읽기'를 여덟 살부터 진행했고, 자기 수준에 맞는 영어책을 들으며 읽어내기까지 2년 정도의 시간이 걸렸어요. 지지부진하게 길을 찾고, 방황했던 순간들까지 합하면 3년입니다. 좀 길지요?

솔직히 이 시간은 아이보다 엄마가 견디기 힘든 시간이에요. 엄마가 수준에 맞는 재미난 책을 천천히 찾아주면, 아이는 그저 이야기에 빠져 읽기만 하면 되니 지루할 틈이 없습니다. 하지만 엄마는 좀 다릅니다. 더는 책을 읽어줄 필요도, 사이트 워드를 인지시킬 필요도 없어요. 오히려 해야 할 일이 줄어들어 허전함을 느끼기도 합니다.

시간적 여유가 생긴 엄마는 자칫 아이에게 필요 이상으로 집중하게 될 수도 있습니다. '우리 아이는 언제 챕터북을 술술 읽을까', '언제쯤이면 스스로 즐겁게 영어책을 읽을 수 있는 걸까' 하면서 관찰하고 또 관찰하게 됩니다. 아이가 조금 발전했다 싶으면 기쁘고, 정체되어 있다 싶으면 내 아이에게 무슨 문제가 있나, 생각하며 끝없는 걱정 속으로 들어갑니다. 그러지 마세요. 괜찮습니다. 우리 아이만 그런 거 아니더라고요. 영어를 자연스럽고 즐겁게 습득하는 아이들의 공통점입니다. 단단한 뿌리를 만드는 시간이에요. 아무런 움직임이 없어 보이는 번데기 시기를 거쳐 애벌레가 멋진 나비가 되듯, 아이는 지금 더 높은 단계로 올라가기 위해 꼭 필요한 시간을 보내고 있는 중이랍니다.

조금 먼저 경험한 엄마로서, 이 시간을 지혜롭게 보낼 수 있는 두 가지 방법을 슬며시 추천해봅니다. 하나는 엄마도 함께 영어책 읽는 재미에 빠져보는 거예요. 챕터북 정도 되면 엄마도 재미나게 읽어볼 만하거든요. 천천히 아이와 함께 읽으며 이야기를 나누다 보면 공감대를 형성할 수도 있고, 엄마의 영어 실력도 키울 수 있습니다. 특히 엄마가 직접 도전해보면, 아이가 왜 이리 오래 정체되어 있는지, 왜 재미난 책을 찾아주어야 하는지 실감하게 될 거예요(지루한 건 어른이나 아이나 견디기 힘드니까요).

다른 하나는 엄마의 시간을 갖는 겁니다(저는 이 방법을 선택했어요). 보통 아이들은 초등학교에 입학하면 비단 영어뿐 아니라 여러 면에서 엄마로부터 독립하기 시작합니다. 열 살 정도가 되면 많은 일을 혼자서 할 수 있게 되는데, 유아 때처럼 아이만 바라보고 있다가는 허무함이 밀려와 견디기 힘들 수도 있어요(저는 시원하면서도 섭섭하더라고요). 엄마가 챙겨줘야 할 일은 물론 아이가 엄마를 찾는 시간도 줄어드는 반면, 아이가 혼자 있거나 친구와 노는 시간은 늘어날 겁니다. 생각해보면 우리도 그랬습니다. 자연스러운 발달의 한 과정인 거죠.

아이가 엄마를 필요로 하는 순간을 열심히 함께했으니, 이제 엄마도 여유로운 시간을 즐길 차례입니다. 아이가 좋아할 만한 영어책과 영상을 찾아두고, 엄마도 하고 싶은 일을 하는 겁니다. 그러려면 엄마도 독립을 준비해 둘 필요가 있어요. 그동안 아이에게 맞췄던 초점을 조금씩 엄마인 나에게로 다시 가져오는 겁니다. 처음에는 좀 어색할 거예요. 난생처음 엄마가 되어 삶의 모든 초점을 아이에게 맞췄던 그때처럼 말이에요.

엄마 스스로 하고 싶은 일을 하려면, 내가 무엇을 좋아하는지부터 알아야 합니다. 나름 예쁜 옷을 사는 것도 좋아했고, 카메라 하나 둘러메고 훌쩍 여행을 떠나는 것도 즐기던 저였는데, 쌍둥이를 키우고 나니 제가 무엇을 좋아하는지 잘 모르겠더라고요. 대혼란이었습니다. 제2의 사춘기처럼 말이에요. 감사하게도 아이들을 잘 키워보겠다고 책을 읽으며 씨름했던 시간이 도움이 되었습니다. 책이라곤 읽어본 적 없는 제가 육아 덕분에 책에서 길을 찾는 법을 배웠거든요. 이번에는 육아 책이 아닌 제 관심이 흐르는 대로, 마음이 끌리는 대로 여러 책을 골라 읽었습니다(솔직히 육아 책보다 더 재미있었어요. 독서가 이토록 재미있을 수 있다는 걸 처음 알았습니다).

그렇게 책을 읽다가 제 꿈을 찾았습니다. 바로 '여행 작가'였어요. 꿈을 찾은 저는 쌍둥이가 친구들과 놀이터에서 마음껏 뛰어놀 때, 스스로 영어책을 읽고 영어 TV를 볼 때, 꾸준히 책을 읽고 글을 썼습니다. 덕분에 작가라는 꿈에 도전했고, 벌써 두 번째 책이 출간됩니다. 아직 여행책은 아니지만, 꿈을 향해 한 걸음씩 걸어가는 이 과정이 즐겁습니다. 태어나서 처음 해보는, 제가 좋아하는 일이거든요.

무엇을 좋아하는지 모르시겠다면, 우선 책을 읽어보세요. 감사하게도 수많은 인생 선배들이 우리가 했던 고민들을 먼저 경험한 후에, 해결해가는 과정을 열심히 남겨두었더라고요. 나만 이런 고민을 하는 것이 아니라는 점에 위로를 받았고, 선배들의 해결책을 참고하며 제 길을 걸어갔습니다. 물론, 꼭 책이 아니어도 좋습니다. 운동이 될 수도 있고, 그동안 배워보고 싶었던 그 무언가가 될 수도 있겠지요. 무엇보다 엄마가 꾸준히 무언가에 도전하는 모습은 아이에게 좋은 귀감이 됩니다. 열심히 인생을 사는 엄마의 모습을 보여주는 것보다 더 좋은 교육은 없겠지요.

① 챕터북 같은 영어소설 목록

책/시리즈 제목	작가	AR	쪽수	음원	권수	주제
The Magic Finger	Roald Dahl	3.1	64	○	1	마법/상상
Cliffhanger	Jacqueline Wilson	3.3	96	○	1	학교/친구
Lizzie Zipmouth●	Jacqueline Wilson	3.5	80	○	1	성장/가족
THE LEGENDS OF KING ARTHUR	Tracey Mayhew	3.9-4.9	95	○	10	신화
Hopeless Heroes	Stella Tarakson	2.5-3.4	207	○	10	신화
Waiting for the Magic●	Patricia MacLachlan	3.0	143	–	1	가족/동물
Mark Spark in the Dark	Jacqueline Wilson	3.8	96	○	1	일상/가족
Sleep-Overs●	Jacqueline Wilson	4.2	112	○	1	성장/친구
Ottoline●	Chris Riddell	4.1-4.8	192	○	4	추리
The Year of Billy Miller★	Kevin Henkes	4.2	240	–	1	학교/성장
Charlotte's Web●★	E. B. White	4.4	192	○	1	성장/동물
The Guard Dog	Dick King-Smith	4.8	64	○	1	동물
My Father's Dragon●★	Ruth Stiles Gannett	4.6-5.6	96-112	○	3	가족/상상

● 번역서가 있는 경우 ★ 뉴베리 수상작

② 음원이 있는 영어소설 목록

아이들의 상상력을 자극하는 언어의 마술사 로알드 달^{Roald Dahl}

로알드 달은 기발한 상상력으로 아이들을 이야기 속으로 빠져들게 하는 동화작가예요. 영화 [Charlie And The Chocolate Factory^{찰리와 초컬릿 공장}]로도 유명하지요. 아이들을 괴롭히는 어른들을 골탕 먹이기도 하고, 아이들의 상상을 책 속에서 현실로 만들어 유쾌하게 풀어나갑니다. 호불호가 있기도 하지만, 한번 로알드 달의 작품에 빠지면 작가의 책을 모두 다 찾아 읽게 되는 걸로도 유명해요. 다만 아쉬운 점은 페이퍼백이라 행간이 좁고, 글씨의 크기가 너무 작다는 거예요.

가격의 부담은 좀 있지만, 다행히 컬러판이 있습니다. 책의 판형도 크고 전부 컬러로 제작되어 있어요. 그림도 커졌고 행간도 좀 넓어져(글씨 크기만을 볼 때는 살짝 커졌어요), 글의 양이 많은 그림책 느낌입니다. 음원도 아주 좋습니다. 배경음악과 효과음이 들어가 있어, 쌍둥이는 생생하게 상상이 된다며 좋아했어요. 덕분에 10권이 훌쩍 넘는 영어소설을 때론 들으며 읽고, 때론 가볍게 눈으로 읽으며 자유롭게 즐기고 있답니다.

책/시리즈 제목	AR	쪽수	컬러판	번역서 제목	영화
The Enormous Crocodile	4.0	32	○	침만 꼴깍꼴깍 삼키다 소시지가 되어 버린 악어 이야기	-
Fantastic Mr. Fox	4.1	96	○	멋진 여우 씨	○
Charlie And The Chocolate Factory	4.8	160	○	찰리와 초콜릿 공장	○
Charlie And The Great Glass Elevator	4.4	160	○	찰리와 거대한 유리 엘리베이터	-
George's Marvellous Medicine	4.0	96	○	조지, 마법의 약을 만들다	-
Esio Trot	4.4	64	○	아북거, 아북거	-
The Twits	4.4	96	○	멍청씨 부부 이야기	-
The Giraffe And The Pelly And Me	4.7	36	○	창문닦이 삼총사	-
The Witches	4.7	192	○	마녀를 잡아라	○
James And The Giant Peach	4.8	113	○	제임스와 슈퍼 복숭아	○
The BFG	4.8	176	○	내 친구 꼬마 거인	○

책/시리즈 제목	AR	쪽수	컬러판	번역서 제목	영화
Matilda	5.0	212	O	마틸다	O
Danny The Champion of The World	4.7	191	O	우리의 챔피언 대니	–
Billy And The Minpins	5.1	92	O	민핀, 꼬마 빌리의 친구	–
Boy Tales of Childhood	6.0	176	–	–	–
Going Solo	6.1	224	–	–	–

* 컬러판이 있는 경우 : 쪽수는 컬러판 기준

롱테일북스의 뉴베리 컬렉션

롱테일북스 출판사에서 뉴베리 수상작으로 영어 공부할 수 있도록 영어 원서와 워크북, 오디오 CD로 구성된 뉴베리 컬렉션을 만들었어요. 가장 큰 장점은 오디오 CD가 있어서 '들으며 읽기'를 할 수 있다는 것과 일반 원서보다 책이 좀 크게 제작되었다는 거예요. 아직 초등생인 쌍둥이를 위해 최대한 큰 책을 찾고 있는데, 덕분에 발견한 시리즈입니다. 뉴베리 수상작에는 가난, 폭력, 이별, 장애 등을 극복하는 이야기가 많아요. 깊은 감동과 교훈을 주지만 초등 아이가 읽기에는 다소 무거운 주제일 수 있어요. 또, 판타지나 미스터리 등 이야기 전개가 빠른 책들에 비해 지루하게 느껴지는 책도 있습니다. 그래서 쌍둥이에게는 너무 어두운 주제의 책은 주지 않고 있어요. 되도록 밝고, 경쾌한 이야기를 선택하고 있습니다. 리딩 레벨보다는 내 아이가 좋아할 만한 주제인지, 아이 나이에 읽기에 좀 빠른 주제는 아닌지 등 책의 내용을 살펴보고 선택하세요. 판단하기 어렵다면 번역서를 엄마가 먼저 읽어보는 것도 좋은 방법이랍니다.

책/시리즈 제목	작가	AR	쪽수	번역서 제목
Sarah, Plain and Tall	Patricia MacLachlan	3.4	164	키가 크고 수수한 새라 아줌마
There's a Boy in the Girls Bathroom	Louis Sachar	3.4	400	못 믿겠다고?
Because of Winn-Dixie	Kate DiCamillo	3.9	280	내 친구 윈딕시
The Boy Who Lost His Face	Louis Sachar	4.0	368	얼굴을 잃어버린 소년
The Miraculous Journey of Edward Tulane	Kate DiCamillo	4.4	340	에드워드 툴레인의 신기한 여행

책/시리즈 제목	작가	AR	쪽수	번역서 제목
Holes	Louis Sachar	4.6	484	구덩이
The Tale of Despereaux	Kate DiCamillo	4.7	456	생쥐 기사 데스페로
The Hundred Dresses	Eleanor Estes	5.4	160	내겐 드레스 백 벌이 있어
Mr. Popper's Penguins	Richard Atwater, Florence Atwater	5.6	320	파퍼 씨의 12마리 펭귄
The Giver	Lois Lowry	5.7	480	기억 전달자

* 쪽수는 원서와 워크북을 합친 분량

그 외 음원이 있는 영어소설

책/시리즈 제목	작가	AR	쪽수	번역서 제목
Flora and Ulysses	Kate DiCamillo	4.3	231	초능력 다람쥐 율리시스
Pippi Long stocking	Astrid Lindgren	5.2	160	내 이름은 삐삐 롱스타킹
Pippi in the South Seas	Astrid Lindgren	5.4	125	–
Frindle	Andrew Clements	5.4	105	프린들 주세요

초2부터 활용하는
따라잡기 기술 ③

-
-
-
-

쌍둥이 책 활용하기

'쌍둥이 책 활용하기'는 '영어 읽기 독립' 1단계에서 낯선 영어에 대한 답답함을 없애기 위해 사용했던 방법입니다. 그 외에도 아이가 알고 있는 영어 단어의 양이 꽤 늘어났음에도 불구하고, 다음 단계로 진입하지 못해 엄마가 속을 끓이고 있는 경우에도 활용해볼 수 있어요(느긋하게 기다려주면 좋겠지만, 학년이 높은 자녀를 둔 엄마는 마음이 더 급할 거예요). 새로운 단계의 영어책이 두렵고 낯선 아이에게 번역서를 통해 흥미를 유발하여, 해당 영어책을 들으며 읽게 해보는 방법입니다.

1단계처럼 단계가 낮은 쌍둥이 책을 활용할 때는 책 전체를 읽어도 됩니다. 예를 들어 앤서니 브라운Anthony Browne의 《우리 아빠가 최고야》 번역서 전체를 읽어준 후에, 《My Dad》 원서를 읽어주면 됩니다. 하지만 시리즈 책에서는 첫 번째 책, 딱 한 권만 활용해야 합니다. 시리즈 전 권을 한글책으로 읽고 나면, '영어책 읽기'에 흥미를 잃어버릴 수 있기 때문에요. 한 권만 읽어도 등장인물의 특징과 이야기 전개 구조에 대한 배경지식을 충분히 쌓을 수 있으니까요.

아이의 취향과 영어 수준(조금 높은)을 고려해 시리즈 영어책을 선택한 후에, 번역서의 1권만 준비해주세요. 번역서는 대부분 유명한 책들이니 도서관에 비치되어 있을 확률이 높아요. 딱 한 권만 대출해 읽게 한 후에, 아이가 다 읽으면 반납하면 됩니다.

예를 들어《꼬마 명탐정 네이트》번역서를 선택했다면 아이에게 1권만 읽어보게 하세요. 아이가 재미있어하면《Nate the Great》시리즈 영어책 전체를 들으며 읽으면 됩니다. 새로운 단계의 영어책일지라도 이미 번역서로 재미나게 읽었기 때문에 더는 낯설거나 두렵지 않을 거예요. 이 경험이 중요합니다. 이렇게 얼리 챕터북 한두 시리즈를 읽고 나면, 얼리 챕터북 수준의 글의 양과 쪽수에 익숙해지거든요. 반면에 아이가 번역서를 재미없어한다면, 이 책은 아이의 취향이 아닐 수 있어요. 때론 아이가 한글책 전권을 읽고 싶어 할 수도 있어요. 그럴 때는 영어책 전 권을 들으며 읽은 후에 주겠다고 하세요. 내용이 궁금해야 영어책에 더 집중할 수 있습니다.

다음 페이지에 초등 아이들에게 인기 있는 번역서 목록을 정리해놓았습니다. 다만 목록에 있는 모든 쌍둥이 책을 활용하지는 마세요. 단계별로 한두 시리즈 정도만 활용하세요. 무엇보다 번역서에 의존하지 않고 아이 스스로 영어책을 읽는 것이 중요하니까요.

구분	영어책 제목	AR	번역서 제목
얼리 챕터북	Nate the Great	2.0-3.2	꼬마 명탐정 네이트
	HORRID HENRY Early Reader	2.6-3.5	호기심 대장 헨리
	Mercy Watson	2.6-3.2	우리의 영웅 머시
	Kung Pow Chicken	2.9-3.2	치키치키 쿵푸치킨
	Ricky Ricotta's Mighty Robot	2.9-4.1	지구를 지켜라! 초강력 로봇
	The Princess in Black	3.0-3.5	블랙 프린세스, 복면공주
챕터북	Magic Tree House	2.6-3.7	마법의 시간여행
	The Zack Files	2.7-3.9	잭의 미스터리 파일
	Dirty Bertie	2.8-3.6	꼬질이 버티
	Geronimo Stilton	3.1-5.1	제로니모 퍼니월드, 제로니모의 환상모험
	My Weird School	3.3-4.3	괴짜 초딩 스쿨
	Kid Spy	3.5-3.7	키드 스파이
	Isadora Moon	3.5-3.9	마녀 요정 미라벨
	Kitty	4.0-4.3	고양이 소녀 키티
	Captain Underpants	4.3-5.3	캡틴 언더팬츠
	Franny K. Stein Mad Scientist	4.5-5.3	엽기 과학자 프래니

* 시리즈 제목 또는 시리즈 중 대표적인 책 한 권의 제목만 표기

스스로 읽기

: 원서를 즐겁게 술술술 읽는 단계

4단계 '스스로 읽기'에 활용되는 영어책

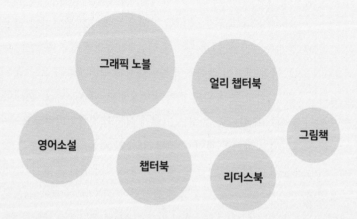

'들으며 읽기'를 꾸준히 진행하면, 영어 소리를 충분히 들을 수 있고 수많은 영어 단어(의미, 소리, 문자)를 알게 됩니다. 또 아이의 나이와 정서 수준에 맞는 영어책을 읽을 수 있으니 영어책에 대한 흥미도 잃지 않게 됩니다. 다만 오랜 시간 들으며 읽은 아이는 음원에 좀 많이 의존합니다. 쌍둥이는 새로운 책을 볼 때마다 흥미를 느끼면, "엄마, 음원 있어?" 하고 물어볼 정도였어요. 현재 읽고 있는 영어책의 수준보다 단계가 낮아 충분히 눈으로 읽을 수 있는 책인 것 같은데도 아이들은 음원을 찾았습니다.

눈으로 읽는 것이 더 편하고 빠르다는 것을 자연스럽게 스스로 깨달은 아이라면 상관없지만, 그렇지 않은 아이라면 영어책을 눈으로 읽을 수밖에 없는 환경을 조금씩 만들어주어야 합니다(이때는 다양한 단계의 영어책을 활용합니다). 한 번, 두 번 경험이 쌓이다 보면 자신의 능력을 알게 되고, '눈으로 읽기'에 익숙해지면서 차츰 음원의 필요성을 느끼지 못하게 됩니다.

모든 단계가 그렇지만, 아이가 어느 날 갑자기 영어책을 눈으로만 읽지는 않습니다. 음원이 없어 포기하려 했던 영어책이 재미있어 보이는 것이 그

첫 시작이 될 수 있습니다. 아쉬운 마음에 슬쩍 살펴보다가 재미있어 보이는 장면의 한두 문장을, 한두 쪽을 읽어버립니다(자기도 모르게 눈으로 읽는답니다). 조금 읽어봤더니, 내용도 재미있고 읽을 만하다고 판단하면 결국 아이는 한 권 전체를 눈으로 읽게 됩니다(이렇게 만들려면 쉽고 재미있는 책이 필요하겠지요). 이런 경험이 쌓이면서 자연스럽게 영어책을 눈으로 술술 읽게 됩니다. 그러다가도 또 음원의 추억이 떠오르면, 예전 책들을 꺼내어 '들으며 읽기'를 하기도 합니다. 변화는 그렇게 서서히 진행되더라고요.

눈으로 읽은 경험이 차곡차곡 쌓여 '스스로 읽기'가 가능해진 이후로는 쌍둥이의 영어 수준과 취향에 맞는 영어책을 자유롭게 구입하고 있어요. 전에는 음원이 있는지 없는지를 꼼꼼하게 살펴봐야 했지만, 이때부터는 주로 책만 공급하고 있습니다(가끔 쉬었다 가라고 음원이 있는 책을 준비하기도 해요). 또 더는 매일 영어책 읽기를 챙기지 않아도 된답니다. 자신의 취향에 맞는 영어책을 편안하게 읽을 수 있는 수준이 되니, 하루에도 몇 번씩 읽고 싶은 영어책을 알아서 꺼내어 읽더라고요. 이제 저는 재미난 영어책을 찾아 공급하고 소개하기만 하면 된답니다.

01

'눈으로 읽기'를
추가할 시간

'들으며 읽기'를 챕터북까지 진행하고 있다면, 아주 조금이지만 아이가 음원 없이 영어책을 눈으로 읽는 모습을 한 번씩 보게 될 겁니다. 챕터북에 진입한 지 1년 정도의 시간이 지나고 나서 쌍둥이들에게서 그런 모습이 자주 발견되었어요. '들으며 읽기'가 끝난 책에서 다시 보고 싶은 부분이 있을 때면 음원 틀기가 귀찮아 그냥 눈으로 읽더군요. 또 소파나 거실 바닥에 흩어져 있는 영어책을 집어들어 재미난 부분만을 다시 읽을 때도 스윽 눈으로 읽고는 툭 내려놓았어요.

때론, 들으며 읽었던 책이 너무 재미있어 저에게 가져와 설명해주기도 했습니다. 그럴 때면 슬그머니 모르는 척 자세히 좀 알려달라고 했어요. 대부분은 정말 몰라서 물어봤지만요. 그러면 어떨 때는 우리말로 내용을 알려주었고, 재미난 부분을 영어로 소리 내어 읽은 후에 우리말로 설명해줄 때도 있었습니다. 또, 가끔이지만 스스로 영어책을 읽을 수 있다는 사실이 뿌듯한지 자랑하듯 소리 내어 읽어주기도 했습니다.

이쯤 되면 '들으며 읽기'와 '눈으로 읽기'를 병행할 수 있도록 환경을 만들어줘야 합니다. 자연스럽게 '눈으로 읽기'로 넘어가는 아이들도 있지만, 음원 의존도가 높아 스스로 읽으려 하지 않는 아이들도 있거든요. 쌍둥이가 그랬습니다. 새로운 책을 보고 흥미를 느끼면 책의 난이도와 상관없이 제일 먼저 음원이 있는지 물었고, 음원이 없나고 하면 읽어보려는 시도조차 하지 않았어요. 단계가 낮아 눈으로 읽을 수 있는 책조차도 말이지요. 그래서 쌍둥이가 '영어책을 눈으로 읽을 수밖에 없는 환경'을 한 번씩 만들어주었습니다. 덕분에 눈으로 읽는 경험이 차곡차곡 쌓이면서, 음원의 도움 없이 스스로 읽을 수 있다는 것을 깨닫게 되었고 자신감도 쑥쑥 올라갔답니다.

'영어책을 눈으로 읽을 수밖에 없는 환경', 어떻게 만들 수 있을까요? 해답은 바로, 이야기는 정말 재미있는데 음원은 없는 책에 있어요. 엄마에게 책 소개를 받고 앞부분만 살짝 읽어봤는데 너무 재미있어요. 기대에 가득 찬 아이는 음원이 있는지 물어보지만, 돌아오는 대답은 '없다'입니다. 하지만 그냥 포기하기에는 책의 내용이 너무 궁금해요. 결국 '눈으로 읽기'를 시도해봅니다. 아이마다 좋아하는 책 스타일이 다르니 내 아이가 폭 빠져 읽을 수 있는 책을 찾아야 하고요. 무엇보다 겁 없이 덤볐다가 스스로 읽어내지 못하면 아이가 실망하겠지요. 그러니 단계를 내려가 쉬운 책에서 찾아주세요.

그래픽 노블 Graphic Novel

쌍둥이는 초등학교 3학년 때, 《Captain Underpants 캡틴 언더팬츠》 책에 푹 빠져 있었어요. 리딩 레벨(AR)이 4.3-5.3으로 당시 읽고 있던 책보다 높았고, 평균 170쪽으로 글의 양이 많았는데도 엄청 좋아했어요. 12권으로 구성된 시리즈의 책을 모두 읽은 후에 더 읽고 싶어 했지만, 더는 책이 없더라고요(데브 필키 Dav Pilkey 작가에게 편지라도 쓰고 싶은 심정이었어요. 어떻게 만난 대박 책인데요!). 아쉬운 마음에 데브 필키 작가의 다른 책이라도 있을까 하고 찾다가 《Dog Man 도그맨》을 발견했습니다. 리딩 레벨(AR) 2.3-2.6으로 《Captain Underpants》보다 낮았고 만화책이었어요. 리딩 레벨이 낮은 건 괜찮았는데 만화책이라는 점이 좀 걸렸습니다. 저희 부부는 한글책의 경우 만화책을 제한해왔거든요. 고민 끝에 긍정적인 도전을 시도해보기로 했습니다. 영어 만화책은 제가 공급하지 않으면 읽을 수 없으니 제한적으로 활용하면 되지 않을까 하고요.

《Dog Man》 책이 도착했고, 별도로 제공되는 음원이 없어서 유튜브를 활용했습니다. 잔뜩 기대감에 찬 쌍둥이는 초등학생 정도 되는 원어민 아이가 읽어주는 소리를 들으며 책을 읽었는데, 발음도 그렇고 너무 어설프게 읽어서 듣고 싶지 않다고, 그냥 스스로 읽겠다고 하더군요. 솔직히 만화의 힘에 좀 놀랐던 날입니다. 어느 정도를 읽고 이해하는지 알 수는 없지만, 총 아홉 권의 책을 깔깔대고 웃으며 눈으로 읽는 모습에 대단하다고 열심히 칭찬만 했어요(당시에는 총 아홉 권이었어요). 챕터북에 진입한 지 8개월밖에 안 되었고 '눈으로 읽기'는 생각해본 적도 없던 때라, 그저 신기하고 기특한 마음이었거든요. 덕분에 만화책에 대해 다시 생각해보는 좋은 계기가 되었습니다.

놀랍기는 했지만 만화책이라서 그런가 보다, 하고 지냈는데, 몇 개월 후부터는 그런 모습이 다른 책을 읽을 때도 종종 나타났어요. 쌍둥이에게 변화가 일어나고 있다는 것을 드디어 감지하고, '한글책 읽기 독립'을 완성했던 마지막 한 수가 떠올랐습니다. 그리스·로마 신화에 한창 빠져 있던 쌍둥이는 음원도 없는 전집을 눈으로 읽으며 '읽기 독립'을 완성했었거든요. 그때처럼 음원은 없는데, 너무 궁금해서 읽지 않고는 견딜 수 없는 책을 찾기로 했습니다.

몇 개월 전 아홉 권을 눈으로 읽게 한《Dog Man》이 떠올라, 리딩 레벨이 낮은 영어 만화책을 천천히 살펴보았어요. 우선 내용을 충분히 검토하여 선정성과 폭력성을 띠는 책은 제외했고, 아이들의 시력을 생각해 글씨가 너무 작은 책도 제외했습니다. 최종적으로 쌍둥이가 좋아할 만한 스토리와 그림 스타일을 선택했어요. 그러다 발견한 책이 그래픽 노블Graphic Novel입니다.

'그래픽 노블Graphic Novel'은 '그림graphic'과 '소설novel'의 합성어로 만화와 소설의 중간 형식을 취하는 작품이에요. 일반 만화보다 철학적이고 진지한 주제를 다루며 스토리에 완결성을 가진 단행본 형식으로 발간되는 것이 특징입니다. '그래픽 노블의 아버지'라고도 불리는 미국 만화계의 거장 월 아이스너Will Eisner에 의해 대중화되었지요.

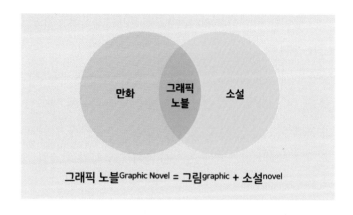

그래픽 노블Graphic Novel = 그림graphic + 소설novel

　그래픽 노블의 가장 큰 장점은 글을 다 읽지 못해도 풍부한 그림 덕분에 내용을 어느 정도 유추하고 이해할 수 있다는 것과, 재미 부분이 강조되어 아이들의 호기심을 끌기에 좀 더 효과적이라는 겁니다. 그렇다고 해도 그림만 보면 내용을 정확하게 이해하지 못해 재미가 떨어지기 때문에, 조금이라도 글을 읽으려고 노력하게 됩니다. 목마른 자가 우물을 파는 것처럼 내용이 궁금한 아이들은 스스로 글을 읽으려 노력하면서, 자연스럽게 '눈으로 읽기'를 연습하게 되는 거죠.

　그렇다고 한 번에 주르륵 그래픽 노블만을 읽게 하지는 않았어요. 챕터북과 영어소설을 '들으며 읽기' 하는 과정에 한 번씩 끼워 넣어, '눈으로 읽기' 연습은 물론 휴식처럼 달콤한 시간을 만드는 데 활용했습니다. 처음으로 입문한 영어소설《THE LEGENDS OF KING ARTHUR》시리즈 10권을 모두 들으며 읽었을 때 선물처럼 보여준 책이《The Bad Guys배드 가이즈》고요. 한 권에 200쪽이나 되는 영어소설《Hopeless Heroes》시리즈 10권을 끝까지 읽게 하려고, 달콤한 보상으로 활용한 책이 《Lunch Lady》입니다(이 부분에서 쌍둥이를 낚았던 방법은 **영어 독립 꿀정보**(292페이지)를 참고해주세요).

쌍둥이는 기존에 읽던 리더스북이나 챕터북을 읽을 때보다 더 많이 웃었고, 더 많이 몰입했습니다. 그래픽 노블 덕분에 영어책의 재미에 더 흠뻑 빠졌고, '눈으로 읽기'를 충분히 연습할 수 있었어요. 뒤에서 자세히 이야기하겠지만 스스로 단어 공부까지 시작한 계기가 되었답니다.

음원이 없는
얼리 챕터북 Early Chapter Book

'들으며 읽기'의 효과를 모르고 쌍둥이가 좋아할 만한 영어책을 찾아 헤매던 시절 장만해둔 영어책이 몇 권 있습니다. 음원은 없지만 전체 쪽수도 적고 컬러인 데다가 쌍둥이의 취향에 맞을 것 같아 제가 조금씩 읽어주면 되지 않을까 하고 샀던 책이에요(다음 표와 같습니다). 다행히 아이들이 흥미를 보이며 읽어달라고 했지만, 의외로 모르는 단어가 자주 등장해서 책을 읽어주는 일이 힘들더라고요. 쿨하게 포기했습니다(저의 한계를 다시 한 번 깨달았고, 그 후로는 음원이 없는 책은 쳐다보지도 않았어요). 아쉽지만, 아이들 눈에 잘 띄지 않는 책장 한쪽에 고이 모셔두고는 잊어버렸습니다.

주제	시리즈 제목	권수	쪽수	AR	컬러	출판사
일상	Boris	4	72	2.0-2.4	O	Scholastic BRANCHES
유머/전래	Princess Pink and the Land of Fake-Believe	4	80	2.8-3.1	O	Scholastic BRANCHES
유머/친구	Bink and Gollie	3	75-88	2.2-2.7	O	Candlewick Press

시간이 흘러 챕터북을 '들으며 읽기' 하던 어느 날, 퇴근 후 집에 오니 쌍둥이가 이 책들을 꺼내어 눈으로 읽고 있더라고요. 고이 모셔 두고 잊은 지 2년 정도 되었는데, 스스로 읽으며 재미있다고 말하는 아이들의 모습을 보니 얼마나 뿌듯하던지요. 덕분에 또 하나의 아이디어를 얻었습니다. 눈으로 읽으려면 리딩 레벨이 낮으면서 재미있어야 하는데, 그래픽 노블로만 채우기에는 양이 부족했거든요. 그동안 음원이 없어 읽지 못했던 얼리 챕터북을 활용하기로 했습니다.

이때 주로 활용한 책이 있어요. 바로 Scholastic 출판사의 BRANCHES 시리즈예요. BRANCHES 시리즈는 리더스북Reader's Book에서 글의 양이 많은 챕터북Chater Book으로 넘어가기 힘들어하는 아이들을 위해 만든 얼리 챕터북Early Chater Book입니다. 다양한 캐릭터와 소재는 물론, 내용의 이해를 돕는 그림이 가득하고, 빠르게 전개되는 스토리로 아이들의 흥미를 자극합니다. 무엇보다 대부분이 컬러이고, 시리즈의 종류가 많다는 장점이 있어요. 공들여 시리즈까지 만든 걸 보니, '영어를 모국어로 사용하는 아이들도 스스로 책을 읽는 일은 쉬운 일이 아니구나. 다 똑같구나' 하는 생각이 들어 위로도 받았답니다.

아직 아이가 읽지 않은 BRANCHES 시리즈가 있다면 '눈으로 읽기'에 활용해보세요. 음원이 있다고 해도, 그냥 없다고 하고는 책만 주는 겁니다. 리딩 레벨이 대부분 2.0대로, 아이의 취향만 맞으면 챕터북이나 영어소설을 '들으며 읽기' 하는 아이에게 '눈으로 읽기' 연습과 휴식의 시간을 만들어줄 테니까요.

참고로 BRANCHES 시리즈는 크게 5~7세와 6~8세로 단계를 구분합니다. 5~7세 단계는 80쪽에 전체가 컬러이고, 6~8세 단계는 96쪽에 흑백이에요. 쌍둥이의 '눈으로 읽기'에는 주로 5~7세 단계를 활용했습니다. Scholastic 출판사 홈페이지에 가보면 BRANCHES 시리즈 전체 목록을 볼 수도 있고, 계속해서 새로운 시리즈와 기존 시리즈의 새 책 정보가 업데이트 되고 있으니 참고해보세요.

 Scholastic BRANCHES 홈페이지

다양한 종류의
영어책 활용하기

'눈으로 읽기'와 '들으며 읽기'를 병행하는 시기에는 아이가 눈으로 읽을 수 있는 쉽고 재미난 영어책을 계속 공급해주어야 합니다. 저는 쌍둥이에게 '눈으로 읽기'가 좀 익숙해졌을 때, 거의 전 단계의 책을 활용하기 시작했어요. 영어 그림책의 경우, 그동안 저의 영어 실력이 부족해 읽어주지 못했던 칼데콧 상, 뉴베리 수상작들을 대출해 소파에 툭 놔뒀어요. 예를 들어 뉴베리상을 수상한 《Doctor de Soto치과의사 드소토 선생님》 그림책은 리딩 레벨(AR)이 3.6이고, 총 36쪽이에요. 큰 그림이 가득하고 글은 한 페이지에 서너 줄밖에 안 되기 때문에 부담이 없는지 스스로 읽어버리더군요.

또, 챕터북도 활용했어요. 《Geronimo Stilton》 시리즈는 음원이 있어서 들으며 읽었지만, 《Thea Stilton》 시리즈는 음원이 없어서 읽지 못했던 책이에요. '눈으로 읽기' 단계에 들어와 이제는 읽을 수도 있지 않을까 하고 도서관에서 대출해왔고, 보자마자 대박이 났습니다. 쌍둥이는 리딩 레벨(AR) 4.0-5.3에 권당 160쪽으로 구성된 16권의 책을 모두 눈으로 읽었어요. 워낙 컬러풀해서 읽기에 부담이 적긴 하지만, 그래도 이 정도 수준을 눈으로 읽어내니 놀랍더라고요.

그렇게 '눈으로 읽기'를 조금씩 진행했더니, 영어소설도 가능했어요. 《Sleep-Overs잠옷 파티》, 《Lizzie Zipmouth라지 입은 지퍼 입》, 《The Magic Finger요술 손가락》, 《Fantastic Mr. Fox멋진 여우 씨》 등, 리딩 레벨이 높지 않고 분량도 100쪽 전후인 영어소설을 활용했어요. 눈으로 읽는 힘이 길러지면서 쌍둥이는 점점 더 높은 단계의 분량이 더 많아진 책들을 눈으로 읽어 나갔습니다.

부지런히 아이에게 책을 공급했다고 해도, 아직 아이가 읽지 않은 그림책, 리더스북, 얼리 챕터북, 챕터북, 그래픽 노블, 영어소설까지 천천히 살펴보세요. 그중에 재미난 책이 있는지 찾는 겁니다. 찾았다면 우선 도서관에서 대출해, 소파나 식탁 등에 무심히 툭 놓아두세요

(조금씩 꺼내 놓으세요). 읽으라고 강요하지는 마시고, 그냥 아이가 자주 지나가는 동선에 두세요. 스스로 흥미를 느끼면 책을 펼쳐볼 거고, 펼쳐봤다가 읽을 만하다 싶으면 눈으로 쓱 읽어볼 거예요. 그 책을 스스로 읽을 능력이 되면 끝까지 다 읽을 거고, 아직 버겁다면 도로 내려놓을 겁니다.

이때 아이가 눈으로 읽은 책이 어떤 책인지, 거들떠보지 않은 책은 어떤 책인지, 음원이 있는지 여부를 물어본 책은 어떤 책인지(읽고 싶지만 아직 실력이 안 되는 책인 거죠)를 기억해두세요. 성장하는 아이의 취향과 영어 실력은 계속 변화하기 때문에, 아이가 현재 어떤 책에 끌리는지, 어느 정도 수준의 책은 눈으로 읽을 수 있는지 알 수 있는 좋은 자료랍니다. 그러니 이때는 아이가 눈으로 읽을 만한 수준의 책들을 하나씩 꺼내두세요. 집에 있는 책은 물론 도서관을 활용해 처음 보는 책도 대출해보세요. 아이가 안 봐도 서운하지 않게 구입은 신중하게 하는 것이 좋습니다.

① 눈으로 읽기 연습에 최고! 그래픽 노블Graphic Novel

《Dog Man도그맨》 리딩 레벨(AR) 2.3-2.6, 240쪽, 10권

쌍둥이가 영어책을 처음으로 눈으로 읽은 고마운 시리즈로, 지금까지도 한 번씩 꺼내어 다시 봅니다. 데브 필키Dav Pilkey 작가의 책을 좋아하는 아이에게 추천합니다. 다만 《Captain Underpants캡틴 언더팬츠》의 두 주인공이 만든 만화책이라는 설정이라, 책에 등장하는 단어의 스펠링이 정확하지 않을 때가 종종 있어요.

아이가 《Dog Man도그맨》을 좋아한다면 데브 필키 작가의 다른 그래픽 노블도 보여줘 보세요. 쌍둥이는 다 재미있게 읽었습니다(역시나 눈으로요).

시리즈 제목	작가	권수	쪽수	AR	출판사
Cat Kid Comic Club	Dav Pilkey	2	176	2.9	Scholastic
Super Diaper Baby	Dav Pilkey	2	125	2.2-2.5	Scholastic

《The Bad Guys배드 가이즈》 리딩 레벨(AR) 2.3-2.7, 144쪽, 14권

늑대, 뱀, 피라냐, 상어가 자신들의 오랜 악당 이미지를 벗고 영웅이 되겠다고 결심하면서 일어나는 재미난 이야기들입니다. 인터넷 서점을 통해 살펴보니, 쌍둥이가 좋아할 만한 그림 스타일이었고 말풍선이 아닌 일반 책처럼 줄글로 구성되어 있어 마음에 쏙 들었어요. 또 뉴욕타임스 113주 연속 베스트셀러로 약 40개국에서 1,000만 부 이상 팔렸고, 드림웍스DreamWorks에서 영화로 제작되어 개봉될 예정이라고 해서 '도대체 얼마나 재미있으면 영화로까지 제작될까' 하는 궁금증에 11권을 바로 구입했습니다(추가로 출간될 때마다 구입하고 있어요).

쌍둥이에게 처음 보여줄 때, 사전 조사한 내용을 슬쩍 흘리며 흥미를 유발했어요(평소 드림웍스를 좋아하는 쌍둥이에게 영화가 개봉되면 극장에 가서 팝콘을 먹으며 보자고 했어요. 완전 피할 수 없는 유혹인 거죠). 결과는 대박이었습니다. 음원이 없다는 사실에도 아랑곳하지 않고 눈으로 읽기 시작했고, 한 권을 다 읽고는 너무 재미있다며 앉은 자리에서 바로 한 권을 더 읽었어요.

그래픽 노블이니 후루룩 읽고 지나가지 않도록 11권의 책을 꽁꽁 숨겨두고는 매일 딱 한 권의 책만을 꺼내주었고, 너무 읽고 싶어 하는 날에는 크게 생색을 내며 두 권을 꺼내주기도 했어요. 덕분에 쌍둥이는 다음 편을 애타게 기다리며 앞서 읽은 책을 반복해 읽었습니다. 읽는 내내 "엄마, 흑백인데도 흑백 느낌이 안 들어!", "우리가 이제껏 본 책 중에 제일 재미있어!", "영화만큼 재미있다!" 하면서 감탄했고, 음원도 없는 11권의 책을 일주일 만에 눈으로 다 읽었어요. 아이들이 읽는 내내 깔깔거리며 웃는 소리를 수없이 들으며, 안 먹어도 배부른 시간을 보냈답니다.

《Lunch Lady》 리딩 레벨(AR) 2.2-3.0, 96쪽 내외, 10권

매일 아침 학교 가면서 쌍둥이가 꼭 하는 질문이 있어요.

"엄마, 오늘 급식 메뉴 뭐예요?"

음식을 좋아하는 쌍둥이에게 '오늘의 급식 메뉴'는 즐거운 등굣길을 담당하는 감사한 존재예요(저희 쌍둥이만 이러는 거 아니죠?!). 그런데 학교에서 급식을 만들어주시는 아주머니가 사실은 악당을 물리치는 히어로라니요. 《Lunch Lady》 책을 보자마자 대박의 예감이 느껴졌습니다.

쌍둥이에게 어떻게 소개할까 궁리하다가 작가의 TED 강연을 보게 되었어요. 자신이 다녔던 초등학교에 갔다가 작가를 기억하는 급식 아주머니에게 영감을 받아 《Lunch Lady》를 만들었고, 첫 시리즈 출간 기념회에 아주머니를 초대해 손수 그린 그림과 책을 선물했답니다. 그 후 2년 뒤 아주머니가 돌아가셨고, 작가는 장례식에 갔어요. 고인의 관 옆에는 자신이 선물한 그림이 있었다고 해요(자신이 만든 음식을 먹고 자란 아이가 감사한 마음에 이야기책까지 만들었으니 얼마나 뿌듯하셨을까요). 이 일을 계기로 작가는 미국 학교영양협회와 함께 '급식 영웅의 날(SCHOOL LUNCH HERO DAY)'이라는 기념일을 만들어 미국 전역에 전파했고, 아이들은 이날 급식 아주머니들에게 감사함을 전하고 있습니다. 너무 감동적이고 좋아서 쌍둥이에게 TED 강연을 보여줬어요(한글 자막으로 저 혼자 본 후에, 쌍둥이에게는 자막 없이 영어로 보여주었어요. 어느 정도 영어를 이해할 수 있는지 이럴 때 슬쩍 확인하는 거죠). 덕분에 《Lunch Lady》에 대한 아이들의 호감과 궁금증이 더욱 상승했습니다.

그래서 쌍둥이가 《Lunch Lady》를 얼마나 재미있게 읽었나 하면요, 엉어소설 《Hopeless Heroes》 시리즈가 QR코드로 음원을 들을 수 있다고 해서 구입했는데, 10권의 책을 받아보니 1권에서 5권까지만 QR코드가 인쇄되어 있더라고요(세상에! 한 권에 200쪽이나 되는 영어소설을, 다섯 권이나 눈으로 읽어야 한다니요). 그래서 숨겨두었던 비장의 카드, 《Lunch Lady》를 꺼내어 TED 영상으로 호기심을 자극한 후에 1권을 읽게 했습니다. 1권을 읽자마자 이야기에 푹 빠진 아이들은 10권을 모두 읽게 해달라고 졸랐어요. 아이들 낚기에 성공한 후, 남은 《Hopeless Heroes》를 눈으로 한 권씩 읽을 때마다 《Lunch Lady》를 한 권씩 꺼내주겠다는 거래를 성사시켰어요. 그렇게 해서 《Hopeless Heroes》 다섯 권을 모두 눈으로 읽었답니다.

 Jarrett J. Krosoczka TED 강연

그래픽 노블 추천 목록

시리즈 제목	작가	권수	쪽수	AR	출판사
Benny and Penny	Geoffrey Hayes	6	32-40	1.1-1.5	Toon Books
Stinky	Eleanor Davis	1	32	1.5	Toon Books
Chick and Brain	Cece Bell	2	72	1.5-1.7	Walker Books
Noodleheads	Tedd Arnold	6	48	1.7-2.0	Holiday House
Owly	Andy Runton	3	144	1.8-2.0	Graphix
Bird & Squirrel	James Burks	6	144	2.0-2.3	Scholastic
A Narwhal and Jelly Book	Ben Clanton	4	64	2.4-2.6	Egmont
A Binky Adventure	Ashley Spires	5	64	2.5-3.3	Kids Can Press
Stone Rabbit	Erik Craddock	8	95	2.2-2.9	Random House Books for Young Readers
The Witches	Roald Dahl	1	304	LEXILE 220L	Scholastic Inc
El Deafo★	Cece Bell	1	248	2.7	Harry N. Abrams
InvestiGators	John Patrick Green	3	208	3.3-3.6	First Second
Phoebe and Her Unicorn	Dana Simpson	12	176	3.6-3.7	Andrews McMeel Publishing
Friends	Shannon Hale	3	256	2.6-2.9	First Second
The Baby-Sitters Club	Ann M. Martin	10	160	2.2-4.1	Scholastic
Roller Girl★	Victoria Jamieson	1	240	3.2	Dial

★ 뉴베리 수상작

② Scholastic BRANCHES 시리즈

80 PAGES - FULL COLOR

주제	시리즈 제목	작가	권수	AR	음원
일상	BORIS	Andrew Joyner	4	2.0-2.4	-
재미/동물	Diary of a Pug	Kyla May	4	2.7-2.9	-
재미/동물	Haggis and Tank Unleashed	Jessica Young	3	2.5-3.1	-
재미	Kung Pow Chicken	Cyndi Marko	5	2.9-3.2	4권까지
우정/성장	Layla and the Bots	Vicky Fang	4	2.5-2.9	-
학교/친구	Missy's Super Duper Royal Deluxe	Susan Nees	4	2.2-3.0	O
가족/상상	Olive and Beatrix	Amy Marie Stadelmann	2	2.7-2.9	-
친구/학교	Owl Diaries	Rebecca Elliott	15	2.8-3.0	13권까지
재미/상상	Press Start!	Thomas Flintham	11	2.5-2.9	10권까지
재미/전래	Princess Pink and the Land of Fake-Believe	Noah Z. Jones	4	2.8-3.1	O
동물/우정	Unicorn Diaries	Rebecca Elliott	5	2.9-3.1	-

아이가 혼자서
영어책을 읽기 시작했다면

3단계 '들으며 읽기' 단계를 지나, '들으며 읽기'와 '눈으로 읽기'를 병행하게 되면 엄마에게 찾아오는 궁금증과 걱정이 있습니다. 아이가 영어책을 눈으로 읽고 있으면, 정말 읽고 있는 건지 궁금하고요. 자랑삼아 소리 내어 읽으면, 부정확한 발음을 하거나 더듬더듬 읽는 등 그동안 모르고 있던 아이의 부족한 부분들을 알게 되면서 불안감이 찾아옵니다.

걸음마를 배울 때, 처음부터 성큼성큼 잘 걷는 아이는 없습니다. 처음에는 벽도 짚고, 엄마 손도 잡고 걷지요. 또 혼자 걷다가 수없이 넘어지는 과정을 지나야 잘 걸을 수 있잖아요. 마찬가지입니다. 영어도 처음부터 완벽할 수는 없어요. '영어 읽기 독립'을 처음 시도하는 지라 답답한 마음이 앞설지라도, 오히려 원하던 목적지에 거의 다 왔다는 신호이니, 따뜻한 눈으로 아이를 바라봐 주세요. 엄마가 불안해하면 아이도 불안해지거든요.

아이에 대한 믿음과, 조금 실수를 하더라도 너그럽게 시켜봐 주는 요령이 필요한 시기입니다. 눈으로 읽든, 더듬더듬 소리 내어 읽든 '스스로 영어책 읽기'를 시작한 아이의 흥을 깰 수 있는 행동은 삼가고, 스스로 읽는 능력은 더 강화할 수 있는 소소한 노하우를 알려드릴게요. 우리 집에 맞게 변형하여 적용하다 보면, 어느새 아이의 '읽기 독립'이 완성되어 있을 겁니다.

주의해야 할
세 가지 행동

첫 번째는 '확인하기'입니다. 아이가 영어책을 눈으로 읽을 때 주의해야 할 사항으로, 옆에서 "지금 눈으로 글씨 읽고 있는 거지?" 하는 식으로 확인하지 마세요('들으며 읽기' 때와는 달라요). 그래픽 노블Graphic Novel이든 얼리 챕터북Early Chater Book이든 영어책을 붙잡고 있다는 건, 아이가 읽고 있다는 겁니다. 물론 글은 읽지 않고, 그림만 보며 쓱 넘길 수도 있어요. 솔직히 이런 모습을 보고 아무 말 안 하기란 쉬운 일은 아니지만, 조금 멀리 보고 참아주세요.

쌍둥이가 눈으로 읽은 첫 영어책《Dog Man도그맨》을 읽을 때 일입니다. 자신 있게 눈으로 읽을 수 있다고 해서 그런 줄 알았는데, 나중에 슬쩍 확인해보니 어떤 부분은 그림만 보고 넘겨버리더라고요. 그 모습을 보고는 제가 읽어주어야 하는 건지, 그림만 볼 거면 읽지 말라고 해야 할지 고민하다가 그냥 두기로 했습니다. 그림을 보다가 정말 궁금한 부분이 나오면 글을 읽을 수도 있고, 'Hi', 'Hello'처럼 간단한 단어는 눈으로 읽겠지 싶었거든요.

몇 개월 후 《Dog Man》을 다시 읽을 때 지켜보니, 전보다 글을 읽는 페이지가 더 많아졌더군요. 《The Bad Guys^{배드 가이즈}》를 읽을 때는 내용이 궁금해서 글자 하나도 놓치지 않으려 했습니다. '눈으로 읽기' 역시 처음부터 한 번에 되는 것이 아니었어요. 시간이 흐르면서 서서히 더 많은 글자를 읽게 되는 거더라고요. 아이가 영어책에서 단 하나의 단어만 눈으로 읽고 있다고 해도 기다려주세요. 그 단어 하나가 시작이 되어, 둘이 되고 셋이 되면서 자연스럽게 스스로 읽는 글이 늘어날 테니까요.

두 번째는 '틀린 단어 고쳐주기'입니다. 아이가 소리 내어 읽을 때 주의할 사항이에요. 우선 영어책의 모든 단어를 정확하게 읽기란 쉬운 일이 아니라는 걸 기억해주세요. 엄마가 먼저 우리나라 책을 꺼내놓고 소리 내어 읽고, 그걸 녹음해서 들어보세요. 한 번씩 발음이 꼬일 때도 있고, 모국어지만 발음을 잘못할 수도 있습니다(방송국 아나운서들 발음 연습 얼마나 열심히 하는지 아시지요?). 모국어도 이런데, 영어는 더 어렵겠지요.

머리로는 이해가 되는데, 이상하게도 아이가 영어 단어를 틀리게 발음하면 고쳐주고 싶습니다. 하지만 지금 안 잡아주어도 괜찮습니다. 재미난 영어 영상 시청과 '들으며 읽기'를 통해 아이 스스로 수정해 나갈 거예요. 괜히 아이 발음 고쳐주다가 서로 마음만 상할 수도 있고, 아이가 '영어책 읽기'에 흥미를 잃을 수도 있습니다.

이 순간을 잘 넘길 수 있는 요령 한 가지 알려드릴게요. 아이가 틀리게 발음해도, 더듬더듬 읽어도, 무조건 잘 읽는다고 칭찬만 하는 겁니다. 아이가 엄마 앞에서 영어책을 읽을 때 바라는 건 딱 하나, 바로 칭찬입니다. 다만 아이 스스로 정확한 발음을 알고 싶어 한다면, 인터넷 영어사전을 통해 정확한 발음을 들려주세요. 엄마도 잘 모르니까 같이 공부하자는 느낌으로요(모르는 것을 인정하는 당당한 모습을 보여주세요). 모르는 걸 물어보는 건 부끄러운 일이 아니라는 것도 알려줄 수 있고, 모르는 단어가 나왔을 때 사전을 찾아보면 된다는 걸 알려줄 수도 있는 좋은 기회랍니다.

세 번째는 '해석시키기'입니다. 아이가 눈으로 혹은 소리 내어 영어책을 읽으면 내용을 이해하고 읽는 건지 궁금할 거예요. 저도 오랜 시간 쌍둥이의 변화를 지켜보면서 문득문득 신기했어요. 분명 책에 나오는 단어를 100% 알지 못할 텐데, 재미있다며 영어책을 읽는 모습을 보면 신기하면서도 때론 의구심도 들었습니다(한 번도 가본 적 없는 길이니까요).

한번 해석해보라고 했다가 잘 못하면 엄마는 물론 아이도 실망할 수 있어요. 그러니 최대한 부드럽게 돌려서 확인하는 것이 좋습니다. 아이가 의미를 파악하면서 읽고 있는지 확인하는 방법은 여러 가지입니다. 하나는 어떤 책을 읽을 건지 스스로 선택한 후에 책을 붙잡고 있다는 것, 그 자체입니다. 무슨 내용인지 모르는데 책을 붙잡고 있을 수는 없으니까요. 또 하나는 아이의 웃음소리입니다. 책을 잡고 키득키득 웃으며 읽는다는 건 이해하고 있다는 겁니다.

그래도 살짝 궁금할 때 활용할 수 있는 방법을 알려드릴게요. 아이가 지금 읽고 있는 영어책의 제목을 인터넷에 검색해서, 간단하게 내용을 알아보세요. 그런 다음 엄마가 너무 궁금해서 그러니 내용을 좀 알려줄 수 있는지 물어보는 겁니다(최대한 자연스럽게요). 아이가 이야기를 들려준다면, 최대한 흥미진진하게 들어주세요. 맞장구도 치면서요. 누가 내 이야기를 귀 기울여 들어주면 기분도 좋고, 말도 더 하고 싶어지잖아요. 그렇게 끌어내는 겁니다.

자연스럽게 자발적 단어 공부 환경 만들기

읽어야 할 영어책에 모르는 단어가 많이 나오면 내용을 이해할 수 없고, 내용을 이해하지 못하면 재미를 느낄 수 없고, 재미를 느끼지 못하면 꾸준히 읽을 수 없습니다. 그래서 아이의 영어 수준과 취향에 맞는 영어책을 고르는 것이 무엇보다 중요한 것이지요.

쌍둥이의 경우 영어책을 충분히 읽으며 단계를 천천히 올리기도 했고, 아이들 취향에 따라 책을 선택하다 보니 책을 읽을 때 모르는 단어를 묻는 일이 적었어요. 모르는 단어 한두 개 정도는 내용을 이해하는 데 큰 문제가 되지 않아 넘어가기도 했고, 그림이나 앞뒤 문맥을 통해 단어의 뜻을 유추하기도 했거든요. 또 대부분 음원을 들으며 책을 읽다 보니, 흐름을 끊지 않고 집중해서 끝까지 읽는 걸 더 좋아했습니다.

그러던 아이들이 영어소설과 그래픽 노블 단계에 진입하면서 단어의 뜻을 물어보는 일이 부쩍 늘어났어요. 특히 '눈으로 읽기' 단계에 진입할 때 그랬어요. 단계가 올라간 만큼 책을 구성하는 어휘의 난이도가 높아지기도 했고, 눈으로 읽다 보니 스스로 속도를 조절하면서 편하게 물어보더라고요.

처음에 한두 단어 물어볼 때는 만사를 제쳐 놓고 인터넷을 검색해 알려주었습니다(흔한 일도 아니고, 아이의 호기심이 사라질까 빠르게 움직였어요). 그러다 《The Bad Guys배드 가이즈》를 읽으면서는 물어보는 단어의 개수가 확 늘어나 버렸어요. 하루아침에 끝날 일이 아닌 것 같아 아이 스스로 찾아볼 방법을 고민했습니다. 처음에는 전자사전을 사주려 했지만 가격이 부담스러워 포기했고요. 종이사전을 활용하기에는 아직 어리다고 생각해 '들으며 읽기'용으로만 활용하고 있는 스마트폰을 선택했어요.

광고가 없는 점이 마음에 들어 '네이버 사전' 앱을 선택했고, 설치 후에 사용법을 알려주었더니 스스로 찾아보는 과정을 좋아하더라고요(당시 초등학교 4학년이지만 아직 스마트폰을 사주지 않았기 때문에, 스마트폰으로 무언가를 한다는 것 자체에 관심을 보인 거기도 합니다).

또 쌍둥이가 한동안 영어사전 앱에 빠져 살았던 이유는 본인의 발음을 원어민의 발음과 비교해 점수를 받아볼 수 있기 때문이었어요.
쌍둥이 스스로 영어 사전을 활용하면서 발견한 방법이에요. 네이버
사전 앱을 실행하면 다음 화면을 순서대로 볼 수 있습니다.

'apple'이라는 단어를 검색하면 ①번 화면이 나와요. 발음기호 옆
의 스피커 아이콘을 누르면 미국식, 영국식으로 각각 발음을 들어볼
수 있고요. 그 옆 마이크 아이콘을 누르면 ②번 '듣고 따라 하기' 화
면이 나오거든요. 여기서 내 발음과 원어민의 발음을 비교해서 정확
도에 따라 ③번 화면처럼 점수를 채점해 보여줍니다. 이 점수에 집착
한 쌍둥이는 한동안 승부욕을 불태우며 발음을 연습했고, 덕분에 사
전 앱 활용법을 숙지하게 되었답니다.

　사전을 어떻게 사용하는지 옆에서 지켜보니, 문맥을 통해 자신이

유추할 수 있는 단어는 넘어가고, 정말 모르거나, 확실히 뜻을 알고 싶은 단어는 사전을 찾더라고요. 특히 책을 읽으면서 정말 궁금한 부분에서 사전을 찾았습니다.《The Bad Guys》를 읽던 둘째가 "외계인이 무슨 말을 하는지 정확하게 알아야겠어!"라며 단어를 검색하는 모습을 보고, 이야기에 빠진 아이는 자발적으로 단어 공부까지 하게 된다는 걸 알게 되었어요.

우선 전자 영어사전이든, 스마트폰 앱 혹은 종이 사전이든 내 아이의 성향에 맞게 선택하면 됩니다. 다만 그동안처럼 엄마에게만 의존한다면, 적당한 때를 봐서 독립하게 할 수 있는 방법을 생각해봐야 해요. 엄마와 아이 각자의 스마트폰에 영어사전 앱을 설치한 후에, 누가 더 빠르게 영어 단어를 찾을 수 있는지 놀이를 해보는 것도 좋습니다. 다섯 번 정도 져주고, 한두 번 정도 이기면서 승부욕을 자극해보세요. 엄마와 놀이처럼 진행하면서 자연스럽게 영어사전을 활용하는 방법을 익히게 된답니다.

03

'읽기 독립' 후
엄마가 해야 할 일

성공을 누리며
'쉬엄쉬엄 전략가' 되기

이렇게 '읽기 독립' 완성 후에는 어떻게 해야 할까요? 언어라는 것은 계속 사용하지 않으면 잊어버려요. 외국에 유학 다녀온 분들을 보면 조금이라도 시간을 내어, 뉴스 하나라도 영어로 챙겨보고 영어책을 읽곤 합니다. 영어를 잊지 않기 위한 노력이지요.

우리도 그렇게 하면 됩니다. '영어책 읽기'와 '영상 보기'를 무리하지 않는 선에서 조금씩, 꾸준히 실천하는 겁니다. 하지만 노는 게 제일 좋은 아이들이 스스로 영어를 꾸준히 하기란 쉬운 일이 아니지요. 곁에서 엄마가 조금만 챙겨주세요. '쉬엄쉬엄 전략가'가 되어 아이가 꾸준히 걸어갈 수 있도록 도와주면 됩니다.

✿ 원활한 영어책과 영상의 공급

'영어 읽기 독립' 4단계를 거쳐 오면서, 아이는 '영어책 읽기'와 '영상 보기'를 꾸준히 해왔을 겁니다. 하지만 아무리 습관이 되어 있다고 해도 재미난 영어책과 영상이 없다면, 더는 읽고 볼 수 없겠지요. 아직 초등학생인 아이가 영어책을 꾸준히 읽으려면, 아이의 관심 분야나 재미있어하는 스타일의 영어책이 꾸준히 공급되어야 해요. 그러려면 아이가 무엇을 좋아하는지 엄마가 꾸준히 관심을 가져야 합니다.

걱정하지 마세요. 그 시기쯤 되면 부담스럽지 않을 거예요. 제가 경험해보니, 아이들이 엄마에게 의지하던 시간과 마음이 줄어들어 훨씬 편안해졌어요. 그런데 함께하는 시간은 줄었지만, 여전히 엄마가 좋은 아이들과 이야기를 나누며 '쌍둥이의 관심사와 생각이 이렇게 변하고 있구나' 하고 느낄 수 있어 좋습니다. 그렇게 대화를 통해 알게 된 관심사와 아이들이 최근에 재미있게 읽고 있는 책을 참고해, 한 달에 한 번 정도 영어책을 구입하거나 조금 먼 도서관에 가서 영어책을 대출해오고 있어요. 무엇보다 아이들의 '영어 읽기 독립'을 위해 쌓아온 노하우가 있어, 책 선택도 수월합니다.

영상의 경우 그동안 모아 둔 영어 DVD를 기본으로, 도시관과 넷플릭스, 디즈니 플러스를 적극 활용하고 있어요. 우선 아이들 스스로 넷플릭스나 디즈니 플러스에서 재미난 시리즈를 찾아서 봅니다(키즈 설정과 함께 언어를 영어로 설정해두었더니, 그다음부터는 계속 영어로 나와서 좋더라고요). 넷플릭스나 디즈니 플러스에 볼 게 없을 때는 집에 있는 영어 DVD를 다시 보거나, 도서관에 가서 DVD를 대출해 옵니다. 제가 하는 일은 넷플릭스나 디즈니 플러스에서 선택한 영상이 쌍둥이가 봐도 괜찮은지 한 번씩 확인하는 일과 도서관에 가는 거예요. 이렇게 해도 부족할 때는 새로운 영어 DVD 시리즈를 한 세트씩 구입하고 있습니다.

✿ 동기 부여와 끝없는 칭찬

저는 영어를 자유자재로 구사함으로써 쌍둥이가 원하는 일을 찾았을 때, 제약이 없기를 바라는 마음이 가장 큽니다. 하지만 이런 말을 쌍둥이에게 하지는 않아요. 아이의 꿈이나 롤모델을 활용해 동기 부여하는 것이 더 효과적이니까요. '영어 읽기 독립' 1단계에서 활용했던 '동기 부여'가 꾸준히 필요한 이유입니다. 아이가 목표를 잃어버리지 않도록 아이의 꿈에 대해 이야기도 나누고, 아이가 성장했다면 새로운 꿈이나 더 발전된 꿈을 가질 수 있도록 이끌어주세요.

또 '읽기 독립'을 완성하고 나면 아이가 영어책을 읽고 영상을 보는 일이 당연하게 느껴질 거예요. 그래도 한 번씩은 아이를 칭찬해주세요. 정말 쉽고 당연한 일이지만 칭찬받으면 기분 좋잖아요.

"와! 이 어려운 책을 어떻게 읽는 거니? 엄마는 볼 때마다 신기해!"

"이 책은 고등학생도 읽기 어려운 책이래!"

따뜻한 칭찬 한마디로 아이의 꾸준한 영어 습관을 만들 수 있습니다. 더불어 칭찬 스티커 판과 보상은 아이가 원하면 계속 유지하는 것이 좋아요. 저희는 '영어 읽기 독립' 4단계에 접어들면서 서서히 무심해졌어요. 단계가 올라간 아이들은 한글책처럼 영어책도 재미로 읽게 되었고, 저는 목표를 달성하고 나니 챙기지 않게 되었거든요. 가끔 생각났는지 둘째가 그동안 영어책 열심히 읽었는데 스티커를 붙이지 못했다며 서운해하면, 바로 챙겨줬어요. 엄마가 그동안 영어책 열심히 읽은 거, 다 알고 있다고 안심시키면서요. 그러고는 또 잊어버렸고, 그렇게 서서히 뇌리에서 자연스럽게 사라졌습니다.

아이의 '영어 읽기 독립'이 완성되고 나면, 이렇게 주기적으로 한 번씩 아이의 관심사를 살펴 영어책과 영상을 준비하고 칭찬과 동기부여만 하면 됩니다. 이때부터는 그동안 공들여 만들어둔 좋은 습관이 유지될 수 있도록 조금만 챙겨주세요. 덕분에 아이는 '영어책 읽기'와 '영상 보기'를 꾸준히 하며 더욱 발전해 나갈 거예요.

이제 '영어 읽기 독립'이라는 긴 항해가 끝났습니다. 우리 아이의 항해는 언제쯤 끝이 날까 궁금하실 거예요. 한 가지 말씀드리고 싶은 건, 모든 단계를 순서대로 지나온다고 해도 '읽기 독립'을 완성하기까지 소요되는 기간은 아이마다, 집마다 다르다는 거예요. 영어 자체에 대한 호감도, 아이가 갖고 있는 모국어 실력, 엄마의 칭찬 등 겉으로 보이지 않는 다양한 요소들이 영향을 끼치기 때문입니다.

쌍둥이들이 태권도를 배우는 과정을 지켜보면 달리기, 제자리 뛰기, 줄넘기 등 기초체력을 단련하는 시간이 매주 별도로 주어집니다. 이렇게 꾸준히 쌓아둔 기초체력은 본격적인 태권도 동작 수련에 들어갔을 때, 아이가 더 잘할 수 있도록 도와줍니다. 마찬가지로 어휘력과 독해력 등 모국어 실력을 탄탄하게 쌓아두면 영어도 더 잘할 수 있어요. 아이가 갖고 있는 언어 능력의 기본은 모국어에서 나오거든요. 또 영어에 좀 더 집중할 수 있는 환경 역시 아이의 '읽기 독립'에 영향을 미칩니다. 지금 당장은 이런 부분들이 영어와 직접적인 관계가 없어 보일 수도 있어요. 하지만 이런 사소한 차이들이 모여, '영어 읽기 독립'의 차이를 가져옵니다.

그럼, 이제부터 '영어 읽기 독립' 성공을 앞당길 수 있는 다섯 가지 핵심 비법을 PART 3에서 자세히 살펴보도록 하겠습니다.

초2부터 활용하는
따라잡기 기술 ④

·
·
·
·

집에서 즐기는 초등 영어 캠프!

영어를 모국어처럼 습득하려면 영어 소리를 충분히 들어야 하고, 충분히 들으려면 넉넉한 시간이 필요합니다. 그래서 초등 아이에게 넉넉한 시간이 주어지는 방학은 영어 실력을 쑤욱 올려볼 수 있는 절호의 기회입니다.

쌍둥이 초등학교 1학년 여름 방학에, 집에서 아이들과 함께 '여름 영어 캠프'를 진행한 적이 있어요. 당시 육아휴직 중이었던 저는 사교육이라고는 피아노 학원 보내는 것 하나밖에 없는 아이들과 긴긴 방학을 어떻게 보내야 하나 걱정이었거든요. 어차피 함께 지지고 볶아야 할 시간이라면 뜻깊게 보내자고 마음먹었습니다.

'초등 영어 캠프'의 핵심은 방학 동안만 평소보다 좀 더 아이들의 영어를 부지런히 챙기는 거예요. 방학이 끝나면 다시 예전으로 돌아가면 되니, 아이도 엄마도 부담이 적겠지요? 그럼 당시 쌍둥이의 영어 실력을 쑥 올려주었던 저희 집 영어 캠프 과정을 보여드리겠습니다. 상황에 맞게, 내 아이에 맞게 변형하여 적용해보세요.

내 아이가 좋아하는 것으로 동기 부여 및 동의 구하기

"평소에 영어책 세 권 읽던 거, 세 권만 더 읽으면 돼. 그러면 매주 주말에 마트에 가서 각자 먹고 싶은 과자를 두 개씩 골라 파티할 거야."
시작에 앞서 쌍둥이가 좋아하는 것으로 아이들을 낚았고, 새로운 칭찬 스티커 판을 붙이고 풍선을 불며 발대식을 하는 등 분위기도 고취했어요.

영어 소리로 가득 찬 환경 만들기

해외 캠프에 왔다고 생각하고, 쌍둥이가 재미있게 읽은 영어책의 노래나 영상을 틀어두었어요. 아이들이 거부감을 느끼지 않도록 간식 시간이나 낮 시간을 주로 활용했고, 아이들이 듣기 싫어하면 바로 껐어요. 아이들이 신경 쓰지 않으면 다시 슬그머니 틀었고요.

평소보다 영어책 두 배로 읽기

당시 쌍둥이는 하루에 영어책 세 권을 읽었는데, 캠프 기간에는 여섯 권을 읽었어요. 이때 쌍둥이가 읽었던 책은 《ORT》 1, 2단계예요. 그래서 여섯 권을 읽어도 큰 부담이 없었지요. 다만 손가락으로 영어 단어를 가리키며 스스로 읽는 것을 첫째 아이가 싫어해서 규칙을 변경하기도 했어요. 처음에 정한 규칙을 아이가 힘들어하면 유연하게 변경해보세요. 아이의 의견을 반영하며 가는 것이 더 오래, 더 멀리 갈 수 있는 방법이랍니다.

주말 특선 영화 개봉

평일에는 시리즈 영어 영상을, 일요일 단 하루는 정말 재미난 영화를 보여주었어요. 평소보다 읽어야 할 영어책이 두 배로 늘어난 아이들이 포기하지 않도록 보상의 기간을 짧게 잡았습니다. 매주 과자 파티를 하는 거였죠. 일주일 동안 영어책을 부지런히 읽은 아이들과 함께 마트에 가서 스스로 먹고 싶은 간식을 골랐고, 그 과자를 먹으면서 정말 보고 싶었던 영화를 시청했습니다. 물론 자막 없이 영어로요.

함께 영어 팝송 부르기

캠프 당시 쌍둥이는 영화 〔Trolls^{트롤}〕 1탄을 정말 신나게 봤고 덕분에 OST도 좋아했어요. 그래서 가장 좋아했던 'I'll get back up again'을 골라 가사를 출력해, 하루 한 번 함께 목청껏 불렀습니다. 그 결과 방학이 끝나고 2학기가 되어 학교 학예회가 개최되었을 때, 쌍둥이는 함께 이 노래를 불러 친구들과 엄마들의 부러움을 한몸에 받았어요. 덕분에 쌍둥이의 영어 실력과 함께 자존감도 쑤욱 올라갔답니다.

PART 3

'영어 읽기 독립'
성공을 앞당기는
핵심 비법

모국어의 세계가 깊을수록
영어의 세계도 깊어집니다

영어를 모국어처럼 습득하는 일은 하루아침에 이루어지지 않습니다. 그러니 조급함을 내려놓고, 엄마와 아이에게 무리가 되지 않는 선에서 조금씩, 꾸준히 걸어가는 것이 좋아요. 더불어 영어에 비해 상대적으로 덜 중요해 보이는 모국어를 꼭 챙겨야 합니다.

'듣기, 말하기, 읽기, 쓰기.' 언어의 모든 단계에서 모국어가 영어보다 쉽습니다. 엄마가 특별히 신경 쓰지 않아도 아이는 어느새 말귀를 알아듣고 말도 하지요. 반면에 영어는 나름대로 열심히 책을 읽어주고 영상을 보여주는데도, 속 시원한 결과가 얼른 나오지 않거든요. 또 영어책을 읽어준 후에 한글책까지 읽어주자니, 시간도 부족할 뿐더러 체력적으로도 힘들어요. 현실이 이렇다 보니, 모국어는 뒷전이 되기 쉽습니다. 결국 한글책은 슬그머니 옆으로 밀어두고, 영어책에 집중하게 됩니다(저도 한때는 한글책 제쳐두고 영어책만 읽어줬어요).

하지만 우리 아이들이 영어라는 날개를 달고 훨훨 날아가려면 모국어가 든든하게 뒷받침되어야 해요. 한글책을 꾸준히 읽어 모국어에 강한 아이들은 독해력, 논리력, 사고력, 어휘력 등이 높고, 풍부한 배경지식까지 갖고 있거든요. 이는 마치 비포장도로를 고속도로로 만들어둔 것과 같습니다. 영어 역시 언어이기에, 잘하기 위해 필요한 능력은 비슷합니다. 모국어에 강한 아이들은 영어를 습득할 때, 이미 모국어로 잘 닦아놓은 고속도로를 함께 이용하기 때문에 목적지까지 보다 쉽고 빠르게 갈 수 있습니다.

특히 독해력을 기르는 방법은 꾸준히 책을 읽는 겁니다. 한글책이든 영어책이든 꾸준히 읽으면 독해력이 좋아지긴 하지만, 아이가 구사할 수 있는 언어 중에 가장 강력한 언어로 책을 읽으면 더 높은 효과를 볼 수 있어요. 그렇다면 우리는 어떤 언어를 선택해야 할까요? 맞습니다. 모국어입니다. 매일 영어책 열 권 읽는 것보다 영어책 다섯 권, 한글책 다섯 권 읽는 것이 더 효과적입니다. 영어책만 읽으면 당장은 영어 실력이 빨리 올라가는 것 같지만, 결국 모국어가 탄탄한 아이들이 더 높은 수준으로 올라가니까요.

순풍에 돛을 달아주는
어휘와 배경지식

아이의 '영어책 읽기'의 단계가 올라갈수록, 점점 더 수준 높은 단어가 등장하고 다양한 배경지식이 필요해집니다. 책에서 새로운 영어 단어를 만났을 때, 모국어로 그 의미를 이미 알고 있는 아이는 내용을 빠르고 쉽게 이해할 수 있어요. 이해를 돕기 위해 간단한 예를 들어볼게요. 다음은 영어 그림책에 자주 등장하는 '숨바꼭질(hide-and-seek)'에 관한 대화입니다.

> **Jessie** Let's play together! (우리 같이 놀자!)
> **Mimi** OK! I want to play hide-and-seek! (그래! 나는 숨바꼭질 하고 싶어!)
> **Tommy** Ready or not, here I come. (준비됐든 안 됐든, 내가 간다.)

숨바꼭질 놀이를 직접 해봤거나 한글 그림책을 통해 숨바꼭질 개념을 알고 있는 아이와, 생전 처음 이 놀이를 접하는 아이 중에 누가 이 내용을 더 빨리, 더 정확하게 이해할 수 있을까요? 이미 모국어인 한국어로 개념을 알고 있는 아이는 숨바꼭질이 영어로 'hide-and-seek'라는 것을 연결하면서, 내용을 빠르게 이해하게 됩니다. 'hide-and-seek'라는 단어는 처음 보지만, 전개되는 그림과 내용을 통해 '아! hide-and-seek는 숨바꼭질이구나!' 하고 이해하게 되는 거죠.

배경지식 역시 영어책의 내용을 좀 더 쉽고 빠르게 이해하도록 도와줍니다. 쌍둥이가 읽은 첫 번째 영어소설, 《THE LEGENDS OF

KING ARTHUR》시리즈는 아서왕의 이야기를 일부 변형하여 초등학생 수준에 맞추어 쓴 소설이에요. 쌍둥이는 아서왕에 대한 한글책을 충분히 읽어둔 상태로 아서왕과 멀린 등 등장인물의 특성과 관계는 물론, 전체적인 이야기의 흐름에 대해서도 잘 알고 있었기에 영어소설 역시 빠르게 이해할 수 있었습니다(한글책 내용과 다르게 전개되는 부분을 찾으며 읽는 것은 또 하나의 재미였어요).

다음으로 읽었던 영어소설 《Hopeless Heroes》시리즈는 그리스·로마 신화를 새롭게 구성한 이야기로, 신들의 왕 제우스를 비롯해 헤라, 헤르메스, 아폴론 등 다양한 신들이 등장합니다. 그리스·로마 신화를 좋아해 한글책을 여러 번 읽어 둔 쌍둥이는 신들에 대한 배경지식이 충분히 있었어요. 덕분에 권당 200쪽이나 되는 10권을 모두 재미있게 읽었고, 기존에 알고 있던 신들의 성격과 특징을 작가가 어떻게 변형했는지까지 저에게 설명해주었답니다.

쌍둥이가 아서왕과 그리스·로마 신화에 대한 배경지식이 없었다면, 어쩌면 이 영어소설들을 (엄마가 읽어보라고 하니) 조금 읽어보고는 재미없다며 내려놓았을 수도 있어요. 안 그래도 어렵고 불편한 외국어로 읽어야 하는데, 내용이 낯설고 이야기의 구성도 복잡해 이해하기 어렵다면 아이들은 포기하고 말겠지요. 이처럼 영어책의 단계가 올라갈수록, 책의 내용을 이해하기 위해서는 더 많은 배경지식이 요구됩니다. 배경지식을 풍부하게 만드는 가장 효과적인 방법은 한글책을 꾸준히 읽는 거예요. 외국어인 영어로 조금 낮은 수준의 책을 읽는 동안, 모국어인 한국어로는 다양한 수준과 종류의 책을 읽어 배경지식을 쌓도록 해주세요.

한글책을 꾸준히 읽어 모국어가 강한 아이들의 진가는 빠르면 챕터북, 늦어도 영어소설에 진입할 때 나타나기 시작합니다(한참 후의 일이지요). 모국어로 탄탄하게 다져놓은 독해력으로 수준 높은 영어책도 쉽게 이해하고요. 영어로 낯선 어휘나 개념이 등장하면 이미 알고 있는 모국어 지식과 연결해 자연스럽게 넘어갈 뿐 아니라, 풍부한 배경지식으로 글의 내용을 빠르게 이해합니다(긴 글을 읽어내는 '엉덩이의 힘'도 커지고요!).

우리 아이가 영어라는 날개를 달고 훨훨 날아가길 바란다면, 영어책과 한글책을 골고루 읽을 수 있도록 챙겨주세요. '한글책 읽기'와 '엄마표 영어'를 병행하면 당장은 좀 느린 듯 보일 겁니다. 괜찮습니다. 결국 모국어의 세계가 더 깊은 아이가 영어의 세계에서도 더 넓은 세계를 만들어갈 테니까요.

언어 습득의 플러스알파,
영상 적극 활용하기

쌍둥이의 '영어책 읽기'와 '영상 시청'을 비교해보면, 솔직히 후자를 좀 더 지속적으로 꾸준히 했습니다. 이유는 단순해요. 아이들 스스로 영어책을 읽는 날보다 영어 영상을 보여달라고 하는 날이 더 많았거든요(저도 종종 놓칠 때가 있는데, 영상은 쌍둥이가 스스로 챙기니 꼬박꼬박 보게 되더라고요). '영어책 읽어주기'와 '영상 보여주기'를 꾸준히 실천해보면, 훅하고 의욕이 불타오르는 시점이 영상에서 더 빨리 나타납니다. 정말 잘 봐요. 환경만 잘 만들어 놓으면 오히려 한 편만 더 보여달라고 조를 정도예요.

자극이 강한 영상은 아이들을 좀 더 쉽고 빠르게 유혹합니다. 쌍둥이를 관찰한 결과, 아이들이 보고 있는 책과 영상의 수준을 비교해보면 영상이 좀 더 높았어요. 자극이 강하다 보니 내용을 완전히 알아듣지 못해도 흥미를 잃지 않고 볼 수 있기 때문이에요. 쌍둥이가 초등학교 1학년 때 좋아했던 [Horried Henry호리드 헨리] 영상의 경우, 처음 보자마자 재미나게 시청했어요. 그래서《HORRID HENRY Early Reader호기심 대장 헨리》를 구입했지만 책 한 권을 한 번에 들으며 읽기까지 몇 달의 시간이 필요했고,《HORRID HENRY호리드 헨리》챕터북은 1년 9개월 후에나 들으며 읽을 수 있었습니다.

효과 좋은 이 영상을 좀 더 많이 보여주고 싶지만 문제가 있습니다. 영상은 중독성이 강해 자칫 아이를 책과 멀어지게 할 수도 있어요. 꾸준한 '영어책 읽기'와 함께 했을 때 플러스알파가 되는 영상을 지혜롭고 안전하게 활용하는 방법에 대해 생각해봐야 합니다.

최종 목표는
'영어로만 TV보기'

우리 어릴 적에만 해도 어린이 프로그램이 나오는 시간은 정해져 있었습니다. 초등학생 때 저녁이 되면 [태권V]나 [바람돌이]와 같은 어린이 만화영화를 두 편 정도 시청했고, 그 시간은 한 시간을 넘기기 어려웠어요. 하지만 지금 초등학생은 어떤가요? 종일, 심지어 밤새도록 어린이 영상을 볼 수 있습니다. 또, 초등학생만 되어도 어른들이 보는 드라마나 예능 프로그램을 봅니다. 여기에 유튜브, 넷플릭스까지 더하면 정말 엄청난 양이지요.

바로 이 부분에서 엄마표 영어가 반짝반짝 빛을 발할 수 있습니다. 엄마표 영어를 시작하면 아이의 영상 시청 시간을 부지런히 체크함은 물론, 아이의 취향과 수준에 맞는 양질의 영상을 선별해서 보여줄 수 있어요. 세계 각국의 영상을 활용하기 때문에 어린이 프로그램이 충분하거든요. 열두 살인 쌍둥이가 지금까지도 어린이 프로그램만을 시청할 수 있는 이유이기도 합니다.

영어 인풋 시간 확보를 위해, 우선 아이의 일과 중에서 꼭 필요한 것만 남기고 불필요한 것은 줄이는 작업이 필요합니다. 저는 이 부분을 쌍둥이 여섯 살 때 고민했어요. 제가 포기할 수 없었던 건 아이들이 놀이터에서 뛰어노는 시간과 수면, 독서 시간이었고, 불필요하다고 판단한 시간은 한국어 영상 시청 시간이었어요.

당시 평일에는 보통 한 시간 정도 영상을 보여줬는데, 한국어와 영어를 번갈아 보여주면 영어 시청 시간이 30분밖에 안 되잖아요. 만약 영어로만 영상을 본다면 한 시간을 확보할 수 있겠다는 결론이 나왔고, 바로 실천에 옮겼습니다. 서서히 한국어 TV 시청 시간을 줄이면서, 영어 TV 시청 시간을 늘려갔어요. 몇 달간 조금씩 실천한 결과, '영어로만 TV 보기'에 성공했고, 열두 살인 지금까지도 잘 유지하고 있습니다. 당시에 사용했던 방법은 다음과 같아요. 1번과 2번 방법을 사용하기 어려운 초등학교 3학년 이후의 아이들이라면 참고만 하시고, 3번 방법을 적극 활용해 보세요(아이마다 다르니 모든 방법을 적용은 해보시길 추천합니다).

1) 서서히 한국어 영상 줄여가기

쌍둥이는 그동안 한국어와 영어 영상을 모두 시청했고, 모국어가 완성된 여섯 살이었기에 바로 영어로만 TV를 보여줄 수는 없었어요. 아이들이 눈치채지 못하게 서서히 바꾸기로 했습니다. 예를 들어 〔리틀 프린세스 소피아〕를 볼 때 한국어로 한 번, 영어로 한 번 보기로 약속한 후에, 한국어로 볼 때는 한 편이 끝나면 바로 가서 영어로 바꾸어주었지만, 영어로 볼 때는 일부러 모르는 척했습니다. 아이들이 한국어 차례가 되었다고 말하지 않으면 그냥 영어로 쭉 보여줬어요. 취향에 맞아 영상에 푹 빠지면 은근히 잘 놓치더라고요.

특히 이때는 시리즈물을 활용하면 좋습니다. 같은 영상을 한국어로 한 번 보고 영어로 한 번 볼지, 아니면 1화는 한국어로 2화는 영어로 볼지는 아이가 선택합니다. 어느 쪽이든 한국어 영상 시청을 통해 주인공을 비롯한 등장인물의 특징과 배경에 대한 정보를 파악하고 나면, 영어 영상 보기가 훨씬 쉬워지거든요.

결과는 대성공이었어요. 아이들이 한국어 TV 한 편을 보고 나면 바로 영어로 바꾸어주었지만, 영어 영상을 볼 때는 그러지 않았으니 당연히 영어로 보는 영상이 한 편이 두 편 되고, 두 편이 세 편 되더라고요. 물론 "엄마, 우리말로 볼 차례잖아!"라고 말하면, "어! 그러네. 엄마도 깜빡했다" 하면서 언제든지 바꾸어줬지요. 20~30회 정도 넉넉한 시리즈의 경우, 이야기의 패턴을 파악한 아이들은 뒤로 갈수록 한국어로 볼 순서라는 걸 잊어버렸어요. 같은 영상을 반복이라도 하게 되면, 한국어 시청으로 다 아는 내용이라 영어로도 잘 봤습니다.

2) 한국어 영상은 늘 보던 것만, 영어 영상은 새로운 것으로

아이가 좋아하는 프로그램인데, 영어 버전은 없고 한국어 버전만 있어서 한영 번갈아 보기가 안 될 때 쓴 방법이에요. 아이가 좋아하는 한국어 영상을 보여는 주되, 더 이상 새로운 영상은 찾아주지 않았어요. 반면에 영어 영상은 아이가 지루해할 틈을 주지 않기 위해서 새로운 것을 열심히 찾아둔 다음에 쭉쭉 공급해주었어요(시간이 갈수록 한국어 영상은 재미없다는 인상을 심어주었지요).

영어 영상은 (Curious George호기심 많은 조지), (The New Adventures of Peter Pan피터팬), (Ben and Holly's Little Kingdom벤과 홀리의 리틀 킹덤), (Mona the Vampire) 등 아이들 취향에 맞추어 새로운 영상을 열심히 찾아서 보여줬지만, 한국어 영상은 EBS 채널만 계속 보여줬습니다. 한국어 영상은 우리나라에서만 만들기 때문에 EBS 방송국에서 보여주는 게 전부지만, 영어 영상은 전 세계에서 만들기 때문에 훨씬 더 많은 프로그램을 볼 수 있다고 말해주었어요. 솔직히 이렇게 하면 제아무리 한국어라도 질리거든요.

3) 한국어 영상 포기가 어려운 초등생을 위한 방법

이미 한국어 TV 맛을 알아버린 초등생이라면 '영어로만 TV 보기'가 쉽지는 않을 겁니다. 다만 희망을 갖고 꾸준히 방법을 찾다 보면 또 찾아진다는 거예요.

우선 초등생이라면 스티커 붙이기 등 보상을 좀 더 적극적으로 활용해보는 겁니다. 아이가 정말 갖고 싶어 하는 물건이나 용돈이 될 수도 있겠지요. 그다음에 한국어 영상과 영어 영상을 어떤 방법으로 시청할지는 아이와 상의한 후에 결정해주세요(조금 느린 듯해도 의견을 존중해주어야 더 멀리 갈 수 있는 나이랍니다). 하루 한두 시간의 TV 시청 시간이 주어진다면, 평일에는 영어 영상만 보고 주말에는 한국어 영상만(예능, 영화 등) 보는 방법도 있을 거고요. 매일 보는 TV 시간을 반으로 나누어 영어와 한국어를 모두 볼 수도 있을 겁니다.

여기에 추가로 동기 부여를 활용해보세요. 초등생의 경우 대화가 좀 통한다는 장점이 있거든요. 1단계(충분히 듣기)에서 동기 부여의 중요성을 말씀드렸지요. 초등의 경우, 좀 더 구체적인 동기 부여로 효과를 볼 수 있습니다. 예를 들어 아이에게 꿈이 있다면 꿈을, 롤 모델이 있다면 롤 모델을 활용하는 겁니다. 배우가 꿈인 아이가 있다면 요즘 우리나라 배우 중에 할리우드에서 활동하는 배우를 보여주세요. 멋지게 영어로 인터뷰하는 영상이나, 영어로 연기하는 모습을 보여주는 겁니다. 요즘 추세는 세계무대로 나가는 건데, 그러려면 영어를 자연스럽게 구사해야 한다고 알려주는 거죠. 이때 배우들이 영어를 습득하기 위해 노력한 부분까지 보여준다면 금상첨화일 거예요.

핵심은 좀 더 구체적인 동기 부여를 통해 한국어 영상을 스스로 줄일 수 있도록 유도하는 겁니다. 이때는 구체적인 동기 부여로 마음을 다잡고, 그 마음을 계속 유지하고 실천할 수 있도록 도와주는 것이 엄마의 역할이에요. 아이의 취향을 저격할 재미난 영어 영상을 열심히 찾아서 공급함과 동시에 아이의 꿈을 열심히 응원하는 열렬한 팬이 되는 겁니다. 만약 아이가 한국어 영상 시청 시간을 줄여 영어 영상을 더 시청한다면, 평소보다 스티커를 더 많이 붙여주세요. "와, 우리 아들 꿈 너무 멋지다. 엄마가 열심히 응원할게. 기분이다. 한국어 영상 줄이고 영어 영상 보면 스티커 더블!" 이런 느낌으로요.

4) 영화관에 온 것처럼 즐겁게, 간식 타임!

쌍둥이가 영어 영상을 볼 때는 슬그머니 맛있는 간식을 준비해주었어요. 이 방법은 '서서히 한국어 영상 줄여나가기'에서 빛을 발했어요. 한국어 영상을 한 번 시청하고, 영어 영상을 시청한 후 슬그머니 간식을 준비해주는 거예요(왜 우리도 극장에서 팝콘 먹으면서 영화 보면 더 즐겁잖아요. 그런 느낌으로요). 영어 영상 하나 봤으니 한국어 영상 볼 차례인데 간식 먹다가 타이밍을 놓치는 거죠!

영어 영상 보는 시간을 유희의 시간으로 만들어주고 싶었어요. 아이들에게 그 시간이 달콤해질 수 있도록, 재미난 영상을 골랐고 맛있는 간식을 주었습니다. 효과가 좋더라고요. 영어 영상을 볼 때만 간식을 준다는 걸 눈치챈 초등생이라면, 낯선 영어로 영상을 보는 모습이 너무 기특해서 특별히 주는 거라고 웃으며 이야기해 보세요.

03

영어에 집중할 수 있는
시간과 에너지가 필요해요

'엄마표 영어'를 똑같이 1년 동안 실천했다고 해도, 그 결과는 모두 다릅니다. 어떤 아이는 6개월 만에도 아웃풋을 보여주고, 어떤 아이는 2년이 지나도 아웃풋을 보여주지 않아요. '영어책 읽기'와 '영상 보기'를 꾸준히 실천하면 누구나 영어로부터 자유로워질 수 있지만, 달콤한 열매를 맛보는 시기는 모두 다릅니다.

이것은 아이가 갖고 있는 능력의 차이라기보다는 오히려 환경의 차이가 더 큽니다. 영어책과 영상 선택에 얼마나 내 아이의 취향을 고려했는지, 하루에 시간을 얼마만큼이나 영어에 투자했는지, 그 시간 동안 얼마나 집중했는지 등에 따라 차이가 벌어집니다.

푹 자고 일어난 아이와 밤새 잠을 설친 아이 중 누가 더 학교 수업에 잘 집중할까요? 당연히 푹 자고 일어난 아이겠지요. 종일 수많은 활동에 에너지를 빼앗긴 아이보다 실컷 놀아 에너지가 충전된 아이가 '영어책 읽기'를 더 잘할 수 있어요. '영어 읽기 독립'의 효과를 높이기 위해, 피곤한 하루의 마지막 과제가 아닌, 반짝반짝 빛나는 호기심으로 영어책을 읽을 수 있는 환경을 만들어주세요.

선택과 집중

요즘 아이들, 참 바쁩니다. 해야 할 공부와 다니는 학원이 너무 많아요. 빠르면 취학 전부터, 늦어도 초등학생이 되고 나면 이 학원에서 저 학원으로, 이 프로그램에서 저 프로그램으로 아이의 하루가 그냥 지나갑니다. 영어랑 수학은 필수고, 만일에 대비해 수영도 배워야 하고, 아이가 배우고 싶다는 코딩 수업도 들어야 하고, 악기도 하나쯤 배우면 좋을 것 같지요. 하지만 모든 사람의 시간과 에너지는 한정적이에요. 시간과 에너지는 한정적인데, 다 잘하려고 하다가는 오히려 모든 부분에서 특별한 결과를 만나지 못할 수도 있습니다.

'엄마표 영어'를 선택했고 꼭 성공하고 싶다면 선택과 집중이 필요합니다. 아이들의 일상에서 정말 중요한 것만 남기고, 나머지는 솎아내기를 해주세요. 불필요한 활동을 줄여 만들어진 시간과 에너지로, 엄마표 영어의 핵심 요소인 '영어책 읽기'와 '영상 보기'를 꾸준히 진행하는 겁니다. 덕분에 아이는 영어를 마음껏 즐길 수 있게 되고, 엄마는 영어로부터 자유로운 내 아이를 만나게 될 겁니다.

✿ 에너지를 집중하는 환경

'엄마표 영어'를 처음 시작했을 때는 책과 영상으로만 가능할 거라 생각하지 못했어요. 그래서 누가 아이와 함께 단어 카드놀이를 했다고 하면 저도 해보고, 누가 영어로 말을 걸어주었다고 하면 저도 해봤습니다. 그런데 단어 카드 만드는 건 힘들고, 영어를 잘 못하니 영어로 말 걸어주는 것은 스트레스였어요. 자연스럽게 포기하고, 저에게 편한 것만 남겼습니다. '영어책 읽어주기'와 '영상 보여주기,' 이 두 가지만요.

영어책은 아니지만, 한글책으로 독후활동을 해 본 적이 있어요. 쌍둥이가 다니던 유치원에서 독서기록장을 나누어주었거든요. 책 읽는 걸 좋아하는 아이들이니 독후활동도 좋아할 줄 알았는데, 그렇지 않더라고요. 얼마 되지 않는 분량임에도 쓰고 그리는 활동을 굉장히 힘들어했습니다. 이리저리 구슬려 시도하고 나면, 참았던 떼를 부리느라 오히려 책을 읽을 수가 없었어요. 책의 내용을 잘 이해했는지 확인하려고 독후활동을 했는데, 오히려 그것 때문에 책을 읽을 수 없으니 내려놓았습니다. 그 후로는 한글책이든 영어책이든 그 어떤 독후활동도 하지 않았어요. 덕분에 아이들은 다른 곳에 에너지를 빼앗기지 않고 '책 읽기'에만 집중할 수 있었어요.

✿ 넉넉한 시간을 주는 환경

열두 살 쌍둥이는 피아노와 태권도 외에는 그 어떤 사교육도 받아 본 적이 없습니다. 취학 전에 학습지를 한 적도 없고, 초등학교에 입학한 후에도 방과 후 활동조차 하지 않고 있어요(1학년 때 방과 후 요리 교실을 잠깐 수강한 적은 있어요). 이유는 아이들이 뛰어놀고 책 읽을 시간을 충분히 마련해주기 위해서예요.

덕분에 쌍둥이는 늘 시간이 넉넉합니다. 넉넉한 시간 속에서 수시로 책을 읽고, 틈만 나면 놀이터로 나가 뛰어놀고 있어요. 저도 쌍둥이가 한글을 뗄 때와 초등학교에 입학할 때 사교육의 유혹에 흔들린 적이 있습니다. 우리 쌍둥이만 뒤처지지 않을까, 걱정되고 두렵더라고요. 하지만 용기를 내어 책과 놀이의 힘을 믿고 기다렸습니다. 아이들은 밖에서 신나게 뛰어놀고 들어오면 더 책 속으로 빠져들었고, 책에 빠져들수록 눈빛이 반짝거렸어요.

그렇게 꾸준히 책을 읽은 아이들은 학교 공부도 수월하게 합니다. 영어는 교과서와 수업이 너무 쉽다며 그저 웃을 뿐이고, 수학은 집에서 매일 문제집 두 페이지 풀기로 해결하고 있어요. 국어, 과학, 사회 등은 학교 독서 시간이나 쉬는 시간을 활용해 교과서를 읽는 것과 수업만으로 충분히 이해하고 있습니다. 책을 많이 읽어 탄탄한 배경지식과 독해력이 있으니까요.

학원도 꼭 배우고 싶은 것만 선택해 다니니 수시로 책을 읽고, 친구들을 모아 놀이터에서 사계절 내내 신나게 뛰어놀 수 있지요. 손톱에 흙 안 끼는 날이 없고, 여름이면 새까맣게 피부가 그을리는 것이 일상입니다. 덕분에 언제나 체력이 넘치지요. 넘치는 체력과 에너지로 한글책과 영어책을 수시로 읽으니 학교 공부는 그저 덤이 되어버리고, 학교 성적이 좋으니 사교육을 받을 필요가 없습니다. 어느 순간부터 쌍둥이의 일상에는 행복의 선순환이 자연스럽게 반복되고 있어요. 실컷 뛰어놀고, 충분히 자고 일어나, 아침밥을 든든히 먹고 등교하는 쌍둥이의 눈은 호기심으로 반짝거리고 에너지는 충만합니다. 배움이 즐겁고 학교 가는 것이 즐거울 뿐이지요.

아이가 좋아하지 않는 활동을 하면 아이의 소중한 시간과 에너지가 낭비됩니다. 아이가 좋아하는 것에 시간과 에너지를 집중할 수 있도록 도와주어야 해요. 저 역시 수영도, 미술도 시키고 싶어요. 하지만 아이들의 시간과 에너지는 한정적이지요. 쌍둥이와 저희 부부는 학원은 두 군데까지만 다니기로 약속했어요. 만약 미술학원에 다니고 싶다면, 피아노와 태권도 중에서 하나를 끊어야 합니다. 이렇게 원칙을 정해두니 편할 뿐 아니라, 아이들이 정말로 좋아하는 것이 무엇인지도 알 수 있어요. 미술을 배우고는 싶지만, 피아노와 태권도를 포기할 만큼은 아닌 거죠.

저희 집의 선택과 집중 사례를 참고하여 우리 집만의 선택과 집중 사례를 만들어보세요. 정답은 언제나 내 아이에게 있답니다.

04

아이의 영어 실력을
크게 키우는
칭찬의 기술

걸음마는 넘어지면서 배우고 모국어는 말하면서 배웁니다. 태어나서 처음 말을 시작한 아이를 생각해볼게요. 처음부터 '엄마'를 정확하게 발음하는 아이는 거의 없어요. 무슨 말을 하든 발음이 서툴러요. 하지만 아이는 신경 쓰지 않습니다. 자신이 틀렸다는 생각도, 창피함도 없지요. 그래서 도전하고 또 도전합니다. 서툴게, 어눌하게 말하고 또 말하는 거죠. 가족과 의사소통하면서 다른 사람의 입 모양을 보고 배우기도 하고, TV에 나오는 말을 듣고 따라 하기도 합니다.

영어도 언어입니다. 자꾸 '말'을 해봐야 해요. 서툴어도, 어눌해도 말하고 또 말해야 하고, 외국어라는 점을 감안해 추가로 수준히 영어 책을 읽고 영어 영상을 봐야 합니다. 하지만 훌쩍 자라버린 아이는 자신의 실수를, 완벽하게 이해하지 못하는 상황을 자꾸만 신경 쓰게 됩니다. 신경을 쓸수록 영어를 습득하는 속도가 느려져요. 실수나 부족함을 언어를 배우는 당연한 과정으로 여길 수 있는 환경을 만들어주면, 아이의 영어는 좀 더 빠르게 성장하게 됩니다.

칭찬은 고래도
춤추게 한다

'시월드 샌디에이고Sea World San Diego'는 미국의 유명한 테마공원입니다. 관광객으로 항상 붐비는 이곳의 가장 큰 자랑거리는 '범고래 쇼'인데요. 범고래들이 조련사의 지시에 따라 수면 위 3미터까지 점프하며 묘기를 펼치는 모습은 말로 형언할 수 없을 정도의 놀라움을 선사합니다. 바다에서 가장 무서운 포식자로 알려진, 무게가 5,000파운드가 넘는 범고래들을 도대체 어떻게 조련한 걸까요? 핵심은 '칭찬'에 있었습니다.

켄 블랜차드는 범고래를 조련한 이 칭찬의 기술을 회사와 가정의 인간관계에 적용하면 커다란 변화를 가져올 수 있다는 걸 깨닫고 책을 완성했어요. 바로 세계적인 베스트셀러《칭찬은 고래도 춤추게 한다You Excellent!》입니다. 이 책에서 말하는 칭찬의 기술은 이렇습니다.

조련사들은 새로운 고래를 받아들일 때마다 일정 기간 동안은 아무런 훈련도 시키지 않고, 신뢰가 생기기를 기다립니다. 배가 고프지 않게 해주고 물속에 들어가 같이 노는 겁니다. 이렇게 해서 신뢰가 쌓이면, 체벌이 아닌 칭찬을 활용해 원하는 행동을 유도합니다. 긍정적인 행동에는 음식을 주거나 만지고 쓰다듬는 등의 보상을 하고요. 부정적인 행동에는 못 본 척하면서 재빨리 범고래의 행동을 다른 곳으로 유도합니다. 잘하고 있을 때에도 계속해서 긍정적이고 상세한 피드백을 줍니다.

고래도 춤추게 하는 칭찬의 기술을 잘 활용하면, 아이들의 영어 습득에 효과를 높일 수 있어요. 엄마가 이끄는 방향으로 잘 따라오는 아이들은 평소에 엄마와의 관계가 좋습니다. 만약 아이와의 관계가 매끄럽지 못하다면, 우선 조련사들이 노력했던 것처럼 함께 시간을 보내며 신뢰를 쌓아 보세요. 함께 놀고, 아이가 무엇을 좋아하고 원하는지 귀를 기울이는 겁니다. 저의 경우, 영어 노래를 틀어놓고 아이들과 함께 엉덩이를 흔들며 춤을 추기도 했고, 워킹맘으로 시간이 부족했을 때는 퇴근 후 잠깐이라도 숨바꼭질이나 잡기 놀이를 집에서 하기도 했어요.

신뢰를 쌓았다면 칭찬의 기술을 활용해 '엄마표 영어'를 진행해 보세요. 핵심은 긍정적인 행동은 칭찬하고, 부정적인 행동에는 무관심하면서 다른 행동으로 유도하는 겁니다. 매일 영어책 세 권을 읽어야 하는데, 아이가 오늘은 두 권만 읽었어요. 그러면 어떻게 해야 할까요?

"오! 벌써 영어책을 두 권이나 읽었네. 마지막은 엄마랑 읽어볼까?"

아이가 잘한 행동(영어책 두 권 읽은 것)을 칭찬하고, 부족한 부분 (아직 읽지 못한 한 권)에는 눈을 감으면서 다른 행동(엄마랑 함께 읽기)

으로 유도하는 겁니다. 쉽지 않을 것 같지만 자꾸 반복해서 하다 보면, 엄마에게도 요령이 생기니 시도해보세요. 영어뿐 아니라 육아 전체에 큰 도움이 될 거예요.

'영어 떼기'를 위해 책의 내용을 소리 내어 읽을 때의 일입니다. 쌍둥이가 잘못 읽었을 때, 그냥 모른척했어요. 범고래를 다루는 조련사의 훈련 방법은 몰랐지만, 다행히 한글 뗄 때의 경험이 큰 도움이 되었어요. 당시에 틀린 부분을 고쳐주고 지적하면 "응. 엄마 알았어. 앞으로는 그렇게 읽을게"라고 하지 않았어요. 자신이 틀렸다는 말에 상처받고, 돌아서 버리더라고요. 더는 책을 읽으려 하지도 않고, 오히려 떼를 부렸어요(이 상황을 여러 번 반복한 후에야 이유를 알게 되었지요). 한글 뗄 때의 경험을 바탕으로, '영어 떼기'를 할 때도 틀린 부분은 모른척하면서 잘한 부분만 열심히 칭찬했습니다. 그렇게 시간이 흐르면서 '영어책 들으며 읽기'와 '영어 영상 보기'를 통해 스스로 수정해 나가더라고요. 역시 '한글 떼기'와 원리가 같았습니다.

끝으로 아이가 잘하고 있을 때, 당연하게 여기지 말고 계속해서 구체적인 칭찬을 해주세요. 하루에 다섯 권의 영어책을 읽기로 했다면, 보통 처음에는 참 열심히 챙겨줍니다. 하지만 시간이 흐르면서 다섯 권을 다 읽은 것은 당연한 일이 되고, 읽지 않은 날만 눈에 들어오게 될 수도 있어요. 그러니 아이 스스로 영어책을 읽었다면, 잊지 말고 구체적으로 칭찬해주세요.

새로운 말을 배울 때 틀리는 건 너무나 당연한 일이에요(영어를 모국어처럼 습득해본 적이 없기 때문에 간과하기 쉬운 점이에요). 이제 막 우리말을 배우기 시작한 아기처럼 실수를 신경 쓰지 않는 아이들이 영어도 빠르게 흡수합니다. 그러니 칭찬으로 가득한 엄마의 넓은 품을 내어주세요. 넓디넓은 품에서 영어로 마음껏 뛰어놀면서 새로운 언어를 쭉쭉 흡수해 버리도록 말입니다.

05

두 마리 토끼를 쫓으면
두 마리 다 놓쳐요

쌍둥이의 모국어와 영어의 격차가 가장 크게 벌어졌던 건, 제가 육
아휴직을 했던 초등학교 1학년 때예요. 1년이라는 제한된 시간 동안
최대한의 것을 해두어야 한다는 압박감으로, 한글책은 그림책에서
글의 양이 많은 책으로 넘어가는 게 목표였고, 영어는 '읽기 독립'을
완성하는 것이 목표였어요. 모국어와 영어의 격차가 어떤 문제를 가
져오는지 모르고 한글책의 수준을 높이, 높이 올렸습니다. 한글책의
수준이 올라갈수록 영어책이 시시해진다는 걸 모르고, '어떻게 하면
아이들이 영어책을 신나게 읽을까' 하는 마음으로 재미난 영어책을
찾고 또 찾았어요(문제의 핵심을 파악하지 못하고 무작정 앞만 보고 달리
니, 해결책을 찾지 못했습니다). 한글책의 수준은 쑥쑥 올라갔지만, 영
어책의 수준은 정말 더디게 올라가던 날들이었습니다. '엄마표 영어'

를 포기해야 하나 심각하게 고민했던 최대의 위기였지요.

　결국 목표로 했던 '영어 읽기 독립'은 완성하지 못한 채 복직을 했고, 아이들의 교육에 신경 쓰기 어려운 바쁜 날들이 다시 시작되었습니다. 하지만 그동안 영어에 들인 시간과 노력이 아까워 포기하지 않고, '한글 떼기' 과정을 곱씹으며 조금이라도 꾸준히 영어책을 읽을 수 있도록 챙겼습니다. 그러던 어느 날 모국어와 영어의 격차에 대해 진지하게 생각하게 되었고, 새로운 방법을 시도하기로 했습니다.

　한글책은 잘 읽으니 굳이 재미를 따라가지 않아도 괜찮겠더라고요. 그래서 배경지식을 쌓을 수 있는 역사, 자연 관찰, 과학 등 지식 관련 책과 고전문학 등은 한글책으로 읽고, 유머나 판타지 등 재미난 이야기는 주로 영어책으로 읽게 했습니다. 영어는 무조건 재미있게, 완전한 유희의 시간을 만들어주기로 한 거예요(강력한 모국어와 경쟁하는 외국어에 유리한 점 하나는 필요하다고 생각했어요). 2학년 때부터 서서히 방향을 전환했고, 3학년 때부터는 특별한 경우를 제외하고는 이 방법을 적극 활용하고 있습니다. 그 결과 놀랍게도 3학년 때 처음으로 챕터북에 진입했고, 4학년 때는 영어소설에 진입했습니다. 재미난 이야기책을 영어로만 공급해주니 영어책을 읽었습니다.

지식 습득은
효율이 높은 모국어로

영어책을 선택하는 일은 늘 고민입니다. 처음에는 아이가 영어와 친해지기만 해도 좋겠다는 마음으로 재미난 영어책을 고르지만, 시간이 좀 지나면 교육적인 책들이 눈에 들어오기 시작합니다(영어 독서가 너무 한쪽으로 편중된 건 아닌가 하는 걱정도 들고요). 보통 수학, 과학 등의 지식 관련 영어책이 눈에 들어오는 시기가 한 번쯤은 있는데, 저는 쌍둥이 취학 전에 찾아왔어요. 영어책을 검색하다가 광고 글에 혹해서 과학 관련 영어책을 구입했지요. 어차피 읽는 영어책인데 과학 동화를 선택한다면, 지식도 쌓고 영어책도 읽으니 일석이조라고 생각했거든요. 결론부터 말씀드리면 아이들이 흥미를 느끼지 못해 몇 권 읽다가 말았답니다.

그 이후로는 지식 관련 영어책을 구입하지 않았어요. 두 마리 토끼를 한 번에 잡고 싶은 건 제 욕심이라는 걸 깨달았거든요. 모국어보다 이해도가 낮은 영어로 책을 읽으려면 재미가 최우선인데 아무래도 지식 관련 영어책은 재미가 좀 부족하더라고요.

물론, 그런 책을 좋아하는 아이들도 있으니 아이의 관심사에 따라 관련 영어책을 넣어주면 되고, 그렇지 않은 아이라면 편독에 대한 걱정은 잠시 내려놓고 지식은 한글책으로 습득하게 해보세요. 예를 들어 중력의 법칙을 영어책으로 읽는 것과 한글책으로 읽는 것 중에 어느 쪽이 이해가 쉽고 빠를까요? 답이 너무 쉬운가요? 우리는 아이가 갖고 있는 가장 강력한 무기인 모국어를 적극 활용해야 해요. 수학, 과학 등 지식 관련 영어책들은 나중에 필요할 때 읽어도 충분합니다.

우선은 아이가 영어에 재미를 붙이고, 영어책 수준을 한글책 수준까지 올리는 것이 중요해요. 그래야 영어책을 계속 읽을 수 있거든요. 쉽고 재미난 영어책을 충분히 읽어 아이가 영어를 재미있는 존재로 느끼게 해주세요. 지식 관련 책에 대한 불안감은 한글책으로 해소하면 됩니다. 나이에 비해 높은 수준의 영어책 단계까지 올라간 아이들의 공통점 중 하나가 한글책 독서량이 높다는 거예요. 한글책을 꾸준히 읽은 아이들은 배경지식이 탄탄합니다. 과학, 사회, 역사 등 한글 지식책을 풍부하게 읽어둔 아이들은 관련 내용을 영어로 만났을 때 빠르게 이해할 수 있거든요.

내 아이 '영어 읽기 독립'
아우토반 달리게 하기

육아가 쉬워지는 방법은 자연스러움에 있어요. 졸리지 않은 아이를 억지로 재우려고 하면, 정말 힘들어요. 불을 끄고 누워서 아이가 잠들 때까지 기다리는 일이 얼마나 고역인가요(수많은 밤을, 수많은 시간을 뜬 눈으로 버텨보니 저도 함께 자는 것이 가장 좋은 방법이더라고요). 아이를 재우는 일에 자연스러움을 적용해보면 쉬워집니다. 졸리지 않으면 안 재우고, 졸리면 재우는 거예요(쌍둥이가 밤 9시가 되면

졸릴 수 있도록, 아침에 일찍 깨우고 낮에 실컷 놀렸어요). 잠이 온 아이를 재워보셨나요. 누워서 떡 먹기 정도 되는 것 같습니다.

엄마표 영어도 마찬가지예요. 쉽게 가려고 하면 쉽고, 어렵게 가려고 하면 어렵습니다. 아이들은 '재미'있는 책을 원해요. '재미'있으면 읽고, '재미'없으면 읽지 않지요. '재미'있는 책은 보통 이야기책에 많습니다. 동서양을 막론하고 오랜 시간에 걸쳐 '옛날, 옛날에…', 'Once upon a time…'하며 아이들의 귀를 솔깃하게 만든 이야기의 힘을 활용하는 겁니다.

아직 책 자체를 좋아하지 않는 아이라면, 우선 재미난 이야기를 한글책과 영어책으로 골고루 읽을 수 있도록 해주세요(되도록이면 영어책을 조금 더 재미있는 것으로 골라주세요). 하지만 이미 한글책은 잘 읽는 아이라면, 조금 다른 전략이 필요합니다. 이런 경우 쉽고 재미난 이야기는 주로 영어책으로 읽게 하고, 다소 내용이 딱딱한 지식 관련 책은 한글책에서 재미난 책을 찾아서 읽게 하는 거예요. 그렇게 아이 앞에 쉽고 재미난 이야기를 영어책으로 쭉 깔아주면, 아우토반을 달리듯 '영어 읽기 독립'까지 신나게 읽어 나갈 거예요.

'영어 읽기 독립' 완성이
아이에게 미치는 영향

애플, 매킨토시, 아이폰 등으로 잘 알려진 스티브 잡스는 2004년에 췌장암 진단을 받습니다. 의사는 그에게 길어야 3개월에서 6개월밖에 살 수 없으니, 죽음을 준비하라고 합니다. 다행히 그는 수술을 받아 회복되었고, 2005년 스탠퍼드 대학 졸업식에서 연설을 합니다. 이 연설은 오랜 시간이 흐른 지금까지도 수많은 사람들에게 회자되고 있어요. 왜일까요? 죽음의 문턱까지 다녀온 스티브 잡스가 50년의 인생을 살아오면서 깨달은 삶의 지혜를 공유했기 때문입니다.

그는 자신의 대학교 등록금을 힘들게 마련하는 양부모님을 생각해 자퇴를 결정합니다. 자퇴 후, 관심도 없었던 필수과목을 내려놓고 흥미로워 보이는 강의를 몰래 듣기 시작합니다. 당시에는 자신의 이런 행동들이 인생에 어떤 도움이 될지 상상도 하지 못했지만 훗날 스티브 잡스가 성공하는 밑거름이 되었습니다. 그는 후배들에게 현재와 미래가 어떻게든 연결된다는 걸 믿고, 앞으로 나가라고, 그리고 그것이 인생의 모든 차이를 만들어낸다고 말합니다.

아이의 영어 교육을 이제 막 시작한 분이라면, 아이에게 영어책을 읽어주고 영어 영상을 보여주는 오늘 하루가 어떤 힘을 갖고 있는지, 미래에 어떤 결과로 연결될지 막연하실 거예요. 저도 그랬습니다. 그래서 이 길을 조금 먼저, 무엇보다 포기하지 않고 10여 년의 시간을 묵묵히 걸어온 엄마로서 드디어 도착하게 된 멋진 미래에 관해 말씀드리려 합니다. 이곳에는 제가 생각했던 것보다 더 많은 장점이 기다리고 있었습니다.

엄마! 난 영어가 너무 좋아!

저는 쌍둥이에게 그저 재미있게 읽고 볼 수 있는 영어책과 영상을 꾸준히 공급해주었고, 칭찬과 보상으로 이끌었습니다. 뒤도 안 보고, 옆도 안 보고 그저 '무조건 인풋'만 한 덕분에, 쌍둥이에게 영어는 그저 평범한 일상일 뿐이었어요.

시간이 흘러 초등학교 3학년이 되어 학교 교과목에 영어가 들어오면서, 쌍둥이는 스스로 영어를 잘한다는 걸 인지하게 되었습니다. 특히 친구들이 영어 수업 시간에 영어를 듣고 말하는 것을 힘들어하고 영어가 싫다고 말하는 모습을 보며, 이렇게 재미있는 영어가 왜 싫을까 하고 의문을 품기도 했어요.

영어를 듣고, 말하고, 읽는 것을 넘어 영어가 좋다고, 재미있다고 까지 말하는 아이들. 영어를 처음 만났던 중학교 이후로 줄곧 영어 때문에 힘들었던 저의 지난날들이 떠오르면서, 쌍둥이는 제가 겪었던 어려움을 느끼지 않을 거라 생각하니 얼마나 뿌듯한지 모릅니다.

자존감까지 올라갔어요

학교 영어 수업 시간에 배우는 내용은 모두 너무 쉬웠고, 수업 시간 외에는 영어 교과서를 다시 보는 일이 없는데도 시험에서 90점 이상의 좋은 점수를 받는 아이들. 만나는 영어 선생님과 담임선생님마다 '영어를 잘한다', '영어 발음이 너무 좋다'라고 칭찬해주시니 어깨가 으쓱해졌습니다.

학교 친구도, 동네 친구도 대부분 영어 학원을 다니고 있지만 영어로 '듣기'와 '말하기'는 안 됩니다. 그런 친구들에게 학원도 안 다니는 쌍둥이가 영어책을 읽고 영어로 말하는 모습은 그저 놀라울 뿐이지요. 자신들에게는 특별할 것 없는 '영어책 읽기'와 '영어 TV 보기'로 친구들의 부러움을 한껏 받으니, 쌍둥이는 어리둥절하면서도 스스로 자랑스럽다고 해요.

영어를 통해 깨달은 성공 공식

쌍둥이는 어려서부터 엄마가 영어책을 읽어주고, 영어 TV를 보여준 덕에 영어를 잘한다는 걸 알고 있습니다. 그래서 아이들이 무언가를 배우면서 힘들어할 때면, 영어를 예로 들어 '꾸준함'이라는 인생의 성공 공식을 알려줍니다. 영어처럼 무엇이든 조금씩, 꾸준히 노력하면 목표한 바를 이룰 수 있다고 말입니다.

수학이 그랬고, 태권도와 피아노가 그랬어요. 아무런 기초 없이 초등학교에 입학한 아이들은 수학을 따라가지 못했어요. 창피한 마음에 수업 시간에 수학 문제 푼 것을 숨겼던 아이들은 이제 하루에 수학 문제집 두 페이지씩 풀기를 꾸준히 합니다. 그 결과 수학은 더 이상 아이들에게 어렵고 불편한 과목이 아니게 되었습니다.

초등학교 3학년 때 처음으로 태권도 유단자 승급시험을 볼 때도 권법을 수련하는 소림사의 아이들처럼 아침에 눈을 떠서 잠드는 순간까지 틈만 나면 연습했어요. 아이들이 밥을 먹으면서도 연습하는 모습에 놀라기도 했지요. 그렇게 노력한 결과 쌍둥이는 태권도 유단자가 되었습니다.

초등학교 4학년 때는 피아노 학원 원장님의 권유를 받고 콩쿠르에 나가게 되었어요. 긴긴 겨울 방학, 특별히 할 일도 없었고 새로운 경험을 해보는 좋은 기회가 될 것 같아 도전을 선택했습니다. 설레는 마음으로 도전을 마음먹었던 아이들은 시간이 갈수록 긴장했고, 그러던 어느 날 둘째가 연습 일지를 만들었어요. 한 달 치 하루 계획표를 만들어, 하루에도 몇 번씩 피아노를 연주했습니다. 그렇게 두 아이 모두 첫 도전에서 입상을 했습니다.

이처럼 조금씩, 꾸준히 영어를 습득한 경험은 수학으로 이어졌고, 그 경험은 또 다른 시도로 이어졌습니다. 덕분에 쌍둥이는 이루고자 하는 목표가 생기면 스스로 계획을 세우고, 조금씩 꾸준히 노력하는 아이들이 되었습니다. 매일의 작은 노력이 쌓여 커다란 성과를 만든다는 걸 경험으로 알게 되었으니까요.

어떠신가요? 초보 엄마로 방법을 몰라 헤매면서도 포기하지 않았던 '영어책 읽어주기'와 '영어 영상 보여주기'가 지금의 이 미래와 연결되어 있었습니다. 그러니 오늘의 작은 노력의 힘을 믿고, 꾸준히 묵묵히 걸어가시라고 말씀드리고 싶습니다.

우리 아이들은 앞으로 대학에 가기 전까지, 장장 12년간 마라톤을 달려야 합니다. 이 긴 시간을 버텨내려면 천천히, 꾸준히, 즐겁게 가야 합니다. 초등부터 속도를 내어 달리면, 정작 속도를 내야 하는 고등 시기에 가기도 전에 아이의 에너지가 소진될 수 있어요. 그러니 영어를 공부로 접근하지 말아주세요. 그저 재미난 영어책을 읽고, 영상을 보며 깔깔깔 웃게 해주세요. 그러면 초등 6년은 아이에게 반짝반짝 빛나는, 영어라는 멋진 날개를 달아줄 겁니다.

이제, 이 길을 갈지 말지에 대한 선택은 여러분의 몫입니다.
멋진 선택을 하실 거라 믿고, 힘껏 응원하겠습니다.

'영어 읽기 독립' 완성을 위한 특별 부록

1 종류별 영어책 목록

2 단계별 영어 영상 목록

일러두기

종류별 영어책 목록

- 작가가 여러 명일 경우 한 명만 표기함.
- 시리즈의 경우 번역서는 1권만 표기함.
- 시리즈의 권수, 음원 유무는 변동될 수 있음.
- '영어 읽기 독립' 단계별 영어책 사용 예

  1단계 & 2단계: 그림책, 리더스북 / 3단계: 리더스북, 얼리 챕터북, 챕터북, 영어소설 /

  4단계: 그림책, 리더스북, 얼리 챕터북, 챕터북, 그래픽 노블, 영어소설

단계별 영상 목록

- 각 단계는 난이도에 따라 분류함.
- '영어 읽기 독립' 단계와 영상 단계가 거의 일치하나 상황과 아이에 맞게 두루 사용 가능함.
- '특별 단계'는 '영어 읽기 독립' 전 단계에 걸쳐 특별한 감상 기회에 활용할 수 있는 영어 영화 목록임.

＊목록 내용은 영상을 제공하는 OTT, 유튜브 등의 운영 방침에 따라 변동될 수 있음.

1. 종류별 영어책 목록

그림책 (76권 + 2시리즈)
한 줄짜리 그림책 (48권)

제목	작가	쪽수	번역서 제목
I Need a Hug	Aaron Blabey	24	–
Brown Bear, Brown Bear, What do you See?	Eric Carle	24	갈색 곰아, 갈색 곰아, 무엇을 보고 있니?
Polar Bear, Polar Bear What Do You Hear?	Eric Carle	24	북극곰아, 북극곰아, 무슨 소리가 들리니?
I Love Lemonade	Mark & Rowan Sommerset	32	레모네이드가 좋아요
Skeleton Hiccups	Margery Cuyler	32	해골이 딸꾹딸꾹
Far Far Away	John Segal	28	–
Not Now, Bernard	David Mckee	32	–
Play	Jez Alborough	32	놀아 줘!
Tall	Jez Alborough	40	난 크다!
Yes	Jez Alborough	40	좋아!
Hug	Jez Alborough	32	안아 줘!
Quick as a Cricket	Audrey Wood	31	–
Piggies	Audrey Wood	32	꼬마 돼지
Five Little Monkeys Jumping On The Bed	Eileen Christelow	32	–
What's The Time, Mr Wolf?	Annie Kubler	24	–
You Are (Not) Small	Anna Kang	32	넌 (안) 작아
I Am (Not) Scared	Anna Kang	32	난 (안) 무서워
We Are (Not) Friends	Anna Kang	32	우린 친구 (아니)야
That's (Not) Mine	Anna Kang	32	내 거 (아니)야
My Dad	Anthony Browne	32	우리 아빠가 최고야
How Do You Feel?	Anthony Browne	26	기분을 말해 봐!
I Like Books	Anthony Browne	24	나는 책이 좋아요
Willy the Dreamer	Anthony Browne	32	꿈꾸는 윌리

제목	작가	쪽수	번역서 제목
Bear Hunt	Anthony Browne	24	사냥꾼을 만난 꼬마 곰
Things I Like	Anthony Browne	24	내가 좋아하는 것
Goodnight Moon	Margaret Wise Brown	32	잘 자요, 달님
Underwear!	Jenn Harney	40	–
My Toothbrush Is Missing	Jan Thomas	48	–
My Friends Make Me Happy!	Jan Thomas	48	–
There's a Pest in the Garden!	Jan Thomas	48	–
A Birthday for Cow!	Jan Thomas	48	–
What Will Fat Cat Sit On?	Jan Thomas	48	–
The Doghouse	Jan Thomas	48	–
What Is Chasing Duck?	Jan Thomas	48	–
Go Away, Big Green Monster!	Ed Emberley	32	수리수리 없어져라, 초록 괴물!
Lenny in the garden	Ken Wilson-Max	25	–
You and Me we're opposites	Harriet Ziefert	30	–
Where Is the Green Sheep?	Mem Fox	32	초록 양은 어디 갔을까?
My Friends	Taro Gomi	40	모두가 가르쳐 주었어요
That Is Not a Good Idea!	Mo Willems	48	안돼요, 안돼!
Time to Sleep, Sheep the Sheep!	Mo Willems	32	아기 양아! 이제 잘 시간이야!
Cat the Cat, Who Is That?	Mo Willems	32	야옹아, 야옹아! 얘는 누구니?
Let's Say Hi To Friends Who Fly!	Mo Willems	32	누가 누가 하늘을 날 수 있지?
What's Your Sound, Hound the Hound?	Mo Willems	24	강아지야! 넌 어떤 소리를 내니?
Don't Push the Button!	Bill Cotter	24	절대로 누르면 안 돼!
Pants	Nick Sharratt	32	–
More Pants / Party Pants	Nick Sharratt	32	–
Animal Pants	Nick Sharratt	32	–

두 줄짜리 그림책 (28권 + 2시리즈)

제목	작가	쪽수	번역서 제목
My Mum	Anthony Browne	24	우리 엄마
Twenty-Four Robbers	Audrey Wood	32	-
Balloonia	Audrey Wood	32	-
Merry Christmas Big Hungry Bear	Audrey Wood	40	배고픈 큰 곰아, 메리 크리스마스!
Tooth Fairy	Audrey Wood	32	-
Don't Let the Pigeon Drive the Bus	Mo Willems	40	비둘기에게 버스 운전은 맡기지 마세요!
Don't Let the Pigeon Stay Up Late!	Mo Willems	40	비둘기를 늦게재우지마세요!
The Duckling Gets a Cookie!?	Mo Willems	32	오리야, 쿠키 어디서 났니?
The Pigeon Finds a Hot Dog!	Mo Willems	40	비눌기야, 핫도그 맛있니?
The Pigeon Needs a Bath	Mo Willems	40	비둘기는 목욕이 필요해요!
The Pigeon Wants a Puppy!	Mo Willems	40	강아지가 갖고 싶어!
The Pigeon HAS to Go to School!	Mo Willems	32	비둘기야, 학교에 같이 가자!
Pip and Posy 시리즈	Axel Scheffler	32	친구끼리 사이좋게!
We're All Wonders	R.J. Palacio	32	우린 모두 기적이야
I Don't Want to Be a Frog	Dev Petty	32	난 개구리인 게 싫어요
A Beasty Story	Bill Martin Jr	40	-
My Teacher is a Monster!	Peter Brown	38	선생님은 몬스터!
Baghead	Jarrett J. Krosoczka	40	-
I Got Two Dogs	John Lithgow	32	-
The Escape of Marvin the Ape	Caralyn & Mark Buehner	32	-
The Crocodile Who Didn't Like Water	Gemma Merino	32	물을 싫어하는 아주 별난 꼬마 악어
The Dragon Who Didn't Like Fire	Gemma Merino	32	불을 싫어하는 아주 별난 꼬마 용
The Cow Who Climbed a Tree	Gemma Merino	32	나무 위에 올라가는 아주 별난 꼬마 얼룩소
Where's My Teddy?	Jez Alborough	32	내 곰 인형 어디 있어?
Papa, Please Get The Moon For Me	Eric Carle	28	아빠, 달님을 따 주세요
There Was An Old Lady Who Swallowed 시리즈	Lucille Colandro	32	
The Word Collector	Peter H. Reynolds	36	단어 수집가
The Sheep Who Hatched an Egg	Gemma Merino	32	아기 새 둥지가 된 아주 특별한 꼬마 양
Harry in a Hurry	Gemma Merino	32	무엇이든 급한 아주 별난 꼬마 토끼
Silly Sally	Audrey Wood	30	-

350

리더스북 (98시리즈)

한 줄짜리 (30시리즈)

리더스 제목(단계)	시리즈 제목	작가	쪽수	권수
Now I'm Reading! (Pre-Reader)	My Word	Nora Gaydos	12	10
	Word Play	Nora Gaydos	12	8
	More Word Play	Nora Gaydos	12	8
	Look Around	Nora Gaydos	12	10
Oxford Reading Tree (Stage 1+)	Biff, Chip and Kipper Stories	Roderick Hunt 외	8	54
	Floppy's Phonics Fiction	Roderick Hunt 외	8	12
Oxford Reading Tree (Stage 2)	Biff, Chip and Kipper Stories	Roderick Hunt 외	16	54
	Floppy's Phonics Fiction	Roderick Hunt 외	16	12
Reading Adventures (Level 1)	Disney Princess	Disney Book Group	16	10
World of Reading (Level Pre-1)	Marvel Meet the Super Heroes!	Marvel Press Book Group	12	12
	Super Hero Adventures	Alexandra West	32	2
Elephant & Piggie		Mo Willems	57	25
Elephant & Piggie Like Reading!		Mo Willems 외	64	8
Scholastic Reader (Level 1)	Noodles	HansWilhelm	30	10
	I Am	Jean Marzollo	32	9
	I Spy	Jean Marzollo	32	13
	Hippo & Rabbit	Jeff Mack	32	2
	Moby Shinobi	Luke Flowers	32	4
	Lego City	Sonia Sander 외	32	8
Ready-To-Read (Pre-Level 1)	Ant Hill	Joan Holub	24	7
	Puppy Mudge	Cynthia Rylant	32	4
	The Adventures of Otto	David Milgrim	32	9
	Brownie & Pearl	CynthiaRylant	24	6
	Daniel Tiger's Neighborhood	Various	32	6
	On the Go with Mouse	Lauren Thompson	32	6
Penguin Young Readers (Level 1)	Tiny 시리즈	Cari Meister	32	4
Step Into Reading Step 1 시리즈		Sally Lucas 외	32	40
Usborne Very First Reading 시리즈		Mairi Mackinnon 외	32	15
Usborne First Reading Level 1 시리즈		Mairi Mackinnon 외	32	16
Disney Fun-to-Read K단계 시리즈		Disney Book Group	32	15

두 줄짜리 (31시리즈)

리더스 제목(단계)	시리즈 제목	작가	쪽수	권수
Oxford Reading Tree (Stage 3)	Biff, Chip and Kipper Stories	Roderick Hunt 외	16	36
	Floppy's Phonics Fiction	Roderick Hunt 외	16	12
Oxford Reading Tree (Stage 4)	Biff, Chip and Kipper Stories	Roderick Hunt 외	24	36
	Floppy's Phonics Fiction	Roderick Hunt 외	24	12
I Can Read (My First)	Biscuit	Alyssa Satin Capucilli	32	24
	Little Critter	Mercer Mayer	32	15
	Mittens	Lola M. Schaefer	32	6
	Pete the Cat	James Dean	32	14
	JoJo	Jane O'Connor	32	4
	Mia	Robin Farley	32	8
	Axel the Truck	J.D.Riley	26	4
	Barnabas	Royden Lepp	32	4
	Duck, Duck, Dinosaur	Kallie George	32	4
	Ty's Travels	Kelly Starling Lyons	32	3
	Otter	Sam Garton	32	7
	Everything Goes : Henry	Simon Abbott	32	3
World of Reading (Level 1)	Marvel Avengers	Marvel Press Book Group	32	10
Ready-To-Read (Level 1)	Trucktown	Jon Scieszka 외	24	11
	Eloise	Margaret McNamara	32	16
	Robin Hill School	Margaret McNamara	32	28
	PJ Masks	May Nakamura 외	32	10
	Dino School	Bonnie Williams	24	3
	Bugs on the Go!	David A. Carter	24	6
	Max & Mo	Patricia Lakin	32	6
	Bunny Will Not	Jason Tharp	32	3
	Angelina Ballerina	Katharine Holabird	32	4
Penguin Young Readers (Level 2)	A Pig, A Fox	Jonathan Fenske	32	2
	Max & Ruby	Rosemary Wells	32	4
Step Into Reading Step 2		Anna Jane Hays 외	32	40
Read it yourself Level 1		Jean Adamson 외	32	22
Fly Guy		Tedd Arnold	30	15

그 외 리더스(시리즈) : 25시리즈

리더스 제목(단계)	시리즈 제목	작가	AR	쪽수	권수
I Can Read (Level 1)	Dixie	Grace Gilman	1.3-2.3	32	8
	Pinkalicious	Victoria Kann	1.6-2.1	32	30
	Danny and the Dinosaur	Syd Hoff	1.7-2.3	32	11
	Pete the Cat	James Dean	1.7-2.0	32	6
	Fancy Nancy	Jane O'Connor	1.8-2.4	32	26
	The Berenstain Bears	Stan & Jan Berenstain	1.8-2.6	32	30
	Splat the Cat	Rob Scotton	1.9-2.5	32	14
	Penny	Kevin Henkes	1.9-2.6	32-56	4
	Amelia Bedelia	Herman Parish	2.0-2.7	32	15
	I Want to Be	Laura Driscoll	2.1-2.4	32	6
	Paddington	Michael Bond	2.2-2.5	32	6
	Clark the Shark	Bruce Hale	2.4-2.5	32	5
Ready-To-Read (Level 2)	Click, Clack, Go!	Doreen Cronin	1.4-3.1	32-40	6
	Henry and Mudge	Cynthia Rylant	2.1-2.9	40	28
	Annie and Snowball	Cynthia Rylant	2.1-3.0	40	13
	Peanuts	Charles M. Schulz	2.3-3.4	32	11
I Can Read (Level 2)	Amelia Bedelia	Peggy Parish	2.0-3.2	64	16
	Flat Stanley	Jeff Brown	2.2-2.7	32	10
	My Weird School	Dan Gutman	2.4-2.5	32	4
	Rappy	Dan Gutman	2.4-2.6	32	3
	Frog and Toad	Arnold Lobel	2.5-2.9	64	4
	Frances	Russell Hoban	2.8-3.4	42-64	5
Scholastic Reader (Level 2)	The Magic School Bus	Joanna Cole	1.7-2.7	32	20
	Fly Guy Presents	Tedd Arnold	2.8-4.0	32	14
Usborne Young Reading (Level 1)		Usborne	2.4-4.6	48	50

그 외 리더스 : 12시리즈

시리즈/책 제목	작가	AR	쪽수	권수	음원	주제
Black Lagoon	Mike Thaler	1.2-3.5	32	17	-	학교/재미
Arthur Starter	Marc Brown	1.5-2.2	24	16	O	가족/친구
Froggy	Jonathan London	1.7-2.7	32	25	O	재미/일상
Charlie and Lola	Lauren Child	2.0-2.5	24-32	26	O	가족/일상
Poppleton	Cynthia Rylant	2.0-2.7	30	5	O	동물/일상
SpongeBob SquarePants	Steven Banks	2.2-3.0	40	10	O	유머/재미
An Arthur Adventure	Marc Brown	2.2-3.2	32	21	O	가족/친구
Seriously Silly Colour	Laurence Anholt	2.2-3.6	32	8	O	재미/전래
Rainbow Magic Beginner Reader	Daisy Meadows	2.4-3.0	32	8	-	요정/상상
Mouse and Mole	Wong Herbert Yee	2.5-3.0	48	7	-	성장/우정
The Berenstain Bears	Stan Berenstain	2.5-4.4	24	56	-	가족/일상
Dragon Tales	Dav Pilkey	2.6-3.2	48	5	O	공룡/재미

얼리 챕터북 : 38시리즈
Scholastic BRANCHES : 22시리즈

시리즈 제목	작가	AR	쪽수	음원	권수	주제
BORIS	Andrew Joyner	2.0-2.4	80	-	4	일상
Missy's Super Duper Royal Deluxe	Susan Nees	2.2-3.0	80	O	4	학교/친구
Press Start!	Thomas Flintham	2.5-2.9	80	10권까지	11	재미/상상
Layla and the Bots	Vicky Fang	2.5-2.9	80	-	4	우정/성장
Haggis and Tank Unleashed	Jessica Young	2.5-3.1	80	-	3	재미/동물
Diary of a Pug	Kyla May	2.7-2.9	80	-	4	재미/동물
Olive and Beatrix	Amy Marie Stadelmann	2.7-2.9	80	-	2	가족/상상
Owl Diaries	Rebecca Elliott	2.8-3.0	80	13권까지	15	신구/힉교
Princess Pink and the Land of Fake-Believe	Noah Z. Jones	2.8-3.1	80	-	4	재미/전래
Unicorn Diaries	Rebecca Elliott	2.9-3.1	80	-	5	동물/우정
Kung Pow Chicken	Cyndi Marko	2.9-3.2	80	4권까지	5	재미
Monkey Me	Timothy Roland	2.2-2.5	96	O	4	상상/재미

시리즈 제목	작가	AR	쪽수	음원	권수	주제
Pixie Tricks	Tracey West	2.5-2.6	96	–	4	요정/상상
Dragon Masters	Tracey West	3.1-3.5	96	O	17	드래곤/모험
The Last Firehawk	Katrina Charman	3.1-3.7	96	–	10	마법/상상
Once Upon a Fairy Tale	Anna Staniszewski	3.2-3.3	96	–	4	전래/상상
Hilde Cracks the Case	Hilde Lysiak	3.2-3.4	96	–	6	미스터리
Notebook of Doom	Troy Cummings	3.2-3.5	96	–	13	몬스터/학교
Eerie Elementary	Jack Chabert	3.3-3.5	96	O	10	추리/학교
The Magic School Bus Rides Again	Judy Katschken	3.5-3.7	96	–	5	과학/환경
The Binder of Doom	Troy Cummings	3.5-4.0	96	–	4	몬스터/친구
TimeJumpers	Wendy Mass	3.7-3.8	96	–	4	모험/상상

그 외 : 16시리즈

시리즈/책 제목	작가	AR	쪽수	음원	권수	주제
Starters 시리즈	Delia Huddy 외	1.5-2.0	46	O	15	상상/재미
Mr.Putter & Tabby	Cynthia Rylant	1.9-3.5	40	O	25	동물/일상
Nate the Great	Marjorie Weinman Sharmat	2.0-3.2	80	O	28	추리/탐정
Bink and Gollie	Kate Dicamillo	2.2-2.7	75-88	–	3	우정/재미
COMIC ROCKETS STEP 1 (Sausage 시리즈)	Michaela Morgan	2.3	48	O	4	동물/재미
Clifford Chapter Book	Norman Bridwell	2.3-3.3	63	O	4	동물/일상
Horrid Henry Early Reader	Francesca Simon	2.6-3.5	80	O	25	유머/재미
Ick and Crud	Wiley Blevins	2.5-2.7	32	O	8	동물/재미
Judy Moody and Friends	Megan Mcdonald	2.5-2.7	64	O	12	일상/친구
Mercy Watson	Kate Dicamillo	2.6-3.2	69	O	6	동물/재미
Ricky Ricotta's Mighty Robot	Dav Pilkey	2.9-4.1	128	–	9	유머/재미
The Princess in Black	Shannon & Dean Hale	3.0-3.2	96	O	8	공주/상상
Colour First Reader : The Monster Story-Teller	Jacqueline Wilson	3.0	80	–	1	상상/재미
Colour First Reader : The Dinosaur's Packed Lunch	Jacqueline Wilson	3.2	80	–	1	상상/재미
Commander Toad	James Yolen	3.1-3.8	64	–	7	우주/상상
Rainbow Magic Early Reader	Daisy Meadows	3.7-4.8	82	O	8	요정/상상

챕터북 : 73시리즈

시리즈/책 제목	작가	AR	쪽수	음원	권수	주제
Princess Posey	Stephanie Greene	2.4-3.0	96	-	12	학교/친구
Black Lagoon	Mike Thaler	2.4-3.8	64	-	30	학교/재미
Magic Bone	Nancy Krulik	2.5-3.0	192	-	12	동물/상상
Easy-to-Read Spooky Tales	Veronika Martenova Charles	2.5-3.0	56	-	10	스푸키
Magic Tree House	Mary Pope Osborne	2.6-3.7	112	O	32	모험/상상
Junie B. Jones	Barbara Park	2.6-3.0	128	O	28	학교/친구
Roscoe Riley Rules	Katherine Applegate	2.7-3.2	112	O	7	일상/학교
Marvin Redpost	Louis Sachar	2.7-3.6	67-96	O	8	일상/친구
The Zack Files	Dan Greenburg	2.7-3.9	64-128	O	30	상상/재미
Horrible Harry	Suzy Kline	2.8-3.6	45-80	O	32	일상/친구
Dirty Bertie	Alan MacDonald	2.8-3.6	95	O	30	일상/재미
Calendar Mysteries	Ron Roy	2.9-3.3	64-80	O	13	미스터리
Easy-to-Read Wonder Tales	Veronika Martenova Charles	2.9-3.5	56-64	-	10	전래/상상
Katie Kazoo Switcheroo	Nancy Krulik	2.9-3.7	80	O	20	상상/학교
Arthur Chapter	Marc Brown	2.9-3.8	64	O	30	가족/친구
The Secrets of Droon	Tony Abbott	2.9-4.3	96-130	O	36	모험/상상
Dory Fantasmagory	Abby Hanlon	3.0-3.2	32	-	4	가족/재미
Olivia Sharp	Marjorie Weinman Sharmat	3.0-3.2	80	-	4	미스터리
Critter Club	Callie Barkley	3.0-3.5	128	-	21	동물/친구
Judy Moody	Megan Mcdonald	3.0-3.7	176	O	15	일상/성장
Winnie the Witch	Valerie Thomas	3.0-4.1	64-97	-	19	마녀/상상
Galaxy Zack	Ray O Ryan	3.0-4.3	128	-	17	우주/상상
Humphrey's Tiny Tales	Betty G. Birney	3.1-3.3	96-112	-	8	동물/친구
Ready, Freddy!	Abby Klein	3.1-3.4	93	O	10	학교/재미
Horrid Henry	Francesca Simon	3.1-3.9	96-112	O	23	유머/재미
Ivy & Bean	Annie Barrows	3.1-3.9	144	-	11	성장/우정
Geronimo Stilton	Geronimo Stilton	3.1-5.1	110-128	O	77	모험/재미
Cam Jansen	David A. Adler	3.2-3.9	54-128	O	34	미스터리
Fancy Nancy : Nancy Clancy	Jane O'Connor	3.2-3.8	120	-	8	일상/탐정

시리즈/책 제목	작가	AR	쪽수	음원	권수	주제
A to Z Mysteries	Ron Roy	3.2-4.0	114-132	O	26	미스터리
SpongeBob SquarePants	Terry Collins	3.2-4.1	76	O	12	유머/재미
The DATA Set	Ada Hopper	3.3-3.7	128	-	8	과학/모험
Inspector Flytrap	Tom Angleberger, CeceBell	3.3-3.9	112	-	3	유머/재미
Wayside School	Louis Sachar	3.3-3.9	178-192	O	4	학교/재미
Andrew Lost	J.C. Greenburg	3.3-4.0	96	O	18	과학/모험
My Weird School	Dan Gutman	3.3-4.3	86-112	O	21	학교/재미
Rainbow Magic	Daisy Meadows	3.3-5.2	65	-	50	요정/상상
Jake Drake	Andrew Clements	3.4-4.3	67	O	4	학교/친구
Treehouse Books	Andy Griffiths	3.4-4.4	256-400	O	11	상상/재미
Kid Spy	Mac Barnett	3.5-3.7	176	-	6	모험/추리
Isadora Moon	Harriet Muncaster	3.5-3.9	128	-	13	뱀파이어
A to Z Mysteries Super Edition	Ron Roy	3.5-4.1	144	-	13	미스터리
Capital Mysteries	Ron Roy	3.5-4.1	80-96	-	14	미스터리
The Time Warp Trio	Jon Scieszka	3.5-4.2	78-96	O	16	모험/상상
The Alien Next Door	A.I. Newton	3.5-4.2	112	-	8	상상/친구
Magic Tree House Merlin Missions	Mary Pope Osborne	3.5-4.2	144	O	27	모험/상상
The Adventures of Arnie the Doughnut	Laurie Keller	3.6-3.9	144	-	3	음식/재미
Heroes in Training Olympian Collection	Joan Holub	3.6-4.5	123	-	12	신화/모험
The Tiara Club	Vivian French	3.6-4.5	80	O	30	공주/학교
Tales from Deckawoo Drive	Kate Dicamillo	3.7-3.8	64-112	O	6	동물/재미
The Kingdom of Wrenly	Jordan Quinn	3.7-4.1	128	-	16	모험/상상
Upside-Down Magic	Emily Jenkins 외	3.7-4.1	192	-	8	마법/상상
Captain Awesome	Stan Kirby	3.7-4.4	128	-	22	히어로
Super Turbo	Lee Kirby	3.9-4.5	128	-	9	히어로
Clementine	Sara Pennypacker	3.9-4.6	133-178	O	7	일상/친구
Encyclopedia Brown	Donald J. Sobol	3.9-4.8	96	O	27	미스터리
Kitty	Paula Harrison	4.0-4.3	128	-	6	동물/상상
The Not so Little Princess	Tony Ross	4.0-4.4	64	O	4	공주/일상
Thea Stilton	Thea Stilton	4.0-5.3	176	-	32	모험/상상
Flat Stanley's Worldwide Adventures	Jeff Brown	4.1-5.1	128	O	15	모험/상상

시리즈/책 제목	작가	AR	쪽수	음원	권수	주제
Dragonbreath	Ursula Vernon	4.2-4.8	146-208	-	11	모험/상상
Frank Einstein	Jon Scieszka	4.3-4.7	176-224	-	6	과학/모험
Dragonsitter Library	Josh Lacey	4.3-5.2	60	-	10	드래곤
Beast Quest	Adam Blade	4.3-5.2	132	-	36	상상/액션
Magic Ballerina	Darcey Bussell	4.4	96-128	-	22	발레/학교
Captain Underpants	Dav Pilkey	4.3-5.3	138-301	O	12	유머/재미
The Crunchbone Castle Chronicles	Karen Wallace	4.4-4.8	64	O	4	유머/재미
Franny K. Stein Mad Scientist	Jim Benton	4.5-5.3	112	O	7	유머/재미
Dork Diaries	Rachel Renee Russell	4.6-5.1	320	O	14	일기/학교
The World's Worst Children	David Walliams	4.7-5.3	272	O	3	유머/재미
Secret Agent Jack Stalwart	Elizabeth Singer Hunt	4.9-5.6	128-144	O	14	세계/첩보
The Worst Witch	Jill Murphy	5.4-6.5	128-304	O	8	마녀/상상
Diary of a Wimpy Kid	Jeff Kinney	5.2-5.8	240	O	16	일기/학교

그래픽 노블 : 21시리즈

시리즈 제목	작가	권수	쪽수	AR	출판사
Benny and Penny	Geoffrey Hayes	6	32-40	1.1-1.5	Toon Books
Stinky	Eleanor Davis	1	32	1.5	Toon Books
Chick and Brain	Cece Bell	2	72	1.5-1.7	Walker Books
The Witches	Roald Dahl	1	304	LEXILE 220L	Scholastic Inc
Noodle heads	Tedd Arnold	6	48	1.7-2.0	Holiday House
Owly	Andy Runton	3	144	1.8-2.0	Graphix
Bird & Squirrel	James Burks	6	144	2.0-2.3	Scholastic
Lunch Lady	Jarrett J. Krosoczka	10	96	2.0-3.0	Alfred A. Knopf
Super Diaper Baby	Dav Pilkey	2	125	2.2-2.5	Scholastic
Stone Rabbit	Erik Craddock	8	95	2.2-2.9	Random House Books for Young Readers
The Baby-Sitters Club	Ann M. Martin	10	160	2.2-4.1	Scholastic
Dog Man	Dav Pilkey	10	240	2.3-2.6	Graphix

시리즈 제목	작가	권수	쪽수	AR	출판사
The Bad Guys	Aaron Blabey	14	144	2.3-2.7	Scholastic
A Narwhal and Jelly Book	Ben Clanton	4	64	2.4-2.6	Egmont
A Binky Adventure	Ashley Spires	5	64	2.5-3.3	Kids Can Press
Friends	Shannon Hale	3	256	2.6-2.9	First Second
El Deafo★	Cece Bell	1	248	2.7	Harry N. Abrams
Cat Kid Comic Club	Dav Pilkey	2	176	2.9	Scholastic
Roller Girl★	Victoria Jamieson	1	240	3.2	Dial
InvestiGators	John Patrick Green	3	208	3.3-3.6	First Second
Phoebe and Her Unicorn	Dana Simpson	12	176	3.6-3.7	Andrews McMeel Publishing

★ 뉴베리 수상작

영어소설

챕터북 같은 영어소설 : 13종

책/시리즈 제목	작가	AR	쪽수	음원	권수	주제
Hopeless Heroes	Stella Tarakson	2.5-3.4	207	O	10	신화
Waiting for the Magic●	Patricia MacLachlan	3.0	143	-	1	가족/동물
The Magic Finger	Roald Dahl	3.1	64	O	1	마법/상상
Cliffhanger	Jacqueline Wilson	3.3	96	O	1	학교/친구
Lizzie Zipmouth●	Jacqueline Wilson	3.5	80	O	1	성장/가족
Mark Spark in the Dark	Jacqueline Wilson	3.8	96	O	1	일상/가족
THE LEGENDS OF KING ARTHUR	Tracey Mayhew	3.9-4.9	95	O	10	신화
Ottoline●	Chris Riddell	4.1-4.8	192	O	4	추리
Sleep-Overs●	Jacqueline Wilson	4.2	112	O	1	성장/친구
The Year of Billy Miller★	Kevin Henkes	4.2	240	-	1	학교/성장
Charlotte's Web●★	E. B. White	4.4	192	O	1	성장/동물
My Father's Dragon●★	Ruth Stiles Gannett	4.6-5.6	96-112	O	3	가족/상상
The Guard Dog	Dick King-Smith	4.8	64	O	1	동물

● 번역서가 있는 경우 ★ 뉴베리 수상작

음원이 있는 영어소설 목록 (Roald Dahl 로알드 달 작가) : 16권

책/시리즈 제목	AR	쪽수	컬러판	번역서 제목	영화
The Enormous Crocodile	4.0	32	O	침만 꼴까꼴깍 삼키다 소시지가 되어버린 악어 이야기	–
George's Marvellous Medicine	4.0	96	O	조지, 마법의 약을 만들다	–
Fantastic Mr. Fox	4.1	96	O	멋진 여우 씨	O
Charlie And The Great Glass Elevator	4.4	160	O	찰리와 거대한 유리 엘리베이터	–
Esio Trot	4.4	64	O	아북거, 아북거	–
The Twits	4.4	96	O	멍청씨 부부 이야기	–
The Giraffe And The Pelly And Me	4.7	36	O	창문닦이 삼총사	–
The Witches	4.7	192	O	마녀를 잡아라	O
Danny The Champion Of The World	4.7	191	O	우리의 챔피언 대니	–
Charlie And The Chocolate Factory	4.8	160	O	찰리와 초콜릿 공장	O
James And The Giant Peach	4.8	113	O	제임스와 슈퍼 복숭아	O
The BFG	4.8	176	O	내 친구 꼬마 거인	O
Matilda	5.0	240	O	마틸다	O
Billy And The Minpins	5.1	92	O	민핀, 꼬마 빌리의 친구	–
Boy Tales Of Childhood	6.0	176	–	–	–
Going Solo	6.1	224	–	–	–

컬러판이 있는 경우 : 쪽수는 컬러판 기준

음원이 있는 영어소설 목록 (그 외) : 11권

책/시리즈 제목	작가	AR	쪽수	번역서 제목
Sarah, Plain and Tall	Patricia MacLachlan	3.4	164	키가 크고 수수한 새라 아줌마
Because of Winn – Dixie	Kate DiCamillo	3.9	280	내 친구 윈딕시
Flora and Ulysses – 뉴베리	Kate DiCamillo	4.3	231	초능력 다람쥐 율리시스
The Miraculous Journey of Edward Tulane	Kate DiCamillo	4.4	340	에드워드 툴레인의 신기한 여행
Holes	Louis Sachar	4.6	484	구덩이
The Tale of Despereaux	Kate DiCamillo	4.7	456	생쥐 기사 데스페로
Pippi Long stocking	Astrid Lindgren	5.2	160	내 이름은 삐삐 롱스타킹
The Hundred Dresses	Eleanor Estes	5.4	160	내겐 드레스 백 벌이 있어
Pippi in the South Seas	Astrid Lindgren	5.4	125	–
Frindle	Andrew Clements	5.4	105	프린들 주세요
Mr. Popper's Penguins	Richard Atwater, Florence Atwater	5.6	320	파퍼 씨의 12마리 펭귄

2. 단계별 영어 영상 목록

1단계(28편)

제목	한영	넷플릭스	디즈니플러스	유튜브
뽀로로 (Pororo)	O	O		O
꼬마버스 타요 (Tayo the Little Bus)	O	O		O
로보카 폴리 (Robocar Poli)	O	O		O
치로와 친구들 (Chiro)	O			O
선물공룡 디보 (Dibo the gift dragon)	O			O
프래니의 마법 구두 (Franny's Feet)	O			O
클로이의 요술옷장 (Chloe's Closet)	O			O
출동! 슈퍼윙스 (Super Wings)	O			O
코코몽 (Cocomong)	O	O		O
행복한 퍼핀 가족 (Puffin Rock)	O	O		
페파 피그 (Peppa Pig)	O	O		O
다이엘 타이거(Daniel Tiger's Neighbourhood)	O	O		O
카줍스! 엄마, 아빠는 수리공 (Kazoops!)	O	O		
티시 태시(Tish Tash)	O	O		
내 친구 샤크독(Sharkdog)	O	O		
리틀 아인슈타인(Little Einsteins)	-		O	O
내 친구 티거와 푸(My Friends Tigger & Pooh)	O		O	
까이유(Caillou)	-			O
티모시네 유치원(Timothy Goes to School)	O			O
맥스앤루비(Max & Ruby)	O			O
수퍼와이(Super Why)	-			O
무지개 물고기(THE RAINBOW FISH)	-			O
투피와 비누(Toopy and Binoo)	-			O
꼬마 거북 프랭클린(Franklin)	O			O
도라 디 익스플로러(DORA the EXPLORER)	O			
고 디에고 고!(Go Diego Go!)	O			
매직키(The Magic Key)	O			
찰리와 롤라(Charlie and Lola)	-			

2단계(38편)

제목	한영	넷플 릭스	디즈니 플러스	유튜브
벤과 홀리의 리틀킹덤 (Ben and Holly's Little Kingdom)	O	O		
퍼피 구조대(PAW PATROL)	O	O		
꼬마 탐정 토비 & 테리(Treehouse Detectives)	O	O		
라마라마(Llama Llama)	O	O		O
달려라 멍멍아! (Go, Dog. Go!)	O	O		
발명왕 봉봉이(Chico Bon Bon)	O	O		
저스틴 타임 GO!(Justin Time Go!)	O	O		
슈퍼 키즈 액션 팩(Action Pack)	O	O		
과학자 에이다의 위대한 말썽(Ada Twist Scientist)	O	O		
44 캣츠 (44 Cats)	O	O		
모타운 마법 뮤지컬 (Motown Magic)	O	O		
바다 탐험대 옥토넛 (Octonauts)	O	O		O
개비의 매직 하우스 (Gabby's Dollhouse)	O	O		
꼬마 로켓티어 (The Rocketeer)	O		O	
헨리 허글몬스터 (Henry Hugglemonster)	O		O	
꼬마의사 맥스터핀스 (Doc Mcstuffins)	O		O	
보안관 칼리의 서부 모험 (Sheriff Callie's Wild West)	O		O	
골디와 곰돌이 (Goldie & Bear)	O		O	
제이크와 네버랜드 해적들 (Jake and the Never Land Pirates)	O		O	
아기를 부탁해! 토츠 (T.O.T.S. Tiny Ones Transport Service)	O		O	
만능 수리공 매니 (Handy Manny)	O		O	
미니의 리본가게 (Minnie's Bow Toons)	O		O	
미키마우스 클럽하우스 (Mickey Mouse Clubhouse)	O		O	
리틀 프린세스 소피아 (Sofia the First)	O		O	
클리포드 퍼피 데이즈 (Clifford's Puppy Days)	-			O
클리포드 빨간 큰개 빅빅 (Clifford the Big Red Dog)	-			O
출동! 소방관 샘 (Fireman Sam)	-			O
올리비아 (Olivia)	-			O
리틀 베어 (LITTLE BEAR)	-			O
구름빵 (Cloud Bread)	O			
안젤리나 발레리나 (Angelina Ballerina)	-			O

제목	한영	넷플릭스	디즈니플러스	유튜브
트리푸톰 (Tree Fu Tom)	-			O
드래곤 테일즈 (Dragon Tales)	-			O
마마 미라벨의 동물극장(MaMa Mirabelle's Home Movies)	-			
미스 스파이더와 개구쟁이들 (Miss Spider's Sunny Patch Friends)	-			O
아기공룡버디 (DINOSAUR TRAIN)	O			O
리틀 프린세스 (Little Princess)	-			O
바바파파 (BARBAPAPA)	-			

3단계(39편)

제목	한영	넷플릭스	디즈니플러스	유튜브
파자마 삼총사 (PJ Masks)	O	O	O	
멋쟁이 낸시 클랜시 (Fancy Nancy)	O		O	
투모로우 나라의 마일스 (Miles From Tomorrowland)	O		O	
마일스의 미션포스원 (Mission Force One)	O		O	
스파이디 그리고 놀라운 친구들 (Spidey and His Amazing Friends)	O		O	
리나는 뱀파이어 (Vampirina)	O		O	
왕실탐정, 미라 (Mira, Royal Detective)	O		O	
라이온 수호대 (The Lion Guard)	O		O	
아발로 왕국의 엘레나 (Elena of Avalor)	O		O	
신기한 스쿨버스 (The Magic School Bus)	O	O		
꼬마 과학자 시드 (Sid the Science Kid)	-			O
스피릿: 자유의 질주 (Spirit: Riding Free)	O	O		
스피릿 자유의 질주: 승마학교 (Spirit Riding Free: Riding Academy)	O	O		
마이 리틀 포니 (My Little Pony)	O	O		
형사 가제트 (Inspector Gadget)	O	O		O
개구쟁이 스머프 (The Smurfs)	O	O		
위 베어 베어스 (We Bare Bears)	O	O		
스파이 키드: 미션 크리티컬 (Spy Kids : Mission Critical)	O	O		
보스 베이비: 돌아온 보스 (The Boss Baby: Back in Business)	O	O		
말하는 고양이 토킹 톰 (Talking Tom and Friends)	O	O		
출동! 드래곤 구조대 (Dragons: Race to the Edge)	O	O		

제목	한영	넷플릭스	디즈니플러스	유튜브
겁쟁이 고양이들의 모험 (Scaredy Cats)	O	O		
피피 아카데미 (Pup Academy)	O	O		
트럭타운 (Trucktown)	–			O
호기심 많은 조지 (Curious George)	–			O
스트로베리 쇼트케이크 (Strawberry Shortcake)	–			O
EQ의 천재들 (Mr. Men and Little. Miss)	–			O
리차드 스캐리의 고양이 탐정 허클 (Richard Scarry's Hurray for Huckle!)	–			
밀리, 몰리 (Milly, Molly)	–			O
베렌스타인 베어즈 (Berenstain Bears)	–			O
내 친구 아서 (Arthur)	–			O
피터팬 (The New Adventures Of Peter Pan)	–			O
닥터수스의 더 캣 인 더 햇 (The Cat in the Hat)	–			
엘로이즈 (Eloise)	–			
삐삐롱 스타킹 (Pippi Long Stocking)	–			
호리드 헨리 (Horrid Henry)	–			O
모나 더 뱀파이어 (Mona the Vampire)	–			O
스폰지밥 (SpongeBob)	O	O		
제로니모 스틸턴(Geronimo Stilton)	–			O

4단계(35편)

제목	한영	넷플릭스	디즈니플러스	유튜브
타잔과 제인 (Tarzan and Jane)	O	O		
레고 프렌즈: 우정의 힘	O	O		
장화신은 고양이 (The Adventures of Puss in Boots)	O	O		
빤스맨의 위대한 모험 (The Epic Tales of Captain Underpants)	O	O		
앨빈과 슈퍼밴드 (Alvin and the Chipmunks)	O	O		
카르멘 산디에고 (Carmen Sandiego)	O	O		
DC 슈퍼히어로 걸스 (DC Super Hero Girls)	O	O		
틴 타이탄 GO! (Teen Titans Go!)	O	O		
힐다 (Hilda)	O	O		

제목	한영	넷플릭스	디즈니플러스	유튜브
트롤헌터: 아카디아의 전설	O	O		
3 언더: 아카디아의 전설	O	O		
위저드: 아카디아의 전설	O	O		
트랜스포머 프라임	O	O		
드래곤 길들이기: 세상 끝으로(Dragons: Race to The Edge)	O	O		
줄리안 대왕 만세(All Hail King Julien)	O	O		
앵그리버드 여름 캠프 대소동 (Angry Birds Summer Madness)	O	O		
트롤: 춤과 노래는 계속된다! (Trolls The Beat Goes On!)	O	O		
마야와 3인의 용사 (Maya and the Three)	O	O		
하늘에서 음식이 내린다면 (Cloudy with a Chance of Meatballs)	O	O		
터보 FAST (Turbo FAST)	O	O		
홈: 팁과 오의 모험 (HOME: Adventures with Tip & Oh)	O	O		
미스터 피바디와 셔먼 쇼 (The Mr. Peabody and Sherman Show)	O	O		
다이노트럭스 (Dinotrux)	O	O		
다이노트럭스 업그레이드 (Dinotrux Supercharged)	O	O		
스트레치 암스트롱과 슈퍼 프렌즈	O	O		
아바타 아앙의 전설	O	O		
피니와 퍼브(Phineas and Ferb)	O		O	
아울 하우스(The Owl House)	O		O	
라푼젤 시리즈	O		O	
인어 공주 시리즈	O		O	
도날드덕 가족의 모험	O		O	
빅 히어로 시리즈	O		O	
마일로 머피의 법칙	O		O	
킴파서블(Kim Possible)	O		O	
웨이 사이드 스쿨	–			O

특별 단계(210편)

디즈니 플러스(122편)

제목	제작사	제작년도
백설공주와 일곱 난쟁이(Snow White And The Seven Dwarfs)	디즈니	1937
피노키오 (Pinocchio)	디즈니	1940
미키와 콩나무 (Fun & Fancy Free)	디즈니	1947
신데렐라 (Cinderella)	디즈니	1950
신데렐라 2 (Cinderella II: Dreams Come True)	디즈니	2002
신데렐라 3 (Cinderella III: A Twist In Time)	디즈니	2007
이상한 나라의 앨리스 (Alice In Wonderland)	디즈니	1951
레이디와 트램프 (Lady And The Tramp)	디즈니	1955
레이디와 트램프 2 (Lady And The Tramp II: Scamp's Adventure)	디즈니	2001
잠자는 숲속의 공주 (Sleeping Beauty)	디즈니	1959
101마리의 달마시안 (One Hundred And One Dalmatians)	디즈니	1961
아더왕의 검 (The Sword In The Stone)	디즈니	1963
정글북 (The Jungle Book)	디즈니	1967
정글북 2 (The Jungle Book 2)	디즈니	2003
정글북 (The Jungle Book)	디즈니	2016
아리스토캣 (The AristoCats)	디즈니	1970
로빈 훗 (Robin Hood)	디즈니	1973
생쥐 구조대 (The Rescuers)	디즈니	1977
곰돌이 푸의 모험 (The Many Adventures Of Winnie The Pooh)	디즈니	1977
위대한 명탐정 바실 (The Great Mouse Detective)	디즈니	1986
올리버와 친구들 (Oliver & Company)	디즈니	1988
인어 공주 (The Little Mermaid)	디즈니	1989
인어 공주 2 (The Little Mermaid II: Return To The Sea)	디즈니	2000
인어 공주 3 (The Little Mermaid: Ariel's Beginning)	디즈니	2008
도날드덕 가족의 모험 (Duck Tales, The Movie: Treasure Of The Lost Lamo)	디즈니	1990
미녀와 야수 (Beauty And The Beast)	디즈니	1991
알라딘 (Aladdin)	디즈니	1992
알라딘 2: 돌아온 자파 (The Return Of Jafar)	디즈니	1994
알라딘 3: 알라딘과 도적의 왕 (Aladdin And The King Of Thieves)	디즈니	1996
알라딘 (Aladdin)	디즈니	2019
팀 버튼의 크리스마스 악몽 (Tim Burton's The Nightmare Before Christmas)	디즈니	1993

제목	제작사	제작년도
라이온 킹 (The Lion King)	디즈니	1994
라이온 킹 2 (The Lion King 2: Simba's Pride)	디즈니	1998
라이온 킹 3 (The Lion King 3)	디즈니	2004
라이온 킹 (The Lion King)	디즈니	2019
토이스토리 (Toy Story)	디즈니, 픽사	1995
토이스토리2 (Toy Story 2)	디즈니, 픽사	1999
토이스토리3 (Toy Story 3)	디즈니, 픽사	2010
토이스토리4 (Toy Story 4)	디즈니, 픽사	2019
포카혼타스 (Pocahontas)	디즈니	1995
포카혼타스 2 (Pocahontas II: Journey To A New World)	디즈니	1998
구피 무비: 오리지널 (A Goofy Movie)	디즈니	1995
구피 무비: X게임 대소동 (An Extremely Goofy Movie)	디즈니	2000
노틀담의 꼽추 (The Hunchback Of Notre Dame)	디즈니	1996
노틀담의 꼽추 2 (The Hunchback Of Notre Dame II)	디즈니	2002
헤라클레스 (Hercules)	디즈니	1997
아나스타샤 (Anastasia)	기타	1997
벅스 라이프 (A Bug's Life)	디즈니, 픽사	1998
뮬란 (Mulan)	디즈니	1998
뮬란 2 (Mulan 2)	디즈니	2004
타잔 (Tarzan)	디즈니	1999
타잔 2 (Tarzan II)	디즈니	2005
타잔과 제인 (Tarzan & Jane)	디즈니	2002
다이너소어 (Dinosaur)	디즈니	2000
쿠스코? 쿠스코! (The Emperor's New Groove)	디즈니	2000
쿠스코? 쿠스코! 2 (The Emperor's New Groove 2: Kronk's New Groove)	디즈니	2005
몬스터 주식회사 (Monsters, Inc.)	디즈니, 픽사	2001
몬스터 대학교 (Monsters University)	디즈니, 픽사	2013
아틀란티스: 잃어버린 제국 (Atlantis: The Lost Empire)	디즈니	2001
아틀란티스 2: 마일로의 귀환 (Atlantis II: Milo's Return)	디즈니	2003
보물성 (Treasure Planet)	디즈니	2002
아이스 에이지 (Ice Age)	기타	2002
아이스 에이지 2 (Ice Age: The Meltdown)	기타	2006
아이스 에이지 3: 공룡시대 (Ice Age: Dawn Of The Dinosaurs)	기타	2009

제목	제작사	제작년도
아이스 에이지 4: 대륙 이동설 (Ice Age: Continental Drift)	기타	2012
아이스 에이지: 지구 대충돌 (Ice Age: Collision Course)	기타	2016
피글렛 빅무비 (Piglet's Big Movie)	디즈니	2003
니모를 찾아서 (Finding Nemo)	디즈니, 픽사	2003
도리를 찾아서 (Finding Dory)	디즈니, 픽사	2016
브라더 베어 (Brother Bear)	디즈니	2003
브라더 베어 2 (Brother Bear 2)	디즈니	2006
라따뚜이 (Ratatouille)	디즈니, 픽사	2007
디즈니 삼총사 (Mickey, Donald, Goofy: The Three Musketeers)	디즈니	2004
카우 삼총시 (Home On The Range)	디즈니	2004
인크레더블 (The Incredibles)	디즈니, 픽사	2004
인크레더블 2 (Incredibles 2)	디즈니, 픽사	2018
로봇 (Robots)	기타	2005
와일드 (The Wild)	디즈니	2006
카 (Cars)	디즈니, 픽사	2006
카 2 (Cars 2)	디즈니, 픽사	2011
카 3 (Cars 3)	디즈니, 픽사	2017
로빈슨 가족 (Meet The Robinsons)	디즈니	2007
앨빈과 슈퍼밴드 (Alvin and the Chipmunks)	기타	2007
앨빈과 슈퍼밴드 2 (Alvin and the Chipmunks: The Squeakquel)	기타	2009
앨빈과 슈퍼밴드 3 (Alvin and the Chipmunks: Chipwrecked)	기타	2011
앨빈과 슈퍼밴드: 악동 어드벤처 (Alvin and the Chipmunks: The Road Chip)	기타	2015
월-E (WALL-E)	디즈니, 픽사	2008
볼트 (Bolt)	디즈니	2008
팅커벨 (Tinker Bell)	디즈니	2008
팅커벨 2: 팅커벨과 잃어버린 보물 (Tinker Bell And The Lost Treasure)	디즈니	2009
팅커벨 3: 위대한 요정 구조대 (Tinker Bell And The Great Fairy Rescue)	디즈니	2010
팅커벨 4: 날개의 비밀 (Secret of the Wings)	디즈니	2012
팅커벨 5: 해적요정 (The Pirate Fairy)	디즈니	2014
팅커벨 6: 네버비스트의 전설 (TINKER BELL AND THE LEGEND OF THE NEVERBEAST)	디즈니	2014
공주와 개구리 (The Princess And The Frog)	디즈니	2009
업 (Up)	디즈니, 픽사	2009
라푼젤(Tangled)	디즈니	2010

제목	제작사	제작년도
노미오와 줄리엣 (Gnomeo & Juliet)	기타	2011
셜록 놈즈 (Sherlock Gnomes)	기타	2018
리오 (Rio)	기타	2011
리오 2 (Rio 2)	기타	2014
메리다와 마법의 숲 (Brave)	디즈니, 픽사	2012
주먹왕 랄프 (Wreck-It Ralph)	디즈니	2012
주먹왕 랄프 2: 인터넷 속으로 (Ralph Breaks the Internet)	디즈니	2018
에픽: 숲속의 전설 (Epic)	기타	2013
겨울왕국 (Frozen)	디즈니	2013
겨울왕국2 (Frozen 2)	디즈니	2016
빅 히어로 (Big Hero 6)	디즈니	2014
마놀로와 마법의 책 (The Book of Life)	기타	2014
인사이드 아웃 (Inside Out)	디즈니, 픽사	2015
굿 다이노 (The Good Dinosaur)	디즈니, 픽사	2015
스누피:더 피너츠 무비 (The Peanuts Movie)	기타	2015
모아나 (Moana)	디즈니	2016
주토피아 (Zootopia)	디즈니	2016
코코 (Coco)	디즈니, 픽사	2017
페르디난드 (Ferdinand)	기타	2017
스파이 지니어스 (Spies in Disguise)	기타	2019
온워드: 단 하루의 기적 (Onward)	디즈니, 픽사	2020
소울 (Soul)	디즈니, 픽사	2020
루카 (Luca)	디즈니, 픽사	2021
엔칸토: 마법의 세계 (Encanto)	디즈니	2021
고장난 론 (Ron's Gone Wrong)	기타	2021

넷플릭스(69편)

제목	제작사	제작년도
이집트 왕자 (The Prince Of Egypt)	드림웍스	1998
치킨 런 (Chicken Run)	드림웍스	2000
슈렉 (Shrek)	드림웍스	2001
슈렉 2 (Shrek 2)	드림웍스	2004
슈렉 3 (Shrek The Third)	드림웍스	2007
슈렉 포에버 (Shrek Forever After)	드림웍스	2010
장화신은 고양이 (Puss In Boots)	드림웍스	2011
샤크 (Shark Tale)	드림웍스	2004
보글보글 스폰지 밥 (The SpongeBob SquarePants Movie)	기타	2004
스폰지밥 (The SpongeBob Movie: Sponge Out of Water)	기타	2015
스폰지밥 무비: 핑핑이 구출 대작전 (The SpongeBob Movie: Sponge on the Run)	기타	2020
마다가스카 (Madagascar)	드림웍스	2005
마다가스카 2 (Madagascar: Escape 2 Africa)	드림웍스	2008
마다가스카 3: 이번엔 서커스다! (Madagascar 3 : Europe's Most Wanted)	드림웍스	2012
마다가스카의 펭귄 (Penguins of Madagascar)	드림웍스	2014
유령 신부 (Corpse Bride)	기타	2005
헷지 (Over The Hedge)	드림웍스	2006
부그와 엘리엇 (Open Season)	기타	2006
꿀벌 대소동 (Bee Movie)	드림웍스	2007
쿵푸 팬더 (Kung Fu Panda)	드림웍스	2008
쿵푸 팬더 2 (Kung Fu Panda 2)	드림웍스	2011
쿵푸 팬더 3 (Kung Fu Panda 3)	드림웍스	2016
하늘에서 음식이 내린다면 (Cloudy with a Chance of Meatballs)	기타	2009
하늘에서 음식이 내린다면 2 (Cloudy with a Chance of Meatballs 2)	기타	2013
슈퍼배드 (Despicable Me)	기타	2010
슈퍼배드 2 (Despicable Me 2)	기타	2013
슈퍼배드 3 (Despicable Me 3)	기타	2017
미니언즈 (Minions)	기타	2015
메가마인드 (Megamind)	드림웍스	2010
드래곤 길들이기 (How To Train Your Dragon)	드림웍스	2010
드래곤 길들이기 2 (How To Train Your Dragon 2)	드림웍스	2014
드래곤 길들이기 3 (How to Train Your Dragon: The Hidden World)	드림웍스	2019
아더 크리스마스 (Arthur Christmas)	기타	2011
개구쟁이 스머프 (The Smurfs)	기타	2011

제목	제작사	제작년도
개구쟁이 스머프 2 (Die Schlumpfe)	기타	2013
스머프: 비밀의 숲 (Smurfs: The Lost Village)	기타	2017
몬스터 호텔 (Hotel Transylvania)	기타	2012
몬스터 호텔 2 (Hotel Transylvania 2)	기타	2015
몬스터 호텔 3 (Hotel Transylvania 3: A Monster Vacation)	기타	2018
크루즈 패밀리 (The Croods)	드림웍스	2013
크루즈 패밀리: 뉴 에이지 (The Croods: A New Age)	드림웍스	2020
넛잡 : 땅콩 도둑들 (The Nut Job)	기타	2014
넛잡 2 (The Nut Job 2: Nutty by Nature)	기타	2017
천재강아지 미스터 피바디 (Mr. Peabody & Sherman)	드림웍스	2014
레고 무비 (The Lego Movie)	기타	2014
레고 닌자고 무비 (The Lego Ninjago Movie)	기타	2017
트롤 (Trolls)	드림웍스	2016
트롤: 월드 투어 (Trolls World Tour)	드림웍스	2020
아기배달부 스토크 (STORKS)	기타	2016
앵그리버드 더 무비 (The Angry Birds Movie)	기타	2016
앵그리 버드 2: 독수리 왕국의 침공 (The Angry Birds Movie 2)	기타	2019
마이펫의 이중생활 (The Secret Life of Pets)	기타	2016
마이펫의 이중생활2 (The Secret Life of Pets 2)	기타	2019
마이 리틀 포니: 더 무비 (My Little Pony: The Movie)	기타	2017
마이 리틀 포니: 새로운 희망 (My Little Pony: A New Generation)	기타	2021
몬스터 패밀리 (Monster Family)	기타	2017
클라우스 (Klaus)	기타	2019
레드슈즈 (Red Shoes)	기타	2019
호기심 많은 조지: 서부로 떠나요 (Curious George: Go West, Go Wild)	기타	2020
위시 드래곤 (Wish Dragon)	기타	2020
피어리스 (Fearless)	기타	2020
오버 더 문 (Over the Moon)	기타	2020
라테와 마법의 돌 (Latte and the Magic Waterstone)	기타	2020
윌러비 가족 (The Willoughbys)	기타	2020
우리 함께 아웃백으로! (Back to the Outback)	기타	2021
미첼 가족과 기계 전쟁 (Mitchells vs the Machines)	기타	2021
마법 관리국과 비밀요원들 (Secret Magic Control Agency)	기타	2021
멸종은 싫어! (Extinct)	기타	2021
비보의 살아있는 모험 (VIVO)	기타	2021

그 외(19편)

제목	제작사	제작년도
엘도라도 (The Road To El Dorado)	드림웍스	2000
더 캣 (Dr. Seuss' The Cat In The Hat)	드림웍스	2003
리틀 야구왕 앤디 (Everyone's Hero)	기타	2006
작은 영웅 데스페로 (The Tale Of Despereaux)	기타	2008
호튼 (Horton Hears A Who!)	기타	2008
파리의 유령 (Un monstre a Paris)	기타	2011
호리드 헨리: 더 무비 (Horrid Henry: The Movie)	기타	2011
터보 (Turbo)	드림웍스	2013
씽 (Sing)	기타	2016
씽2게더 (Sing 2)	기타	2021
빅 (Norm of the North)	기타	2016
빅 2: 황금열쇠 대소동 (Norm of the North: Keys to the Kingdom)	기타	2017
캡틴 언더팬츠 (Captain Underpants)	드림웍스	2017
스몰풋 (Smallfoot)	기타	2018
원더랜드 (Wonder Park)	기타	2019
스노우몬스터 (Abominable)	드림웍스	2019
아담스 패밀리 (The Addams Family)	기타	2019
아담스 패밀리 2 (The Addams Family 2)	기타	2021
스쿠비! (Scoob!)	기타	2020